ŒUVRES
DE MOLIÈRE.

TOME IV.

IMPRIMERIE D'HÆNER.

OEUVRES
DE
J.-B. POQUELIN
DE MOLIÈRE.

Nouvelle Édition.

TOME QUATRIÈME.

PARIS,
LEBIGRE FRÈRES, LIBRAIRES,
RUE DE LA HARPE, N° 26.

1832.

LE TARTUFFE,

COMÉDIE EN CINQ ACTES.

Les trois premiers actes représentés à Versailles le 12 mai 1664.

La pièce entière fut jouée à Rinci le 29 novembre 1664, puis le 9 novembre 1665.

La première représentation, à Paris, fut donnée le 5 août 1667. La pièce fut défendue le lendemain : elle reparut à Paris le 5 février 1669.

PRÉFACE.

Voici une comédie dont on a fait beaucoup de bruit, qui a été long-temps persécutée; et les gens qu'elle joue ont bien fait voir qu'ils étaient plus puissans en France que tous ceux que j'ai joués jusqu'ici. Les marquis, les précieuses, les cocus, et les médecins, ont souffert doucement qu'on les ait représentés; et ils ont fait semblant de se divertir avec tout le monde des peintures que l'on a faites d'eux. Mais les hypocrites n'ont point entendu raillerie; ils se sont effarouchés d'abord, et ont trouvé étrange que j'eusse la hardiesse de jouer leurs grimaces, et de vouloir décrier un métier dont tant d'honnêtes gens se mêlent. C'est un crime qu'ils ne sauraient me pardonner; et ils se sont tous armés contre ma comédie avec une fureur épouvantable. Ils n'ont eu garde de l'attaquer par le côté qui les a blessés, ils sont trop politiques pour cela, et savent trop bien vivre pour découvrir le fond de leur ame. Suivant leur louable coutume, ils ont couvert leurs intérêts de la cause de Dieu; et le *Tartuffe*, dans leur bouche, est une pièce qui offense la piété. Elle est, d'un bout à l'autre, pleine d'abominations, et l'on n'y trouve rien qui ne mérite le feu: toutes les syllabes en sont impies, les gestes même y sont criminels, et le moindre coup d'œil, le moindre branlement de tête, le moindre pas à droite ou à gauche, y cachent des mystères qu'ils trouvent moyen d'expliquer à mon désavantage. J'ai eu beau la soumettre aux lumières de mes amis, et à la censure de tout le monde, les corrections que j'ai pu faire, le jugement du roi et de la reine, qui l'ont vue, l'approbation des grands princes et de messieurs les ministres, qui l'ont honorée publiquement de leur présence, le témoignage des gens de bien qui l'ont trouvée profitable, tout cela n'a de rien servi : ils n'en veulent point démordre ; et tous les jours encore ils font crier en public de zélés indiscrets, qui me disent des injures pieusement et me damnent par charité.

Je me soucirais fort peu de tout ce qu'ils peuvent dire, si ce n'était l'artifice qu'ils ont de me faire des ennemis que je respecte, et de jeter dans leur parti de véritables gens de bien, dont ils préviennent la bonne foi, et qui, par la chaleur qu'ils ont pour les intérêts du ciel, sont faciles à recevoir les impressions qu'on veut leur donner. Voilà ce qui m'oblige à me défendre. C'est aux vrais dévots que je veux partout me justifier sur la conduite de ma comédie; et je les conjure, de tout mon cœur, de ne point condamner les choses avant que de les voir, de se défaire de toute prévention, et de ne point servir la passion de ceux dont les grimaces les déshonorent.

Si l'on prend la peine d'examiner de bonne foi ma comédie, on verra sans doute que mes intentions y sont partout innocentes, et qu'elle ne tend nullement à jouer les choses que l'on doit révérer; que je l'ai traitée avec toutes les précautions que demandait la délicatesse de la matière, et que j'ai mis tout l'art et tous les soins qu'il m'a été possible

PRÉFACE.

pour bien distinguer le personnage de l'hypocrite d'avec celui du vrai dévot. J'ai employé pour cela deux actes entiers à préparer la venue de mon scélérat. Il ne tient pas un seul moment l'auditeur en balance ; on le connaît d'abord aux marques que je lui donne ; et d'un bout à l'autre il ne dit pas un mot, il ne fait pas une action, qui ne peigne aux spectateurs le caractère d'un méchant homme, et ne fasse éclater celui du véritable homme de bien que je lui oppose.

Je sais bien que, pour réponse, ces messieurs tâchent d'insinuer que ce n'est point au théâtre à parler de ces matières : mais je leur demande, avec leur permission, sur quoi ils fondent cette belle maxime. C'est une proposition qu'ils ne font que supposer, et qu'ils ne prouvent en aucune façon : et sans doute il ne serait pas difficile de leur faire voir que la comédie, chez les anciens, a pris son origine de la religion et faisait partie de leurs mystères ; que les Espagnols nos voisins ne célèbrent guère de fête où la comédie ne soit mêlée, et que, même parmi nous, elle doit sa naissance aux soins d'une confrérie à qui appartient encore aujourd'hui l'hôtel de Bourgogne ; que c'est un lieu qui fut donné pour y représenter les plus importans mystères de notre foi ; qu'on en voit encore des comédies imprimées en lettres gothiques, sous le nom d'un docteur de Sorbonne ; et, sans aller chercher si loin, que l'on a joué de notre temps des pièces saintes de M. Corneille, qui ont été l'admiration de toute la France.

Si l'emploi de la comédie est de corriger les vices des hommes, je ne vois pas par quelle raison il y en aura de privilégiés. Celui-ci est, dans l'état, d'une conséquence bien plus dangereuse que tous les autres, et nous avons vu que le théâtre à une grande vertu pour la correction. Les plus beaux traits d'une sérieuse morale sont moins puissans, le plus souvent, que ceux de la satire; et rien ne reprend mieux la plupart des hommes que la peinture de leurs défauts. C'est une grande atteinte aux vices que de les exposer à la risée de tout le monde. On souffre aisément des répréhensions, mais on ne souffre point la raillerie. On veut bien être méchant, mais on ne veut plus être ridicule.

On me reproche d'avoir mis des termes de piété dans la bouche de mon imposteur. Hé! pouvais-je m'en empêcher pour bien représenter le caractère d'un hypocrite? Il suffit, ce me semble, que je fasse connaître les motifs criminels qui lui font dire les choses, et que j'en aie retranché les termes consacrés, dont on aurait eu peine à lui entendre faire un mauvais usage.—Mais il débite au quatrième acte une morale pernicieuse.—Mais cette morale est-elle quelque chose dont tout le monde n'eût les oreilles rebattues? dit-elle rien de nouveau dans ma comédie? et peut-on craindre que des choses si généralement détestées fassent quelque impression dans les esprits; que je les rende dangereuses en les faisant monter sur le théâtre; qu'elles reçoivent quelque autorité de la bouche d'un scélérat? Il n'y a nulle apparence à cela; et l'on doit approuver la comédie du *Tartuffe* ou condamner généralement toutes les comédies.

C'est à quoi l'on s'attache furieusement depuis un temps; et jamais on ne s'était si fort déchaîné contre le théâtre. Je ne puis pas nier qu'il n'y ait eu des pères de l'église qui ont condamné la comédie; mais on ne peut pas nier aussi qu'il n'y en ait eu quelques uns qui l'ont traitée un peu plus doucement. Ainsi l'autorité dont on prétend appuyer la censure est détruite par ce partage : et toute la conséquence qu'on peut tirer de cette diversité d'opinions en des esprits éclairés des mêmes lumières, c'est qu'ils ont pris la comédie différemment, et que les uns l'ont considérée dans sa pureté, lorsque les autres l'ont regardée dans sa corruption, et confondue avec tous ces vilains spectacles qu'on a eu raison de nommer des spectacles de turpitude.

En effet, puisqu'on doit discourir des choses et non pas des mots, et que la plupart des contrariétés viennent de ne se pas entendre et d'envelopper dans un même mot des choses opposées, il ne faut qu'ôter le voile de l'équivoque et regarder ce qu'est la comédie en soi, pour voir si elle est condamnable. On connaîtra, sans doute, que, n'étant autre chose qu'un poëme ingénieux qui, par des leçons agréables, reprend les défauts des hommes, on ne saurait la censurer sans injustice. Et, si nous voulons ouïr là-dessus le témoignage de l'antiquité, elle nous dira que ses plus célèbres philosophes ont donné des louanges à la comédie, eux qui faisaient profession d'une sagesse si austère et criaient sans cesse après les vices de leur siècle. Elle nous fera voir qu'Aristote a consacré des veilles au théâtre, et s'est donné le soin de réduire en préceptes l'art de faire des comédies. Elle nous apprendra que de ses plus grands hommes, et des premiers en dignité, ont fait gloire d'en composer eux-mêmes; qu'il y en a eu d'autres qui n'ont pas dédaigné de réciter en public celles qu'ils avaient composées; que la Grèce a fait pour cet art éclater son estime, par les prix glorieux et par les superbes théâtres dont elle a voulu l'honorer; et que, dans Rome enfin, ce même art a reçu aussi des honneurs extraordinaires, je ne dis pas dans Rome débauchée, et sous la licence des empereurs, mais dans Rome disciplinée, sous la sagesse des consuls, et dans le temps de la vigueur de la vertu romaine.

J'avoue qu'il y a eu des temps où la comédie s'est corrompue. Et qu'est-ce que dans le monde on ne corrompt pas tous les jours? il n'y a chose si innocente où les hommes ne puissent porter du crime, point d'art si salutaire dont ils ne soient capables de renverser les intentions, rien de si bon en soi qu'ils ne puissent tourner à de mauvais usages. La médecine est un art profitable, et chacun la révère comme une des plus excellentes choses que nous ayons; et cependant il y a eu des temps où elle s'est rendue odieuse, et souvent on en a fait un art d'empoisonner les hommes. La philosophie est un présent du ciel; elle nous a été donnée pour porter nos esprits à la connaissance d'un dieu par la contemplation des merveilles de la nature : et pourtant on n'ignore pas que souvent on l'a détournée de son emploi, et qu'on l'a occupée publiquement à soutenir l'impiété. Les choses mêmes les plus saintes ne sont point à couvert de la corruption des hommes; et nous voyons des scélérats qui, tous les jours, abusent de la piété et la font servir méchamment aux crimes les plus grands. Mais on ne laisse pas pour cela de faire les distinctions qu'il est besoin de faire : on n'enveloppe point dans une fausse conséquence la bonté des choses que l'on corrompt avec la malice des corrupteurs : on sépare toujours le mauvais usage d'avec l'intention de l'art : et, comme on ne s'avise point de défendre la médecine pour avoir été bannie de Rome, ni la philosophie pour avoir été condamnée publiquement dans Athènes, on ne doit point aussi vouloir interdire la comédie pour avoir été censurée en de certains temps. Cette censure a eu ses raisons, qui ne subsistent point ici ; elle s'est renfermée dans ce qu'elle a pu voir, et nous ne devons point la tirer des bornes qu'elle s'est données, l'étendre plus loin qu'il ne faut, et lui faire embrasser l'innocent avec le coupable. La comédie qu'elle a eu dessein d'attaquer n'est pas du tout la comédie que nous voulons défendre : il se faut bien garder de confondre celle-là avec celle-ci. Ce sont deux personnes de qui les mœurs sont tout-à-fait opposées. Elles n'ont aucun rapport l'une avec l'autre que la ressemblance du nom ; et ce serait une injustice épouvantable que de vouloir condamner Olimpe qui est femme de bien, parce qu'il y a une Olimpe qui a été une débauchée. De semblables arrêts, sans doute, feraient un grand désordre dans le monde ; il n'y aurait rien par-là qui ne fût condamné : et, puisque l'on ne garde point cette rigueur à tant de choses dont on abuse tous les jours, on doit bien faire la même grace à la comédie, et approuver les pièces de théâtre où l'on verra régner l'instruction et l'honnêteté.

Je sais qu'il y a des esprits dont la délicatesse ne peut souffrir aucune comédie ; qui disent que les plus honnêtes sont les plus dangereuses ; que les passions que l'on y dépeint sont d'autant plus touchantes qu'elles sont pleines de vertu, et que les ames sont attendries par ces sortes de représentations. Je ne vois pas quel grand crime c'est que de s'attendrir à la vue d'une passion honnête : et c'est un haut étage de vertu que cette pleine insensibilité où ils veulent faire monter notre ame. Je doute qu'une si grande perfection soit dans les forces de la nature humaine ; et je ne sais s'il n'est pas mieux de travailler à rectifier et adoucir les passions des hommes que de vouloir les retrancher entièrement. J'avoue qu'il y a des lieux qu'il vaut mieux fréquenter que le théâtre ; et, si l'on veut blâmer toutes les choses qui ne regardent pas directement Dieu et notre salut, il est certain que la comédie en doit être ; et je ne trouve point mauvais qu'elle soit condamnée avec le reste : mais, supposé, comme il est vrai, que les exercices de la piété souffrent des intervalles, et que les hommes aient besoin de divertissement, je soutiens qu'on ne leur en peut trouver qui soit plus innocent que la comédie. Je me suis étendu trop loin : finissons par le mot d'un grand prince sur la comédie du *Tartuffe*.

Huit jours après qu'elle eut été défendue, on représenta, devant la cour, une pièce intitulée *Scaramouche Ermite* ; et le roi, en sortant, dit au grand prince que je veux dire : « Je voudrais
» bien savoir pourquoi les gens qui se scanda-
» lisent si fort de la comédie de Molière ne disent
» mot de celle de Scaramouche. » A quoi le prince répondit : « La raison de cela, c'est que
» la comédie de Scaramouche joue le ciel et la
» religion, dont ces messieurs-là ne se soucient
» point : mais celle de Molière les joue eux-
» mêmes ; c'est ce qu'ils ne peuvent souffrir. »

PREMIER PLACET,

PRÉSENTÉ AU ROI,

Sur la comédie du Tartuffe, qui n'avait pas encore été représentée en public.

S<small>IRE</small>,

Le devoir de la comédie étant de corriger les hommes en les divertissant, j'ai cru que, dans l'emploi où je me trouve, je n'avais rien de mieux à faire que d'attaquer par des peintures ridicules les vices de mon siècle ; et comme l'hypocrisie, sans doute, en est un des plus en usage, des plus incommodes et des plus dangereux, j'avais eu, Sire, la pensée que je ne rendrais pas un petit service à tous les honnêtes gens de votre royaume, si je faisais une comédie qui décriât les hypocrites et mit en vue, comme il faut, toutes les grimaces étudiées de ces gens de bien à outrance, toutes les friponneries couvertes de ces faux monnoyeurs en dévotion, qui veulent attraper les hommes avec un zèle contrefait et une charité sophistiquée.

Je l'ai faite, Sire, cette comédie, avec tout le soin, comme je crois, et toutes les circonspections que pouvait demander la délicatesse de la matière ; et, pour mieux conserver l'estime et le respect qu'on doit aux vrais dévots, j'en ai distingué le plus que j'ai pu le caractère que j'avais à toucher. Je n'ai point laissé d'équivoque, j'ai ôté ce qui pouvait confondre le bien d'avec le mal, et ne me suis servi dans cette peinture que des couleurs expresses et des traits essentiels qui font reconnaître d'abord un véritable et franc hypocrite.

Cependant toutes mes précautions ont été inutiles. On a profité, Sire, de la délicatesse de votre ame sur les matières de religion, et l'on a su vous prendre par l'endroit seul que vous êtes prenable, je veux dire par le respect des choses saintes. Les tartuffes, sous main, ont eu l'adresse de trouver grace auprès de votre majesté ; et les originaux enfin on fait supprimer la copie, quelque innocente qu'elle fût, et quelque ressemblante qu'on la trouvât.

Bien que ce m'ait été un coup sensible que la suppression de cet ouvrage, mon malheur pourtant était adouci par la manière dont votre majesté s'était expliqué sur ce sujet ; et j'ai cru, Sire, qu'elle m'ôtait tout lieu de me plaindre, ayant eu la bonté de déclarer qu'elle ne trouvait rien à dire dans cette comédie qu'elle me défendait de produire en public.

Mais malgré cette glorieuse déclaration du plus grand roi du monde et du plus éclairé, malgré l'approbation encore de M. le légat et de la plus grande partie de nos prélats, qui tous, dans les lectures particulières que je leur ai faites de mon ouvrage, se sont trouvé d'accord avec les sentimens de votre majesté, malgré tout cela, dis-je, on voit un livre composé par le curé de... qui donne hautement un démenti à tous ces augustes témoignages. Votre majesté a beau dire, et M. le légat et MM. les prélats ont beau donner leur jugement, ma comédie, sans l'avoir vue, est diabolique, et diabolique mon cerveau; je suis un démon vêtu de chair et habillé en homme, un libertin, un impie digne d'un supplice exemplaire. Ce n'est pas assez que le feu expie en public mon offense, j'en serais quitte à trop bon marché : le zèle charitable de ce galant homme de bien n'a garde de demeurer là; il ne voit point que j'ai de miséricorde auprès de Dieu, il veut absolument que je sois damné, c'est une affaire résolue.

Ce livre, Sire, a été présenté à votre majesté : et, sans doute, elle juge bien elle-même combien il m'est fâcheux de me voir exposé tous les jours aux insultes de ces messieurs; quel tort me feront dans le monde de telles calomnies, s'il faut qu'elles soient tolérées; et quel intérêt j'ai enfin à me purger de son imposture, et à faire voir au public que ma comédie n'est rien moins que ce qu'on veut qu'elle soit. Je ne dirai point, Sire, ce que j'aurais à demander pour ma réputation, et pour justifier à tout le monde l'innocence de mon ouvrage : les rois éclairés, comme vous, n'ont pas besoin qu'on leur marque ce qu'on souhaite; ils voient comme Dieu, ce qu'il nous faut, et savent mieux que nous ce qu'ils nous doivent accorder. Il me suffit de mettre mes intérêts entre les mains de votre majesté; et j'attends d'elle, avec respect tout ce qu'il lui plaira d'ordonner là-dessus.

SECOND PLACET.

Présenté au roi, dans son camp devant la ville de Lille, en Flandre, par les sieurs La Thorillière et La Grange, comédiens de sa majesté, et compagnons du sieur Molière, sur la défense qui fut faite le 6 août 1667 de représenter le Tartuffe, jusqu'à nouvel ordre de sa majesté.

S<small>IRE</small>,

C'est une chose bien téméraire à moi que de venir importuner un grand monarque au milieu de ses glorieuses conquêtes ; mais dans l'état où je me vois, où trouver, Sire, une protection qu'au lieu où je la viens chercher? Et qui puis-je solliciter contre l'autorité de la puissance qui m'accable, que la source de la puissance et de l'autorité, que le juste dispensateur des ordres absolus, que le souverain juge et le maître de toutes choses?

Ma comédie, Sire, n'a pu jouir ici des bontés de votre majesté. En vain je l'ai produite sous le titre de *l'Imposteur*, et déguisé le personnage sous l'ajustement d'un homme du monde : j'ai eu beau lui donner un petit chapeau, de grands cheveux, un grand collet, une épée, et des dentelles sur tout l'habit, mettre en plusieurs endroits des adoucissemens, et retrancher avec soin tout ce que j'ai jugé capable de fournir l'ombre d'un prétexte aux célèbres originaux du portrait que je voulais faire : tout cela n'a de rien servi. La cabale s'est réveillée aux simples conjectures qu'ils ont pu avoir de la chose. Ils ont trouvé moyen de surprendre des esprits qui, dans toute autre matière, font une haute profession de ne se point laisser surprendre. Ma comédie n'a pas plutôt paru, qu'elle s'est vue foudroyée par le coup d'un pouvoir qui doit imposer du respect; et tout ce que j'ai pu faire en cette rencontre pour me sauver moi-même de l'éclat de cette tempête, c'est de dire que votre majesté avait eu la bonté de m'en permettre la représentation; et que je n'avais pas cru qu'il fut besoin de demander cette permission à d'autres, puisqu'il n'y avait qu'elle seule qui me l'eût défendue.

Je ne doute point, Sire, que les gens que je peins dans ma comédie ne remuent bien des ressorts auprès de votre majesté, et ne jettent dans leur parti, comme ils l'ont déjà fait, de véritables gens de bien, qui sont d'autant plus prompts à se laisser tromper, qu'ils jugent d'autrui par eux-mêmes. Ils ont l'art de donner de belles couleurs à toutes leurs intentions. Quelque mine qu'ils fassent, ce n'est point du tout l'intérêt de Dieu qui les peut émouvoir, ils l'ont assez montré dans les comédies qu'ils ont souffert qu'on ait jouées tant de fois en public sans en dire le moindre mot. Celles-là n'attaquaient que la piété et la religion, dont ils se soucient fort peu : mais celle-ci les attaque et les joue eux-mêmes, et c'est ce qu'ils ne peuvent souffrir. Ils ne sauraient me pardonner de dévoiler leurs impostures aux yeux de tout le monde ; et, sans doute, on ne manquera pas de dire à votre majesté que chacun s'est scandalisé de ma comédie. Mais la vérité pure, Sire, c'est que tout Paris ne s'est scandalisé que de la défense qu'on en a faite ; que les plus scrupuleux en ont trouvé la représentation profitable ; et qu'on s'est étonné que des personnes d'une probité si connue aient eu une si grande déférence pour des gens qui devraient être l'horreur de tout le monde et sont si opposés à la véritable piété dont elles font profession.

J'attends, avec respect, l'arrêt que votre majesté daignera prononcer sur cette matière ; mais il est très-assuré, Sire, qu'il ne faut plus que je songe à faire des comédies, si les Tartuffes ont l'avantage ; qu'ils prendront droit par-là de me persécuter plus que jamais, et voudront trouver à redire aux choses les plus innocentes qui pourront sortir de ma plume.

Daignent vos bontés, Sire, me donner une protection contre leur rage envenimée ! et puissé-je, au retour d'une campagne si glorieuse, délasser votre majesté des fatigues de ses conquêtes, lui donner d'innocens plaisirs après de si nobles travaux, et faire rire le monarque qui fait trembler toute l'Europe.

TROISIÈME PLACET,

Présenté au roi le 5 février 1669.

Sire,

Un fort honnête médecin, dont j'ai l'honneur d'être le malade, me promet et veut s'obliger par-devant notaire de me faire vivre encore trente années, si je puis lui obtenir une grace de votre majesté. Je lui ai dit, sur sa promesse, que je ne lui demandais pas tant, et que je serais satisfait de lui, pourvu qu'il s'obligeât de ne me point tuer. Cette grâce, Sire, est un canonicat de votre chapelle royale de Vincennes, vacant par la mort de...

Oserais-je demander encore cette grace à votre majesté le propre jour de la grande résurrection de Tartuffe, ressuscité par vos bontés? Je suis par cette première faveur réconcilié avec les dévots; et je le serais par cette seconde avec les médecins. C'est pour moi, sans doute, trop de graces à la fois; mais peut-être n'en est-ce pas trop pour votre majesté: et j'attends avec un peu d'espérance respectueuse la réponse de mon placet.

PERSONNAGES.

Madame PERNELLE, mère d'Orgon.
ORGON, mari d'Elmire.
ELMIRE, femme d'Orgon.
DAMIS, fils d'Orgon.
MARIANE, fille d'Orgon.
VALÈRE, amant de Mariane.
CLÉANTE, beau-frère d'Orgon.
TARTUFFE, faux dévot.
DORINE, suivante de Mariane.
Monsieur LOYAL, sergent.
UN EXEMPT.
FLIPOTE, servante de madame Pernelle.

La scène est à Paris, dans la maison d'Orgon.

LE TARTUFFE.

ACTE PREMIER.

SCÈNE I.
MADAME PERNELLE, ELMIRE, MARIANE, CLÉANTE, DAMIS, DORINE, FLIPOTE.

MADAME PERNELLE.

Allons, Flipote, allons ; que d'eux je me délivre.
ELMIRE.
Vous marchez d'un tel pas qu'on a peine à vous suivre.
MADAME PERNELLE.
Laissez, ma bru, laissez ; ne venez pas plus loin :
Ce sont toutes façons dont je n'ai pas besoin.
ELMIRE.
De ce que l'on vous doit envers vous l'on s'acquitte.
Mais, ma mère, d'où vient que vous sortez si vite ?
MADAME PERNELLE.
C'est que je ne puis voir tout ce ménage-ci,
Et que de me complaire on ne prend nul souci.
Oui, je sors de chez vous fort mal édifiée :
Dans toutes mes leçons je suis contrariée ;
On n'y respecte rien, chacun y parle haut,
Et c'est tout justement la cour du roi Pétaud.
DORINE.
Si...
MADAME PERNELLE.
Vous êtes, ma mie, une fille suivante,
Un peu trop forte en gueule, et fort impertinente ;
Vous vous mêlez sur tout de dire votre avis.
DAMIS.
Mais...

MADAME PERNELLE.
Vous êtes un sot, en trois lettres, mon fils;
C'est moi qui vous le dis, qui suis votre grand'mère,
Et j'ai prédit cent fois à mon fils, votre père,
Que vous preniez tout l'air d'un méchant garnement,
Et ne lui donneriez jamais que du tourment.

MARIANE.
Je crois...

MADAME PERNELLE.
Mon dieu! sa sœur, vous faites la discrète,
Et vous n'y touchez pas, tant vous semblez doucette!
Mais il n'est, comme on dit, pire eau que l'eau qui dort;
Et vous menez, sous cape, un train que je hais fort.

ELMIRE.
Mais, ma mère...

MADAME PERNELLE.
Ma bru, qu'il ne vous en déplaise,
Votre conduite, en tout, est tout-à-fait mauvaise;
Vous devriez leur mettre un bon exemple aux yeux;
Et leur défunte mère en usait beaucoup mieux.
Vous êtes dépensière; et cet état me blesse,
Que vous alliez vêtue ainsi qu'une princesse.
Quiconque à son mari veut plaire seulement,
Ma bru, n'a pas besoin de tant d'ajustement.

CLÉANTE.
Mais, madame, après tout...

MADAME PERNELLE.
Pour vous, monsieur son frère,
Je vous estime fort, vous aime et vous révère;
Mais enfin, si j'étais de mon fils, son époux,
Je vous prierais bien fort de n'entrer point chez nous.
Sans cesse vous prêchez des maximes de vivre
Qui par d'honnêtes gens ne se doivent point suivre.
Je vous parle un peu franc; mais c'est là mon humeur,
Et je ne mâche point ce que j'ai sur le cœur.

DAMIS.
Votre monsieur Tartuffe est bien heureux, sans doute...

ACTE I, SCÈNE I.

MADAME PERNELLE.

C'est un homme de bien, qu'il faut que l'on écoute ;
Et je ne puis souffrir, sans me mettre en courroux,
De le voir quereller par un fou comme vous.

DAMIS.

Quoi ! je souffrirai, moi, qu'un cagot de critique
Vienne usurper céans un pouvoir tyrannique ;
Et que nous ne puissions à rien nous divertir,
Si ce beau monsieur-là n'y daigne consentir ?

DORINE.

S'il le faut écouter et croire à ses maximes,
On ne peut faire rien qu'on ne fasse des crimes ;
Car il contrôle tout, ce critique zélé.

MADAME PERNELLE.

Et tout ce qu'il contrôle est fort bien contrôlé.
C'est au chemin du ciel qu'il prétend vous conduire,
Et mon fils à l'aimer vous devrait tous induire.

DAMIS.

Non, voyez-vous, ma mère, il n'est père, ni rien,
Qui me puisse obliger à lui vouloir du bien :
Je trahirais mon cœur de parler d'autre sorte.
Sur ses façons de faire à tous coups je m'emporte :
J'en prévois une suite, et qu'avec ce pied-plat
Il faudra que j'en vienne à quelque grand éclat.

DORINE.

Certes, c'est une chose aussi qui scandalise,
De voir qu'un inconnu céans s'impatronise ;
Qu'un gueux, qui, quand il vint, n'avait pas de souliers,
Et dont l'habit entier valait bien six deniers,
En vienne jusque-là que de se méconnaître,
De contrarier tout et de faire le maître.

MADAME PERNELLE.

Hé ! merci de ma vie ! il en irait bien mieux,
Si tout se gouvernait par ses ordres pieux.

DORINE.

Il passe pour un saint dans votre fantaisie :
Tout son fait, croyez-moi, n'est rien qu'hypocrisie.

MADAME PERNELLE.

Voyez la langue !

DORINE.

A lui, non plus qu'à son Laurent,
Je ne me fierais, moi, que sur un bon garant.

MADAME PERNELLE

J'ignore ce qu'au fond le serviteur peut être ;
Mais pour homme de bien je garantis le maître.
Vous ne lui voulez mal et ne le rebutez
Qu'à cause qu'il vous dit à tous vos vérités.
C'est contre le péché que son cœur se courrouce,
Et l'intérêt du ciel est tout ce qui le pousse.

DORINE.

Oui ; mais pourquoi surtout, depuis un certain temps ;
Ne saurait-il souffrir qu'aucun hante céans ?
En quoi blesse le ciel une visite honnête,
Pour en faire un vacarme à nous rompre la tête ?
Veut-on que là-dessus je m'explique entre nous ?...
        (*montrant Elmire.*)
Je crois que de madame il est, ma foi, jaloux.

MADAME PERNELLE.

Taisez-vous et songez aux choses que vous dites.
Ce n'est pas lui tout seul qui blâme ces visites :
Tout ce tracas qui suit les gens que vous hantez,
Ces carrosses sans cesse à la porte plantés,
Et de tant de laquais le bruyant assemblage,
Font un éclat fâcheux dans tout le voisinage.
Je veux croire qu'au fond il ne se passe rien :
Mais enfin on en parle et cela n'est pas bien.

CLÉANTE.

Hé ! voulez-vous, madame, empêcher qu'on ne cause ?
Ce serait dans la vie une fâcheuse chose,
Si, pour les sots discours où l'on peut être mis,
Il fallait renoncer à ses meilleurs amis.
Et quand même on pourrait se résoudre à le faire,
Croiriez-vous obliger tout le monde à se taire ?
Contre la médisance il n'est point de rempart.

A tous les sots caquets n'ayons donc nul égard ;
Efforçons-nous de vivre avec toute innocence,
Et laissons aux causeurs une pleine licence.

DORINE.

Daphné, notre voisine, et son petit époux,
Ne seraient-ils point ceux qui parlent mal de nous ?
Ceux de qui la conduite offre le plus à rire
Sont toujours sur autrui les premiers à médire :
Ils ne manquent jamais de saisir promptement
L'apparente lueur du moindre attachement,
D'en semer la nouvelle avec beaucoup de joie,
Et d'y donner le tour qu'ils veulent qu'on y croie :
Des actions d'autrui, teintes de leurs couleurs,
Ils pensent dans le monde autoriser les leurs,
Et, sous le faux espoir de quelque ressemblance,
Aux intrigues qu'ils ont donner de l'innocence,
Ou faire ailleurs tomber quelques traits partagés
De ce blâme public dont ils sont trop chargés.

MADAME PERNELLE.

Tous ces raisonnemens ne font rien à l'affaire.
On sait qu'Orante mène une vie exemplaire ;
Tous ses soins vont au ciel : et j'ai su par des gens
Qu'elle condamne fort le train qui vient céans.

DORINE.

L'exemple est admirable, et cette dame est bonne !
Il est vrai qu'elle vit en austère personne ;
Mais l'âge dans son ame a mis ce zèle ardent,
Et l'on sait qu'elle est prude à son corps défendant.
Tant qu'elle a pu des cœurs attirer les hommages,
Elle a fort bien joui de tous ses avantages :
Mais voyant de ses yeux tous les brillans baisser,
Au monde qui la quitte elle veut renoncer,
Et du voile pompeux d'une haute sagesse
De ces attraits usés déguiser la faiblesse.
Ce sont là les retours des coquettes du temps :
Il leur est dur de voir déserter les galans.
Dans un tel abandon, leur sombre inquiétude
Ne voit d'autre recours que le métier de prude ;

Et la sévérité de ces femmes de bien
Censure toute chose, et ne pardonne à rien;
Hautement d'un chacun elles blâment la vie,
Non point par charité, mais par un trait d'envie,
Qui ne saurait souffrir qu'un autre ait les plaisirs
Dont le penchant de l'âge a sevré leurs désirs.

MADAME PERNELLE, *à Elmire.*

Voilà les contes bleus qu'il vous faut pour vous plaire,
Ma bru. L'on est chez vous contrainte de se taire :
Car madame, à jaser, tient le dé tout le jour.
Mais enfin je prétends discourir à mon tour :
Je vous dis que mon fils n'a rien fait de plus sage
Qu'en recueillant chez soi ce dévot personnage ;
Que le ciel au besoin l'a céans envoyé
Pour redresser à tous votre esprit fourvoyé ;
Que, pour votre salut, vous le devez entendre ;
Et qu'il ne reprend rien qui ne soit à reprendre.
Ces visites, ces bals, ces conversations,
Sont du malin esprit toutes inventions.
Là, jamais on n'entend de pieuses paroles ;
Ce sont propos oisifs, chansons et fariboles :
Bien souvent le prochain en a sa bonne part,
Et l'on y sait médire et du tiers et du quart.
Enfin les gens sensés ont leurs têtes troublées
De la confusion de telles assemblées :
Mille caquets divers s'y font en moins de rien ;
Et, comme l'autre jour un docteur dit fort bien,
C'est véritablement la tour de Babylone,
Car chacun y babille, et tout du long de l'aune :
Et pour conter l'histoire où ce point l'engagea...
   (*montrant Cléante.*)
Voilà-t-il pas monsieur qui ricane déjà !
Allez chercher vos fous qui vous donnent à rire,
  (*à Elmire.*)
Et sans... Adieu, ma bru ; je ne veux plus rien dire.
Sachez que pour céans j'en rabats de moitié,

ACTE I, SCÈNE II.

Et qu'il fera beau temps quand j'y mettrai le pié.
(donnant un soufflet à Flipote.)
Allons, vous, vous rêvez, et bayez aux corneilles.
Jour de dieu ! je saurai vous frotter les oreilles.
Marchons, gaupe, marchons.

SCÈNE II.
CLÉANTE, DORINE.

CLÉANTE.

Je n'y veux point aller
De peur qu'elle ne vînt encor me quereller ;
Que cette bonne femme...

DORINE.

Ah ! certes, c'est dommage
Qu'elle ne vous ouï tenir un tel langage :
Elle vous dirait bien qu'elle vous trouve bon
Et qu'elle n'est point d'âge à lui donner ce nom.

CLÉANTE.

Comme elle s'est pour rien contre nous échauffée !
Et que de son Tartuffe elle paraît coiffée !

DORINE.

Oh ! vraiment, tout cela n'est rien au prix du fils :
Et, si vous l'aviez vu, vous diriez : c'est bien pis !
Nos troubles l'avaient mis sur le pied d'homme sage,
Et, pour servir son prince, il montra du courage :
Mais il est devenu comme un homme hébété,
Depuis que de Tartuffe on le voit entêté ;
Il l'appelle son frère, et l'aime dans son ame
Cent fois plus qu'il ne fait mère, fils, fille et femme.
C'est de tous ses secrets l'unique confident,
Et de ses actions le directeur prudent ;
Il le choie, il l'embrasse ; et pour une maîtresse
On ne saurait, je pense, avoir plus de tendresse :
A table, au plus haut bout il veut qu'il soit assis ;
Avec joie il l'y voit manger autant que six ;
Les bons morceaux de tout, il faut qu'on les lui cède ;

Et, s'il vient à roter, il lui dit, Dieu vous aide !
Enfin il en est fou ; c'est son tout, son héros ;
Il l'admire à tous coups, le cite à tous propos ;
Ses moindres actions lui semblent des miracles,
Et tous les mots qu'il dit sont pour lui des oracles.
Lui, qui connaît sa dupe, et qui veut en jouir,
Par cent dehors fardés a l'art de l'éblouir ;
Son cagotisme en tire à toute heure des sommes,
Et prend droit de gloser sur tous tant que nous sommes.
Il n'est pas jusqu'au fat qui lui sert de garçon
Qui ne se mêle aussi de nous faire leçon ;
Il vient nous sermonner avec des yeux farouches,
Et jeter nos rubans, notre rouge et nos mouches.
Le traître, l'autre jour, nous rompit de ses mains
Un mouchoir qu'il trouva dans une Fleur des saints,
Disant que nous mêlions, par un crime effroyable,
Avec la sainteté les parures du diable.

SCÈNE III.
ELMIRE, MARIANE, DAMIS, CLÉANTE, DORINE.

ELMIRE, à Cléante.

Vous êtes bien heureux de n'être point venu
Au discours qu'à la porte elle nous a tenu.
Mais j'ai vu mon mari ; comme il ne m'a point vue,
Je veux aller là-haut attendre sa venue.

CLÉANTE.
Moi, je l'attends ici pour moins d'amusement ;
Et je vais lui donner le bon jour seulement.

SCÈNE IV.
CLÉANTE, DAMIS, DORINE.

DAMIS.
De l'hymen de ma sœur touchez-lui quelque chose.
J'ai soupçon que Tartuffe à son effet s'oppose.
Qu'il oblige mon père à des détours si grands ;

ACTE I, SCÈNE V.

Et vous n'ignorez pas quel intérêt j'y prends.
Si même ardeur enflamme et ma sœur et Valère,
La sœur de cet ami, vous le savez, m'est chère;
Et s'il fallait...

DORINE.

Il entre.

SCÈNE V.
ORGON, CLÉANTE, DORINE.

ORGON.

Ah! mon frère, bon jour.

CLÉANTE.

Je sortais, et j'ai joie à vous voir de retour.
La campagne à présent n'est pas beaucoup fleurie.

ORGON.

(à Cléante.)

Dorine... Mon beau-frère, attendez, je vous prie.
Vous voulez bien souffrir, pour m'ôter de souci,
Que je m'informe un peu des nouvelles d'ici.
(à Dorine.)
Tout s'est-il, ces deux jours, passé de bonne sorte?
Qu'est-ce qu'on fait céans? comme est-ce qu'on s'y porte?

DORINE.

Madame eut avant-hier la fièvre jusqu'au soir,
Avec un mal de tête étrange à concevoir.

ORGON.

Et Tartuffe?

DORINE.

Tartuffe! il se porte à merveille,
Gros et gras, le teint frais, et la bouche vermeille.

ORGON.

Le pauvre homme!

DORINE.

Le soir, elle eut un grand dégoût,
Et ne put au souper, toucher à rien du tout,
Tant sa douleur de tête était encore cruelle!

ORGON.

Et Tartuffe ?

DORINE.

Il soupa, lui tout seul, devant elle ;
Et fort dévotement il mangea deux perdrix,
Avec une moitié de gigot en hachis.

ORGON.

Le pauvre homme !

DORINE.

La nuit se passa tout entière
Sans qu'elle pût fermer un moment la paupière ;
Des chaleurs l'empêchaient de pouvoir sommeiller ;
Et jusqu'au jour près d'elle il nous fallut veiller.

ORGON.

Et Tartuffe ?

DORINE.

Pressé d'un sommeil agréable,
Il passa dans sa chambre au sortir de la table ;
Et dans son lit bien chaud il se mit tout soudain,
Où, sans trouble, il dormit jusques au lendemain.

ORGON.

Le pauvre homme !

DORINE.

A la fin, par nos raisons gagnée,
Elle se résolut à souffrir la saignée ;
Et le soulagement suivit tout aussitôt.

ORGON.

Et Tartuffe ?

DORINE.

Il reprit courage comme il faut ;
Et, contre tous les maux fortifiant son ame,
Pour réparer le sang qu'avait perdu madame,
But, à son déjeûné, quatre grands coups de vin.

ORGON.

Le pauvre homme !

DORINE.

Tous deux se portent bien enfin ;

Et je vais à madame annoncer, par avance,
La part que vous prenez à sa convalescence.

SCÈNE VI.
ORGON, CLÉANTE.

CLÉANTE.

A votre nez, mon frère, elle se rit de vous :
Et, sans avoir dessein de vous mettre en courroux,
Je vous dirai tout franc que c'est avec justice.
A-t-on jamais parlé d'un semblable caprice ?
Et se peut-il qu'un homme ait un charme aujourd'hui
A vous faire oublier toutes choses pour lui ;
Qu'après avoir chez vous réparé sa misère,
Vous en veniez au point...?

ORGON.

Halte-là, mon beau-frère ;
Vous ne connaissez pas celui dont vous parlez.

CLÉANTE.

Je ne le connais pas puisque vous le voulez ;
Mais enfin, pour savoir quel homme ce peut être...

ORGON.

Mon frère, vous seriez charmé de le connaître,
Et vos ravissemens ne prendraient point de fin.
C'est un homme..qui..ah!..un homme...un homme enfin..
Qui suit bien ses leçons, goûte une paix profonde,
Et comme du fumier regarde tout le monde.
Oui, je deviens tout autre avec son entretien ;
Il m'enseigne à n'avoir affection pour rien,
De toutes amitiés il détache mon ame ;
Et je verrais mourir frère, enfans, mère, et femme,
Que je m'en soucierais autant que de cela.

CLÉANTE.

Les sentimens humains, mon frère, que voilà !

ORGON.

Ah ! si vous aviez vu comme j'en fis rencontre,
Vous auriez pris pour lui l'amitié que je montre.

Chaque jour à l'église il venait, d'un air doux,
Tout vis-à-vis de moi se mettre à deux genoux.
Il attirait les yeux de l'assemblée entière
Par l'ardeur dont au ciel il poussait sa prière ;
Il faisait des soupirs, de grands élancemens,
Et baisait humblement la terre à tous momens ;
Et, lorsque je sortais, il me devançait vite
Pour m'aller, à la porte, offrir de l'eau bénite.
Instruit par son garçon, qui dans tout l'imitait,
Et de son indigence et de ce qu'il était,
Je lui faisais des dons : mais avec modestie,
Il me voulait toujours en rendre une partie.
C'est trop, me disait-il, *c'est trop de la moitié;*
Je ne mérite pas de vous faire pitié.
Et quand je refusais de le vouloir reprendre,
Aux pauvres, à mes yeux, il allait le répandre.
Enfin le ciel chez moi me le fit retirer,
Et depuis ce temps-là tout semble y prospérer.
Je vois qu'il reprend tout, et qu'à ma femme même,
Il prend, pour mon honneur, un intérêt extrême ;
Il m'avertit des gens qui lui font les yeux doux,
Et plus que moi six fois il s'en montre jaloux.
Mais vous ne croiriez point jusqu'où monte son zèle :
Il s'impute à péché la moindre bagatelle ;
Un rien presque suffit pour le scandaliser ;
Jusque-là qu'il se vint, l'autre jour, accuser
D'avoir pris une puce en faisant sa prière,
Et de l'avoir tuée avec trop de colère.

CLÉANTE.

Parbleu ! vous êtes fou, mon frère, que je croi.
Avec de tels discours vous moquez-vous de moi ?
Et que prétendez-vous ? Que tout ce badinage...

ORGON.

Mon frère, ce discours sent le libertinage :
Vous en êtes un peu dans votre ame entiché ;
Et, comme je vous l'ai plus de dix fois prêché,
Vous vous attirerez quelque méchante affaire.

ACTE I, SCÉNE VI.

CLÉANTE.

Voilà de vos pareils le discours ordinaire :
Ils veulent que chacun soit aveugle comme eux.
C'est être libertin que d'avoir de bons yeux.
Et qui n'adore pas de vaines simagrées,
N'a ni respect ni foi pour les choses sacrées.
Allez, tous vos discours ne me font point de peur ;
Je sais comme je parle, et le ciel voit mon cœur.
De tous vos façonniers on n'est point les esclaves.
Il est de faux dévots ainsi que de faux braves :
Et comme on ne voit pas qu'où l'honneur les conduit
Les vrais braves soient ceux qui font beaucoup de bruit,
Les bons et vrais dévots, qu'on doit suivre à la trace,
Ne sont pas ceux aussi qui font tant de grimace.
Hé quoi ! vous ne ferez nulle distinction
Entre l'hypocrisie et la dévotion ?
Vous les voulez traiter d'un semblable langage,
Et rendre même honneur au masque qu'au visage,
Egaler l'artifice à la sincérité,
Confondre l'apparence avec la vérité,
Estimer le fantôme autant que la personne,
Et la fausse monnoie à l'égal de la bonne !
Les hommes la plupart sont étrangement faits ;
Dans la juste nature on ne les voit jamais :
La raison a pour eux des bornes trop petites,
En chaque caractère ils passent ses limites ;
Et la plus noble chose, ils la gâtent souvent
Pour la vouloir outrer et pousser trop avant.
Que cela vous soit dit en passant, mon beau-frère.

ORGON.

Oui, vous êtes sans doute un docteur qu'on révère ;
Tout le savoir du monde est chez vous retiré ;
Vous êtes le seul sage et le seul éclairé,
Un oracle, un Caton dans le siècle où nous sommes ;
Et près de vous ce sont des sots que tous les hommes.

CLÉANTE.

Je ne suis point, mon frère, un docteur révéré ;

Et le savoir chez moi n'est pas tout retiré.
Mais, en un mot, je sais pour toute ma science,
Du faux avec le vrai faire la différence.
Et comme je ne vois nul genre de héros
Qui soit plus à priser que les parfaits dévots,
Aucune chose au monde et plus noble et plus belle
Que la sainte ferveur d'un véritable zèle ;
Aussi ne vois-je rien qui soit plus odieux
Que le dehors plâtré d'un zèle spécieux ;
Que ces francs charlatans, que ces dévots de place,
De qui la sacrilège et trompeuse grimace
Abuse impunément et se joue à leur gré,
De ce qu'ont les mortels de plus saint et sacré ;
Ces gens qui, par une ame à l'intérêt soumise,
Font de dévotion métier et marchandise,
Et veulent acheter crédit et dignités
A prix de faux clins d'yeux et d'élans affectés ;
Ces gens, dis-je, qu'on voit d'une ardeur non commune
Par le chemin du ciel courir à leur fortune ;
Qui, brûlants et priants, demandent chaque jour,
Et prêchent la retraite au milieu de la cour ;
Qui savent ajuster leur zèle avec leurs vices,
Sont prompts, vindicatifs, sans foi, pleins d'artifices,
Et pour perdre quelqu'un couvrent insolemment
De l'intérêt du ciel leur fier ressentiment,
D'autant plus dangereux dans leur âpre colère,
Qu'ils prennent contre nous des armes qu'on révère,
Et que leur passion, dont on leur sait bon gré,
Veut nous assassiner avec un fer sacré :
De ce faux caractère on en voit trop paraître.
Mais les dévots de cœur sont aisés à connaître.
Notre siècle, mon frère, en expose à nos yeux
Qui peuvent nous servir d'exemples glorieux.
Regardez Ariston, regardez Périandre,
Oronte, Alcidamas, Polydore, Clitandre ;
Ce titre par aucun ne leur est débattu,
Ce ne sont point du tout fanfarons de vertu ;
On ne voit point en eux ce faste insupportable,

ACTE I, SCÉNE VI.

Et leur dévotion est humaine, est traitable :
Ils ne censurent point toutes nos actions ;
Ils trouvent trop d'orgueil dans ces corrections ;
Et, laissant la fierté des paroles aux autres,
C'est par leurs actions qu'ils reprennent les nôtres.
L'apparence du mal a chez eux peu d'appui,
Et leur ame est portée à juger bien d'autrui.
Point de cabale en eux, point d'intrigues à suivre ;
On les voit, pour tous soins, se mêler de bien vivre.
Jamais contre un pécheur ils n'ont d'acharnement :
Ils attachent leur haine au péché seulement,
Et ne veulent point prendre, avec un zèle extrême,
Les intérêts du ciel plus qu'il ne veut lui-même.
Voilà mes gens, voilà comme il en faut user,
Voilà l'exemple enfin qu'il se faut proposer.
Votre homme, à dire vrai, n'est pas de ce modèle :
C'est de fort bonne foi que vous vantez son zèle ;
Mais par un faux éclat je vous crois ébloui.

ORGON.

Monsieur mon cher beau-frère, avez vous tout dit ?

CLÉANTE.

Oui.

ORGON, *s'en allant.*

Je suis votre valet.

CLÉANTE.

De grace, un mot, mon frère.
Laissons-là ce discours. Vous savez que Valère,
Pour être votre gendre, a parole de vous.

ORGON.

Oui.

CLÉANTE.

Vous aviez pris jour pour un lien si doux.

ORGON.

Il est vrai.

CLÉANTE.
Pourquoi donc en différer la fête ?

ORGON.
Je ne sais.

CLÉANTE.
Auriez-vous autre pensée en tête ?

ORGON.
Peut-être.

CLÉANTE.
Vous voulez manquer à votre foi ?

ORGON.
Je ne dis pas cela.

CLÉANTE.
Nul obstacle, je croi,
Ne vous peut empêcher d'accomplir vos promesses.

ORGON.
Selon.

CLÉANTE.
Pour dire un mot faut-il tant de finesses ?
Valère, sur ce point, me fait vous visiter.

ORGON.
Le ciel en soit loué !

CLÉANTE.
Mais que lui reporter !

ORGON.
Tout ce qu'il vous plaira.

CLÉANTE.
Mais il est nécessaire
De savoir vos desseins. Quels sont-ils donc ?

ACTE I, SCÈNE VI.

ORGON.

De faire
Ce que le ciel voudra.

CLÉANTE.

Mais parlons tout de bon.
Valère a votre foi; la tiendrez-vous, ou non?

ORGON.

Adieu.

CLÉANTE, *seul*.

Pour son amour je crains une disgrace,
Et je dois l'avertir de tout ce qui se passe.

FIN DU PREMIER ACTE.

ACTE SECOND.

SCÈNE I.
ORGON, MARIANE.

ORGON.

Mariane.

MARIANE.

Mon père ?

ORGON.

Approchez, j'ai de quoi
Vous parler en secret.

MARIANE, *à Orgon qui regarde dans un cabinet.*

Que cherchez-vous ?

ORGON.

Je voi
Si quelqu'un n'est point là qui pourrait nous entendre,
Car ce petit endroit est propre pour surprendre.
Or sus, nous voilà bien. J'ai, Mariane, en vous
Reconnu de tout temps un esprit assez doux,
Et de tout temps aussi vous m'avez été chère.

MARIANE.

Je suis fort redevable à cet amour de père.

ORGON.

C'est fort bien dit, ma fille, et, pour le mériter,
Vous devez n'avoir soin que de me contenter.

MARIANE.

C'est où je mets aussi ma gloire la plus haute.

ORGON.

Fort bien. Que dites-vous de Tartuffe notre hôte ?

MARIANE.

Qui ? moi ?

ORGON.
Vous. Voyez bien comme vous répondrez.

MARIANE.
Hélas ! j'en dirai, moi, tout ce que vous voudrez.

SCÈNE II.

ORGON, MARIANE, DORINE, *entrant doucement et se tenant derrière Orgon, sans être vue.*

ORGON.
C'est parler sagement... Dites-moi donc, ma fille,
Qu'en toute sa personne un haut mérite brille,
Qu'il touche votre cœur, et qu'il vous serait doux
De le voir, par mon choix, devenir votre époux.
Hé ?

MARIANE.
Hé !

ORGON.
Qu'est-ce ?

MARIANE.
Plaît-il ?

ORGON.
Quoi ?

MARIANE.
Me suis-je méprise ?

ORGON.
Comment ?

MARIANE.
Qui voulez-vous, mon père, que je dise
Qui me touche le cœur, et qu'il me serait doux
De voir, par votre choix, devenir mon époux ?

ORGON.
Tartuffe.

MARIANE.
Il n'en est rien, mon père, je vous jure.
Pourquoi me faire dire une telle imposture ?

ORGON.
Mais je veux que cela soit une vérité;
Et c'est assez pour vous que je l'aie arrêté.
MARIANE.
Quoi! vous voulez, mon père...?
ORGON.
Oui, je prétends, ma fille,
Unir, par votre hymen, Tartuffe à ma famille.
Il sera votre époux, j'ai résolu cela.
(apercevant Dorine.)
Et comme sur vos vœux je... Que faites-vous là?
La curiosité qui vous presse est bien forte,
Ma mie, à nous venir écouter de la sorte.
DORINE.
Vraiment, je ne sais pas si c'est un bruit qui part
De quelque conjecture, ou d'un coup de hasard;
Mais de ce mariage on m'a dit la nouvelle,
Et j'ai traité cela de pure bagatelle.
ORGON.
Quoi donc! la chose est incroyable?
DORINE.
A tel point,
Que vous-même, monsieur, je ne vous en crois point.
ORGON.
Je sais bien le moyen de vous le faire croire.
DORINE.
Oui! oui! vous nous contez une plaisante histoire!
ORGON.
Je compte justement ce qu'on verra dans peu.
DORINE.
Chansons!
ORGON.
Ce que je dis, ma fille, n'est point jeu.
DORINE.
Allez, ne croyez point à monsieur votre père;
Il raille.

ACTE II, SCÈNE II.

ORGON.

Je vous dis...

DORINE.

Non, vous avez beau faire,
On ne vous croira point.

ORGON.

A la fin mon courroux...

DORINE.

Hé bien ! on vous croit donc ; et c'est tant pis pour vous.
Quoi ! se peut-il, monsieur, qu'avec l'air d'homme sage,
Et cette large barbe au milieu du visage,
Vous soyez assez fou pour vouloir...?

ORGON.

Écoutez :
Vous avez pris céans certaines privautés
Qui ne me plaisent point ; je vous le dis, ma mie.

DORINE.

Parlons, sans nous fâcher, monsieur, je vous supplie.
Vous moquez-vous des gens d'avoir fait ce complot ?
Votre fille n'est point l'affaire d'un bigot :
Il a d'autres emplois auxquels il faut qu'il pense.
Et puis, que vous apporte une telle alliance ?
A quel sujet aller, avec tout votre bien,
Choisir un gendre gueux...?

ORGON.

Taisez-vous. S'il n'a rien,
Sachez que c'est par-là qu'il faut qu'on le révère.
Sa misère est sans doute une honnête misère ;
Au-dessus des grandeurs elle doit l'élever,
Puisqu'enfin de son bien il s'est laissé priver
Par son trop peu de soin des choses temporelles,
Et sa puissante attache aux choses éternelles.
Mais mon secours pourra lui donner les moyens
De sortir d'embarras, et rentrer dans ses biens :
Ce sont fiefs qu'à bon titre au pays on renomme ;
Et, tel que l'on le voit, il est bien gentilhomme.

DORINE.

Oui, c'est lui qui le dit; et cette vanité,
Monsieur, ne sied pas bien avec la piété.
Qui d'une sainte vie embrasse l'innocence
Ne doit point tant prôner son nom et sa naissance :
Et l'humble procédé de la dévotion
Souffre mal les éclats de cet ambition.
A quoi bon cet orgueil?... Mais ce discours vous blesse;
Parlons de sa personne, et laissons sa noblesse.
Ferez-vous possesseur, sans quelque peu d'ennui,
D'une fille comme elle un homme comme lui ?
Et ne devez-vous pas songer aux bienséances,
Et de cette union prévoir les conséquences ?
Sachez que d'une fille on risque la vertu,
Lorsque dans son hymen son goût est combattu.
Que le dessein d'y vivre en honnête personne
Dépend des qualités du mari qu'on lui donne ;
Et que ceux dont partout on montre au doigt le front
Font leurs femmes souvent ce qu'on voit qu'elles sont.
Il est bien difficile enfin d'être fidèle
A de certains maris faits d'un certain modèle ;
Et qui donne à sa fille un homme qu'elle hait
Est responsable au ciel des fautes qu'elle fait.
Songez à quels périls votre dessein vous livre.

ORGON.

Je vous dis qu'il me faut apprendre d'elle à vivre !

DORINE.

Vous n'en feriez que mieux de suivre mes leçons.

ORGON.

Ne nous amusons point, ma fille, à ces chansons ;
Je sais ce qu'il vous faut, et je suis votre père.
J'avais donné pour vous ma parole à Valère ;
Mais outre qu'à jouer on dit qu'il est enclin,
Je le soupçonne encore d'être un peu libertin;
Je ne remarque point qu'il hante les églises.

DORINE.

Voulez-vous qu'il y coure à vos heures précises,
Comme ceux qui n'y vont que pour être aperçus ?

ORGON.

Je ne demande pas votre avis là-dessus.
Enfin avec le ciel l'autre est le mieux du monde,
Et c'est une richesse à nulle autre seconde.
Cet hymen de tous biens comblera vos désirs ;
Il sera tout confit en douceurs et plaisirs.
Ensemble vous vivrez, dans vos ardeurs fidèles,
Comme deux vrais enfans, comme deux tourterelles :
A nul fâcheux débat jamais vous n'en viendrez ;
Et vous ferez de lui tout ce que vous voudrez.

DORINE.

Elle ! elle n'en fera qu'un sot, je vous assure.

ORGON.

Ouais ! quels discours !

DORINE.

Je dis qu'il en a l'encolure,
Et que son ascendant, monsieur, l'emportera
Sur toute la vertu que votre fille aura.

ORGON.

Cessez de m'interrompre, et songez à vous taire,
Sans mettre votre nez où vous n'avez que faire.

DORINE.

Je n'en parle, monsieur, que pour votre intérêt.

ORGON.

C'est prendre trop de soins, taisez-vous, s'il vous plaît.

DORINE.

Si l'on ne vous aimait...

ORGON.

Je ne veux pas qu'on m'aime.

DORINE.

Et je veux vous aimer, monsieur, malgré vous-même.

ORGON.

Ah !

DORINE.

Votre honneur m'est cher, et je ne puis souffrir
Qu'aux brocards d'un chacun vous alliez vous offrir.

ORGON.

Vous ne vous tairez point.

DORINE.

C'est une conscience
Que de vous laisser faire une telle alliance.

ORGON.

Te tairas-tu, serpent, dont les traits effrontés...?

DORINE.

Ah! vous êtes dévot, et vous vous emportez!

ORGON.

Oui, ma bile s'échauffe à toutes ces fadaises,
Et tout résolument je veux que tu te taises.

DORINE.

Soit. Mais, ne disant mot, je n'en pense pas moins.

ORGON.

Pense, si tu le veux; mais appliques tes soins
(*à sa fille.*)
A ne m'en point parler, ou... Suffit... Comme sage,
J'ai pesé mûrement toutes choses...

DORINE, *à part.*

J'enrage
De ne pouvoir parler.

ORGON.

Sans être damoiseau,
Tartuffe est fait de sorte...

DORINE, *à part.*

Oui: c'est un beau museau.

ORGON.

Que quand tu n'aurais même aucune sympathie
Pour tous les autres dons...

DORINE, *à part.*

La voilà bien lotie!

(*Orgon se tourne du côté de Dorine, et les bras
croisés, l'écoute et la regarde en face*).

Si j'étais en sa place, un homme assurément
Ne m'épouserait pas de force impunément ;
Et je lui ferais voir, bientôt après la fête,
Qu'une femme a toujours une vengeance prête.

ORGON, *à Dorine.*

Donc de ce que je dis on ne fera nul cas ?

DORINE.

De quoi vous plaignez-vous ? je ne vous parle pas.

ORGON.

Qu'est-ce que tu fais donc ?

DORINE.

Je me parle à moi-même.

ORGON, *à part.*

Fort bien. Pour châtier son insolence extrême
Il faut que je lui donne un revers de ma main.
(*Il se met en posture de donner un soufflet à Dorine ; et, à chaque mot qu'il dit à sa fille, il se tourne pour regarder Dorine, qui se tient droite sans parler.*)
Ma fille, vous devez approuver mon dessein...
Croire que le mari... que j'ai su vous élire...
 (à Dorine.)
Que ne te parles-tu ?

DORINE.

Je n'ai rien à me dire.

ORGON.

Encore un petit mot.

DORINE.

Il ne me plaît pas, moi.

ORGON.

Certes, je t'y guettais.

DORINE.

Quelque sotte ma foi !

ORGON.

Enfin, ma fille, il faut payer d'obéissance,
Et montrer pour mon choix entière déférence.

DORINE, *en s'enfuyant.*

Je me moquerais fort de prendre un tel époux.

ORGON, *aprés avoir manqué de donner un soufflet à Dorine.*

Vous avez là, ma fille, une peste avec vous,
Avec qui, sans péché, je ne saurais plus vivre.
Je me sens maintenant hors d'état de poursuivre;
Ses discours insolens m'ont mis l'esprit en feu,
Et je vais prendre l'air pour me rasseoir un peu.

SCÈNE III.

MARIANE, DORINE.

DORINE.

Avez-vous donc perdu, dites-moi, la parole?
Et faut-il qu'en ceci je fasse votre rôle?
Souffrir qu'on vous propose un projet insensé,
Sans que du moindre mot vous l'ayez repoussé!

MARIANE.

Contre un père absolu que veux-tu que je fasse?

DORINE.

Ce qu'il faut pour parer une telle menace.

MARIANE.

Quoi?

DORINE.

Lui dire qu'un cœur n'aime point par autrui;
Que vous, vous mariez pour vous, non pas pour lui;
Qu'étant celle pour qui se fait toute l'affaire,
C'est à vous, non à lui, que le mari doit plaire;
Et que si son Tartuffe est pour lui si charmant,
Il le peut épouser sans nul empêchement.

MARIANE.

Un père, je l'avoue, a sur nous tant d'empire,
Que je n'ai jamais eu la force de rien dire.

DORINE.

Mais raisonnons. Valère a fait pour vous des pas:
L'aimez-vous, je vous prie, ou ne l'aimez-vous pas?

ACTE II, SCÈNE III.

MARIANE.

Ah! qu'envers mon amour ton injustice est grande,
Dorine, me dois-tu faire cette demande?
T'ai-je pas là-dessus ouvert cent fois mon cœur;
Et sais-tu pas pour lui jusqu'où va mon ardeur?

DORINE.

Que sais-je si le cœur a parlé par la bouche,
Et que c'est tout de bon que cet amant vous touche?

MARIANE.

Tu me fais un grand tort, Dorine, d'en douter;
Et mes vrais sentimens ont su trop éclater.

DORINE.

Enfin, vous l'aimez donc?

MARIANE.

    Oui, d'une ardeur extrême.

DORINE.

Et selon l'apparence il vous aime de même?

MARIANE.

Je le crois.

DORINE.

   Et tous deux brûlez également
De vous voir mariés ensemble?

MARIANE.

    Assurément.

DORINE.

Sur cette autre union quelle est donc votre attente?

MARIANE.

De me donner la mort, si l'on me violente.

DORINE.

Fort bien. C'est un recours où je ne songeais pas.
Vous n'avez qu'à mourir pour sortir d'embarras.
Le remède sans doute est merveilleux. J'enrage
Lorsque j'entends tenir ces sortes de langage.

MARIANE.

Mon dieu! de quelle humeur, Dorine, tu te rends!
Tu ne compatis point au déplaisir des gens.

DORINE.
Je ne compatis point à qui dit des sornettes,
Et dans l'occasion mollit comme vous faites.

MARIANE.
Mais que veux-tu ? si j'ai de la timidité...

DORINE.
Mais l'amour dans un cœur veut de la fermeté.

MARIANE.
Mais n'en gardè-je point pour les feux de Valère?
Et n'est-ce pas à lui de m'obtenir d'un père ?

DORINE.
Mais quoi ! si votre père est un bourru fieffé,
Qui s'est de son Tartuffe entièrement coiffé,
Et manque à l'union qu'il avait arrêtée,
La faute à votre amant doit-elle être imputée ?

MARIANE.
Mais, par un haut refus et d'éclatans mépris,
Ferai-je, dans mon choix, voir un cœur trop épris?
Sortirai-je pour lui, quelque éclat dont il brille,
De la pudeur du sexe, et du devoir de fille ?
Et veux-tu que mes feux par le monde étalés...?

DORINE.
Non, non, je ne veux rien. Je vois que vous voulez
Etre à monsieur Tartuffe ; et j'aurais, quand j'y pense,
Tort de vous détourner d'une telle alliance.
Quelle raison aurais-je à combattre vos vœux ?
Le parti de soi-même est fort avantageux.
Monsieur Tartuffe ! ho ! ho ! n'est-ce rien qu'on propose?
Certes, monsieur Tartuffe, à bien prendre la chose,
N'est pas un homme, non, qui se mouche du pied ;
Et ce n'est pas peu d'heur que d'être sa moitié.
Tout le monde déjà de gloire le couronne ;
Il est noble chez lui, bien fait de sa personne ;
Il a l'oreille rouge et le teint bien fleuri :
Vous vivrez trop contente avec un tel mari.

MARIANE.
Mon dieu !...

ACTE II, SCÈNE III.

DORINE.

Quelle allégresse aurez-vous dans votre ame,
Quand d'un époux si beau vous vous verrez la femme !

MARIANE.

Ah ! cesse, je te prie un semblable discours ;
Et contre cet hymen ouvre-moi du secours.
C'en est fait, je me rends, et suis prête à tout faire...

DORINE.

Non, il faut qu'une fille obéisse à son père,
Voulût-il lui donner un singe pour époux.
Votre sort est fort beau : de quoi vous plaignez-vous ?
Vous irez par le coche en sa petite ville,
Qu'en oncles et cousins vous trouverez fertile,
Et vous vous plairez fort à les entretenir.
D'abord chez le beau monde on vous fera venir.
Vous irez visiter, pour votre bien-venue,
Madame la baillive et madame l'élue,
Qui d'un siège pliant vous feront honorer.
Là, dans le carnaval, vous pourrez espérer
Le bal et la grand'bande, à savoir, deux musettes,
Et parfois Fagotin et les marionnettes ;
Si pourtant votre époux...

MARIANE.

Ah ! tu me fais mourir...
De tes conseils plutôt songe à me secourir.

DORINE.

Je suis votre servante.

MARIANE.

Hé ! Dorine, de grace.

DORINE.

Il faut pour vous punir que cette affaire passe.

MARIANE.

Ma pauvre fille !

DORINE.

Non.

MARIANE.

Si mes vœux déclarés...

DORINE.

Point. Tartuffe est votre homme, et vous en tâterez.

MARIANE.

Tu sais qu'à toi toujours je me suis confiée :
Fais-moi...

DORINE.

Non, vous serez, ma foi, tartuffiée.

MARIANE.

Hé bien ! puisque mon sort ne saurait t'émouvoir,
Laisse-moi désormais toute à mon désespoir :
C'est de lui que mon cœur empruntera de l'aide ;
Et je sais de mes maux l'infaillible remède.
(*Mariane veut s'en aller.*)

DORINE.

Hé ! là, là, revenez. Je quitte mon courroux.
Il faut nonobstant tout avoir pitié de vous.

MARIANE.

Vois-tu, si l'on m'expose à ce cruel martyre,
Je te le dis, Dorine, il faudra que j'expire.

DORINE.

Ne vous tourmentez point. On peut adroitement
Empêcher... Mais voici Valère, votre amant.

SCÈNE IV.
VALÈRE, MARIANE, DORINE.

VALÈRE.

On vient de débiter, madame, une nouvelle
Que je ne savais pas, et qui sans doute est belle.

MARIANE.

Quoi ?

VALÈRE.

Que vous épousez Tartuffe.

MARIANE.

Il est certain
Que mon père s'est mis en tête ce dessein.

VALÈRE.

Votre père, madame !...

ACTE II, SCÈNE IV.

MARIANE.
A changé de visée :
La chose vient par lui de m'être proposée.

VALÈRE.
Quoi ! sérieusement ?

MARIANE.
Oui, sérieusement.
Il s'est pour cet hymen déclaré hautement.

VALÈRE.
Et quel est le dessein où votre ame s'arrête,
Madame ?

MARIANE.
Je ne sais.

VALÈRE.
La réponse est honnête.
Vous ne savez ?

MARIANE.
Non.

VALÈRE.
Non ?

MARIANE.
Que me conseillez-vous !

VALÈRE.
Je vous conseille, moi, de prendre cet époux.

MARIANE.
Vous me le conseillez ?

VALÈRE.
Oui.

MARIANE.
Tout de bon ?

VALÈRE.
Sans doute.
Le choix est glorieux, et vaut bien qu'on l'écoute.

MARIANE.
Hé bien ! c'est un conseil, monsieur, que je reçois.

VALÈRE.
Vous n'aurez pas grand'peine à le suivre, je crois.
MARIANE.
Pas plus qu'à le donner en a souffert votre ame.
VALÈRE.
Moi, je vous l'ai donné pour vous plaire, madame.
MARIANE.
Et moi, je le suivrai pour vous faire plaisir.
DORINE, *se retirant dans le fond du théâtre.*
Voyons ce qui pourra de ceci réussir.
VALÈRE.
C'est donc ainsi qu'on aime ? et c'était tromperie
Quand vous...
MARIANE.
Ne parlons point de cela, je vous prie.
Vous m'avez dit tout franc que je dois accepter
Celui que pour époux on me veut présenter :
Et je déclare, moi, que je prétends le faire,
Puisque vous m'en donnez le conseil salutaire.

VALÈRE.
Ne vous excusez point sur mes intentions.
Vous aviez pris déjà vos résolutions ;
Et vous vous saisissez d'un prétexte frivole
Pour vous autoriser à manquer de parole.
MARIANE.
Il est vrai ; c'est bien dit.
VALÈRE.
Sans doute ; et votre cœur
N'a jamais eu pour moi de véritable ardeur.
MARIANE.
Hélas ! permis à vous d'avoir cette pensée.
VALÈRE.
Oui, oui, permis à moi : mais mon ame offensée
Vous préviendra peut-être en un pareil dessein ;
Et je sais où porter et mes vœux et ma main.

MARIANE.

Ah ! je n'en doute point ; et les ardeurs qu'excite
Le mérite...

VALÈRE.

    Mon dieu ! laissons là le mérite ;
J'en ai fort peu, sans doute, et vous en faites foi.
Mais j'espère aux bontés qu'une autre aura pour moi ;
Et j'en sais de qui l'ame, à ma retraite ouverte,
Consentira sans honte à réparer ma perte.

MARIANE.

La perte n'est pas grande ; et de ce changement
Vous vous consolerez assez facilement.

VALÈRE.

J'y ferai mon possible ; et vous le pouvez croire.
Un cœur qui nous oublie engage notre gloire ;
Il faut à l'oublier mettre aussi tous nos soins :
Si l'on n'en vient à bout, on le doit feindre au moins ;
Et cette lâcheté jamais ne se pardonne,
De montrer de l'amour pour qui nous abandonne.

MARIANE.

Ce sentiment, sans doute, est noble et relevé.

VALÈRE.

Fort bien ; et d'un chacun il doit être approuvé.
Hé quoi ! vous voudriez qu'à jamais dans mon ame
Je gardasse pour vous les ardeurs de ma flamme,
Et vous visse, à mes yeux passer en d'autres bras,
Sans mettre ailleurs un cœur dont vous ne voulez pas ?

MARIANE.

Au contraire pour moi, c'est ce que je souhaite ;
Et je voudrais déjà que la chose fût faite.

VALÈRE.

Vous le voudriez ?

MARIANE.

    Oui.

VALÈRE.

        C'est assez m'insulter,

Madame; et, de ce pas, je vais vous contenter.
(Il fait un pas pour s'en aller.)

MARIANE.

Fort bien.

VALÈRE, *revenant.*

Souvenez-vous au moins que c'est vous-même
Qui contraignez mon cœur à cet effort extrême.

MARIANE.

Oui.

VALÈRE, *revenant encore.*

Et que le dessein que mon ame conçoit
N'est rien qu'à votre exemple.

MARIANE.

A mon exemple, soit.

VALÈRE, *en sortant.*

Suffit vous allez être à point nommé servie.

MARIANE.

Tant mieux.

VALÈRE, *revenant encore.*

Vous me voyez, c'est pour toute ma vie.

MARIANE.

A la bonne heure.

VALÈRE, *se retournant lorsqu'il est prêt à sortir.*

Hé ?

MARIANE.

Quoi ?

VALÈRE.

Ne m'appelez-vous pas ?

MARIANE.

Moi ! Vous rêvez.

VALÈRE.

Hé bien ! je poursuis donc mes pas ?
Adieu, madame.
(Il s'en va lentement.)

MARIANE.

Adieu, monsieur.

ACTE II, SCÈNE IV.

DORINE, *à Mariane.*

Pour moi, je pense
Que vous perdez l'esprit par cette extravagance;
Et je vous ai laissés tout du long quereller,
Pour voir où tout cela pourrait enfin aller.
Holà, seigneur Valère.

(*Elle arrête Valère par le bras.*)

VALÈRE, *feignant de résister.*

Hé! que veux-tu, Dorine?

DORINE.

Venez ici.

VALÈRE.

Non, non, le dépit me domine.
Ne me détourne point de ce qu'elle a voulu.

DORINE.

Arrêtez.

VALÈRE.

Non, vois-tu, c'est un point résolu.

DORINE.

Ah!

MARIANE, *à part.*

Il souffre à me voir, ma présence le chasse;
Et je ferai bien mieux de lui quitter la place.

DORINE, *quittant Valère, et courant après Mariane.*

A l'autre! Où courez-vous?

MARIANE.

Laisse.

DORINE.

Il faut revenir.

MARIANE.

Non, non, Dorine; en vain tu me veux retenir.

VALÈRE, *à part.*

Je vois bien que ma vue est pour elle un supplice;
Et sans doute, il vaut mieux que je l'en affranchisse.

DORINE, *quittant Mariane, et courant après Valère.*

Encor ! Diantre soit fait de vous ! Si... Je le veux.
Cessez ce badinage ; et venez çà tous deux.
(*Elle prend Valère et Mariane par la main, et les ramène.*)

VALÈRE, *à Dorine.*

Mais quel est ton dessein ?

MARIANE, *à Dorine.*

Qu'est-ce que tu veux faire ?

DORINE.

Vous bien remettre ensemble, et vous tirer d'affaire.
(*à Valère.*)
Êtes-vous fou d'avoir un pareil démêlé ?

VALÈRE.

N'as-tu pas entendu comme elle m'a parlé ?

DORINE, *à Mariane.*

Êtes-vous folle, vous, de vous être emportée ?

MARIANE.

N'as-tu pas vu la chose, et comme il m'a traitée ?

DORINE.
(*à Valère.*)
Sottise des deux parts. Elle n'a d'autre soin
Que de se conserver à vous, j'en suis témoin.
(*à Mariane.*)
Il n'aime que vous seule, et n'a point d'autre envie
Que d'être votre époux, j'en réponds sur ma vie.

MARIANE, *à Valère.*

Pourquoi donc me donner un semblable conseil ?

VALÈRE, *à Mariane.*

Pourquoi m'en demander sur un sujet pareil ?

DORINE.

Vous êtes fous tous deux. Çà, la main l'un et l'autre.
(*à Valère.*)
Allons, vous.

VALÈRE, *en donnant sa main à Dorine.*

A quoi bon ma main ?

ACTE II, SCÈNE IV.

DORINE, *à Mariane.*
>Ah çà ! la vôtre.

MARIANE, *en donnant aussi sa main.*
De quoi sert tout cela ?

DORINE.
>Mon dieu ! vite, avancez.

Vous vous aimez tous deux plus que vous ne pensez.
(*Valère et Mariane se tiennent quelque temps par la main sans se regarder.*)

VALÈRE, *se tournant vers Mariane.*
Mais ne faites donc point les choses avec peine ;
Et regardez un peu les gens sans nulle haine.
(*Mariane se tourne du côté de Valère en lui souriant.*)

DORINE.
A vous dire le vrai, les amants sont bien fous !

VALÈRE, *à Mariane.*
Oh çà ! n'ai-je pas lieu de me plaindre de vous ?
Et, pour n'en point mentir, n'êtes-vous pas méchante
De vous plaire à me dire une chose affligeante ?

MARIANE.
Mais vous, n'êtes-vous pas l'homme le plus ingrat...?

DORINE.
Pour une autre saison laissons tout ce débat,
Et songeons à parer ce fâcheux mariage.

MARIANE.
Dis-nous donc quels ressorts il faut mettre en usage.

DORINE.
Nous en ferons agir de toutes les façons.
(*à Mariane.*)   (*à Valère.*)
Votre père se moque ; et ce sont des chansons.
(*à Mariane.*)
Mais, pour vous, il vaut mieux qu'à son extravagance
D'un doux consentement vous prêtiez l'apparence,
Afin qu'en cas d'alarme il vous soit plus aisé
De tirer en longueur cette hymen proposé.
En attrapant du temps, à tout on remédie.

Tantôt vous paierez de quelque maladie,
Qui viendra tout à coup, et voudra des délais ;
Tantôt vous paierez de présages mauvais ;
Vous aurez fait d'un mort la rencontre fâcheuse,
Cassé quelque miroir, ou songé d'eau bourbeuse :
Enfin, le bon de tout, c'est qu'à d'autres qu'à lui
On ne vous peut lier, que vous ne disiez oui.
Mais pour mieux réussir, il est bon, ce me semble,
Qu'on ne vous trouve point tous deux parlant ensemble.
(*à Valère.*)
Sortez ; et, sans tarder, employez vos amis
Pour vous faire tenir ce qu'on vous a promis.
(*à Mariane.*)
Nous allons réveiller les efforts de son frère,
Et dans notre parti jeter la belle-mère.
Adieu.

VALÈRE, *à Mariane.*

Quelques efforts que nous préparions tous,
Ma plus grande espérance, à vrai dire, est en vous.

MARIANE, *à Valère.*

Je ne vous réponds pas des volontés d'un père ;
Mais je ne serai point à d'autres qu'à Valère.

VALÈRE.

Que vous me comblez d'aise ! Et quoi que puisse oser...

DORINE.

Ah ! jamais les amants ne sont las de jaser.
Sortez, vous dis-je.

VALÈRE, *revenant sur ses pas.*
Enfin...

DORINE.

Quel caquet est le vôtre !
Tirez de cette part ; et vous, tirez de l'autre.
(*Dorine les pousse chacun par l'épaule, et les oblige de se séparer.*)

FIN DU SECOND ACTE.

ACTE TROISIÈME.

SCÈNE I.
DAMIS, DORINE.

DAMIS.

Que la foudre, sur l'heure achève mes destins,
Qu'on me traite partout du plus grand des faquins,
S'il est aucun respect, ni pouvoir qui m'arrête,
Et si je ne fais pas quelque coup de ma tête !

DORINE.

De grace, modérez un tel emportement :
Votre père n'a fait qu'en parler simplement.
On n'exécute pas tout ce qui se propose ;
Et le chemin est long du projet à la chose.

DAMIS.

Il faut que de ce fat j'arrête les complots,
Et qu'à l'oreille un peu je lui dise deux mots.

DORINE.

Ah ! tout doux ! envers lui, comme envers votre père,
Laissez agir les soins de votre belle-mère.
Sur l'esprit de Tartuffe elle a quelque crédit ;
Il se rend complaisant à tout ce qu'elle dit,
Et pourrait bien avoir douceur de cœur pour elle.
Plût à dieu qu'il fut vrai ! la chose serait belle.
Enfin, votre intérêt l'oblige à le mander :
Sur l'hymen qui vous trouble elle veut le sonder,
Savoir ses sentimens, et lui faire connaître
Quels fâcheux démêlés il pourra faire naître
S'il faut qu'à ce dessein il prête quelque espoir.
Son valet dit qu'il prie ; et je n'ai pu le voir :
Mais ce valet m'a dit qu'il s'en allait descendre.
Sortez donc, je vous prie, et me laissez l'attendre.

DAMIS.
Je puis être présent à tout cet entretien.
DORINE.
Point. Il faut qu'ils soient seuls.
DAMIS.
Je ne lui dirai rien.
DORINE.
Vous vous moquez : on sait vos transports ordinaires ;
Et c'est le vrai moyen de gâter les affaires.
Sortez.
DAMIS.
Non ; je veux voir, sans me mettre en courroux.
DORINE.
Que vous êtes fâcheux ! Il vient. Retirez-vous.
(*Damis va se cacher dans un cabinet qui est au fond du théâtre.*)

SCÈNE II.
TARTUFFE, DORINE.

TARTUFFE, *parlant haut à son valet, qui est dans la maison, dès qu'il aperçoit Dorine.*
Laurent, serrez ma haire avec ma discipline,
Et priez que toujours le ciel vous illumine.
Si l'on vient pour me voir, je vais aux prisonniers
Des aumônes que j'ai partager les deniers.
DORINE, *à part.*
Que d'affectation et de forfanterie !
TARTUFFE.
Que voulez-vous ?
DORINE.
Vous dire...
TARTUFFE, *tirant un mouchoir de sa poche.*
Ah ! mon dieu ! je vous prie,
Avant que de parler, prenez-moi ce mouchoir.
DORINE.
Comment !

ACTE III, CÈNE III.

TARTUFFE.

Couvrez ce sein que je ne saurais voir.
Par de pareils objets les ames sont blessées !
Et cela fait venir de coupables pensées.

DORINE.

Vous êtes donc bien tendre à la tentation ;
Et la chair sur vos sens fait grande impression !
Certes, je ne sais pas quelle chaleur vous monte :
Mais à convoiter, moi, je ne suis pas si prompte ;
Et je vous verrais nu, du haut jusques en bas,
Que toute votre peau ne me tenterait pas.

TARTUFFE.

Mettez dans vos discours un peu de modestie,
Ou je vais sur-le-champ vous quitter la partie.

DORINE.

Non, non, c'est moi qui vais vous laisser en repos,
Et je n'ai seulement qu'à vous dire deux mots.
Madame va venir dans cette salle basse,
Et d'un mot d'entretien vous demande la grace.

TARTUFFE.

Hélas ! très-volontiers.

DORINE, *à part.*

Comme il se radoucit !
Ma foi, je suis toujours pour ce que j'en ai dit.

TARTUFFE.

Viendra-t-elle bientôt ?

DORINE.

Je l'entends, ce me semble.
Oui, c'est elle en personne, et je vous laisse ensemble.

SCÈNE III.

ELMIRE, TARTUFFE.

TARTUFFE.

Que le ciel à jamais, par sa toute-bonté,
Et de l'ame et du corps vous donne la santé,
Et bénisse vos jours autant que le désire
Le plus humble de ceux que son amour inspire !

ELMIRE.

Je suis fort obligée à ce souhait pieux.
Mais prenons une chaise, afin d'être un peu mieux.

TARTUFFE, *assis.*

Comment de votre mal vous sentez-vous remise?

ELMIRE, *assise.*

Fort bien; et cette fièvre a bientôt quitté prise.

TARTUFFE.

Mes prières n'ont pas le mérite qu'il faut
Pour avoir attiré cette grace d'en haut;
Mais je n'ai fait au ciel nulle dévote instance
Qui n'ait eu pour objet votre convalescence.

ELMIRE.

Votre zèle pour moi s'est trop inquiété.

TARTUFFE.

On ne peut trop chérir votre chère santé;
Et, pour la rétablir, j'aurais donné la mienne.

ELMIRE.

C'est pousser bien avant la charité chrétienne;
Et je vous dois beaucoup pour toutes ces bontés.

TARTUFFE.

Je fais bien moins pour vous que vous ne méritez.

ELMIRE.

J'ai voulu vous parler en secret d'une affaire,
Et suis bien aise ici qu'aucun ne nous éclaire.

TARTUFFE.

J'en suis ravi de même; et, sans doute, il m'est doux,
Madame, de me voir seul à seul avec vous.
C'est une occasion qu'au ciel j'ai demandée,
Sans que, jusqu'à cette heure, il me l'ait accordée.

ELMIRE.

Pour moi, ce que je veux, c'est un mot d'entretien,
Où tout votre cœur s'ouvre, et ne me cache rien.

(*Damis, sans se montrer, entr'ouvre la porte du cabinet dans lequel il s'était retiré, pour entendre la conversation.*)

ACTE III, SCÈNE III.

Et je ne veux aussi, pour grace singulière,
Que montrer à vos yeux mon ame tout entière,
Et vous faire serment que les bruits que j'ai faits
Des visites qu'ici reçoivent vos attraits,
Ne sont pas envers vous l'effet d'aucune haine,
Mais plutôt d'un transport de zèle qui m'entraîne,
Et d'un pur mouvement...

ELMIRE.

Je le prends bien ainsi,
Et crois que mon salut vous donne du souci.

TARTUFFE, *prenant la main d'Elmire, et lui serrant les doigts.*

Oui, madame, sans doute; et ma ferveur est telle...

ELMIRE.

Ouf, vous me serrez trop.

TARTUFFE.

C'est par excès de zèle.
De vous faire aucun mal je n'eus jamais dessein,
Et j'aurais bien plutôt...
(*Il met la main sur les genoux d'Elmire.*)

ELMIRE.

Que fait là votre main?

TARTUFFE.

Je tâte votre habit; l'étoffe en est moelleuse.

ELMIRE.

Ah! de grace, laissez, je suis fort chatouilleuse.
(*Elmire recule son fauteuil, et Tartuffe se rapproche d'elle.*)

TARTUFFE, *maniant le fichu d'Elmire.*

Mon dieu! que de ce point l'ouvrage est merveilleux!
On travaille aujourd'hui d'un air miraculeux :
Jamais, en toute chose, on n'a vu si bien faire.

ELMIRE.

Il est vrai, mais parlons un peu de notre affaire.
On tient que mon mari veut dégager sa foi,
Et vous donner sa fille. Est-il vrai? dites-moi.

TARTUFFE.

Il m'en a dit deux mots, madame ; mais à vrai dire,
Ce n'est pas le bonheur après quoi je soupire ;
Et je vois autre part les merveilleux attraits
De la félicité qui fait tous mes souhaits.

ELMIRE.

C'est que vous n'aimez rien des choses de la terre.

TARTUFFE.

Mon sein n'enferme point un cœur qui soit de pierre.

ELMIRE.

Pour moi, je crois qu'au ciel tendent tous vos soupirs,
Et que rien ici-bas n'arrête vos désirs.

TARTUFFE.

L'amour qui nous attache aux beautés éternelles
N'étouffe pas en nous l'amour des temporelles :
Nos sens facilement peuvent être charmés
Des ouvrages parfaits que le ciel a formés.
Ses attraits réfléchis brillent dans vos pareilles :
Mais il étale en vous ses plus rares merveilles ;
Il a sur votre face épanché des beautés
Dont les yeux sont surpris, et les cœurs transportés ;
Et je n'ai pu vous voir, parfaite créature,
Sans admirer en vous l'auteur de la nature,
Et d'un ardent amour sentir mon cœur atteint,
Au plus beau des portraits où lui-même s'est peint.
D'abord j'appréhendai que cette ardeur secrète
Ne fût du noir esprit une surprise adroite ;
Et même à fuir vos yeux mon cœur se résolut,
Vous croyant un obstacle à faire mon salut.
Mais enfin je connus, ô beauté tout aimable,
Que cette passion peut n'être point coupable,
Que je puis l'ajuster avecque la pudeur ;
Et c'est ce qui m'y fait abandonner mon cœur.
Ce m'est, je le confesse, une audace bien grande
Que d'oser de ce cœur vous adresser l'offrande ;
Mais j'attends en mes vœux tout de votre bonté,
Et rien des vains efforts de mon infirmité.

En vous est mon espoir, mon bien, ma quiétude;
De vous dépend ma peine ou ma béatitude;
Et je vais être enfin, par votre seul arrêt,
Heureux, si vous voulez, malheureux, s'il vous plaît.

ELMIRE.

La déclaration est tout-à-fait galante;
Mais elle est, à vrai dire, un peu bien surprenante.
Vous deviez, ce me semble, armer mieux votre sein,
Et raisonner un peu sur un pareil dessein.
Un dévot comme vous, et que partout on nomme...

TARTUFFE.

Ah! pour être dévot, je n'en suis pas moins homme:
Et lorsqu'on vient à voir vos célestes appas,
Un cœur se laisse prendre, et ne raisonne pas.
Je sais qu'un tel discours de moi paraît étrange:
Mais, madame, après tout, je ne suis pas un ange;
Et, si vous condamnez l'aveu que je vous fais,
Vous devez vous en prendre à vos charmans attraits.
Dès que j'en vis briller la splendeur plus qu'humaine,
De mon intérieur vous fûtes souveraine;
De vos regards divins l'ineffable douceur
Força la résistance où s'obstinait mon cœur;
Elle surmonta tout, jeûnes, prières, larmes,
Et tourna tous mes vœux du côté de vos charmes.
Mes yeux et mes soupirs vous l'ont dit mille fois;
Et, pour mieux m'expliquer, j'emploie ici la voix.
Que si vous contemplez, d'une ame un peu bénigne,
Les tribulations de votre esclave indigne;
S'il faut que vos bontés veuillent me consoler,
Et jusqu'à mon néant daignent se ravaler;
J'aurai toujours pour vous, ô suave merveille,
Une dévotion à nulle autre pareille.
Votre honneur avec moi ne court point de hasard,
Et n'a nulle disgrace à craindre de ma part.
Tous ces galants de cour, dont les femmes sont folles,
Sont bruyans dans leurs faits et vains dans leurs paroles;
De leurs progrès sans cesse on les voit se targuer;

Ils n'ont point de faveurs qu'ils n'aillent divulguer ;
Et leur langue indiscrète, en qui l'on se confie,
Déshonore l'autel où leur cœur sacrifie.
Mais les gens comme nous brûlent d'un feu discret,
Avec qui, pour toujours, on est sûr du secret.
Le soin que nous prenons de notre renommée
Répond de toute chose à la personne aimée ;
Et c'est en nous qu'on trouve, acceptant notre cœur,
De l'amour sans scandale, et du plaisir sans peur.

ELMIRE.

Je vous écoute dire ; et votre rhétorique
En termes assez forts à mon ame s'explique.
N'appréhendez-vous point que je ne sois d'humeur
A dire à mon mari cette galante ardeur,
Et que le prompt avis d'un amour de la sorte
Ne pût bien altérer l'amitié qu'il vous porte ?

TARTUFFE.

Je sais que vous avez trop de bénignité,
Et que vous ferez grace à ma témérité ;
Que vous m'excuserez, sur l'humaine faiblesse,
Des violens transports d'un amour qui vous blesse,
Et considérerez, en regardant votre air,
Que l'on n'est pas aveugle, et qu'un homme est de chair.

ELMIRE.

D'autres prendraient cela d'autre façon peut-être ;
Mais ma discrétion se veut faire paraître.
Je ne redirai point l'affaire à mon époux ;
Mais je veux, en revanche, une chose de vous :
C'est de presser tout franc, et sans nulle chicane,
L'union de Valère avecque Mariane,
De renoncer vous-même à l'injuste pouvoir
Qui veut du bien d'un autre enrichir votre espoir ;
Et...

SCÈNE IV.
ELMIRE, DAMIS, TARTUFFE.

DAMIS, *sortant du cabinet où il s'était retiré.*

Non, madame, non ; ceci doit se répandre.
J'étais en cet endroit, d'où j'ai pu tout entendre ;

ACTE III, SCÈNE IV.

Et la bonté du ciel m'y semble avoir conduit
Pour confondre l'orgueil d'un traître qui me nuit ;
Pour m'ouvrir une voie à prendre la vengeance
De son hypocrisie et de son insolence ;
A détromper mon père, et lui mettre en plein jour
L'ame d'un scélérat qui vous parle d'amour.

ELMIRE.

Non, Damis ; il suffit qu'il se rende plus sage,
Et tâche à mériter la grace où je m'engage.
Puisque je l'ai promis, ne m'en dédisez pas.
Ce n'est point mon humeur de faire des éclats ;
Une femme se rit de sottises pareilles,
Et jamais d'un mari n'en trouble les oreilles.

DAMIS.

Vous avez vos raisons pour en user ainsi ;
Et pour faire autrement j'ai les miennes aussi.
Le vouloir épargner est une raillerie ;
Et l'insolent orgueil de sa cagoterie
N'a triomphé que trop de mon juste courroux,
Et que trop excité de désordres chez nous.
Le fourbe trop long-temps a gouverné mon père,
Et desservi mes feux avec ceux de Valère.
Il faut que du perfide il soit désabusé ;
Et le ciel pour cela m'offre un moyen aisé.
De cette occasion je lui suis redevable,
Et, pour la négliger, elle est trop favorable :
Ce serait mériter qu'il me la vînt ravir
Que de l'avoir en main et ne m'en pas servir.

ELMIRE.

Damis...

DAMIS.

Non, s'il vous plaît, il faut que je me croie.
Mon ame est maintenant au comble de sa joie ;
Et vos discours en vain prétendent m'obliger
A quitter le plaisir de me pouvoir venger.
Sans aller plus avant, je vais vider l'affaire ;
Et voici justement de quoi me satisfaire.

6*

SCÈNE V.
ORGON, ELMIRE, DAMIS, TARTUFFE.

DAMIS.

Nous allons régaler, mon père, votre abord
D'un incident tout frais qui vous surprendra fort.
Vous êtes bien payé de toutes vos caresses,
Et monsieur d'un beau prix reconnaît vos tendresses.
Son grand zèle pour vous vient de se déclarer :
Il ne va pas à moins qu'à vous déshonorer ;
Et je l'ai surpris là qui faisait à madame
L'injurieux aveu d'une coupable flamme.
Elle est d'une humeur douce, et son cœur trop discret
Voulait à toute force en garder le secret ;
Mais je ne puis flatter une telle impudence,
Et crois que vous la taire est vous faire une offense.

ELMIRE.

Oui, je tiens que jamais de tous ces vains propos
On ne doit d'un mari traverser le repos ;
Que ce n'est point de là que l'honneur peut dépendre ;
Et qu'il suffit pour nous de savoir nous défendre.
Ce sont mes sentimens ; et vous n'auriez rien dit,
Damis, si j'avais eu sur vous quelque crédit.

SCÈNE VI.
ORGON, DAMIS, TARTUFFE.

ORGON.

Ce que je viens d'entendre, ô ciel ! est-il croyable ?

TARTUFFE.

Oui, mon frère, je suis un méchant, un coupable,
Un malheureux pécheur tout plein d'iniquité,
Le plus grand scélérat qui ait jamais été.
Chaque instant de ma vie est chargé de souillures ;
Elle n'est qu'un amas de crimes et d'ordures ;
Et je vois que le ciel, pour ma punition,
Me veut mortifier en cette occasion.

De quelque grand forfait qu'on me puisse reprendre,
Je n'ai garde d'avoir l'orgueil de m'en défendre.
Croyez ce qu'on vous dit, armez votre courroux,
Et comme un criminel chassez-moi de chez vous;
Je ne saurais avoir tant de honte en partage,
Que je n'en aie encor mérité davantage.

ORGON, *à son fils.*

Ah! traître, oses-tu bien, par cette fausseté,
Vouloir de sa vertu ternir la pureté?

DAMIS.

Quoi! la feinte douceur de cette ame hypocrite
Vous fera démentir...

ORGON.

Tais-toi, peste maudite.

TARTUFFE.

Ah! laissez-le parler; vous l'accusez à tort,
Et vous ferez bien mieux de croire à son rapport.
Pourquoi sur un tel fait m'être si favorable?
Savez-vous, après tout, de quoi je suis capable?
Vous fiez-vous, mon frère, à mon extérieur?
Et, pour tout ce qu'on voit, me croyez-vous meilleur?
Non, non: vous vous laissez tromper à l'apparence;
Et je ne suis rien moins, hélas! que ce qu'on pense.
Tout le monde me prend pour un homme de bien;
Mais la vérité pure est que je ne vaux rien.

(*s'adressant à Damis.*)

Oui, mon cher fils, parlez; traitez-moi de perfide,
D'infâme, de perdu, de voleur, d'homicide;
Accablez-moi de noms encor plus détestés:
Je n'y contredis point, je les ai mérités;
Et j'en veux à genoux souffrir l'ignominie,
Comme une honte due aux crimes de ma vie.

ORGON.

(*à Tartuffe.*) (*à son fils.*)
Mon frère, c'en est trop. Ton cœur ne se rend point,
Traître?

DAMIS.

Quoi ! ses discours vous séduiront au point...

ORGON.

(relevant Tartuffe.)

Tais-toi, pendard. Mon frère, hé ! levez-vous, de grâce !
(à son fils.)
Infâme !

DAMIS.

Il peut...

ORGON.

Tais-toi.

DAMIS.

J'enrage. Quoi ! je passe....

ORGON.

Si tu dis un seul mot, je te romprai les bras.

TARTUFFE.

Mon frère, au nom de Dieu, ne vous emportez pas !
J'aimerais mieux souffrir la peine la plus dure,
Qu'il eût reçu pour moi la moindre égratignure.

ORGON, *à son fils.*

Ingrat !

TARTUFFE.

Laissez-le en paix. S'il faut, à deux genoux,
Vous demander sa grace...

ORGON, *se jetant aussi à genoux, et embrassant Tartuffe.*

Hélas ! vous moquez-vous ?
(à son fils.)
Coquin, vois sa bonté !

DAMIS.

Donc.

ORGON.

Paix

DAMIS.

Quoi ! je...

ACTE III, SCÈNE VI.

ORGON.

         Paix, dis-je :
Je sais bien quel motif à l'attaquer t'oblige.
Vous le haïssez tous ; et je vois aujourd'hui
Femme, enfans, et valets, déchaînés contre lui.
On met impudemment toute chose en usage
Pour ôter de chez moi ce dévot personnage :
Mais plus on fait d'efforts afin de l'en bannir,
Plus j'en veux employer à l'y mieux retenir ;
Et je vais me hâter de lui donner ma fille.
Pour confondre l'orgueil de toute ma famille.

DAMIS.

A recevoir sa main on pense l'obliger ?

ORGON.

Oui, traître, et dès ce soir, pour vous faire enrager.
Ah ! je vous brave tous, et vous ferai connaître
Qu'il faut qu'on m'obéisse, et que je suis le maître.
Allons, qu'on se rétracte ; et qu'à l'instant, fripon,
On se jette à ses pieds pour demander pardon.

DAMIS.

Qui ? moi ! de ce coquin, qui par ses impostures...

ORGON.

Ah ! tu résistes, gueux, et lui dis des injures...
     (*à Tartuffe*.)
Un bâton ! un bâton ! Ne me retenez pas.
 (*à son fils*.)
Sus ; que de ma maison on sorte de ce pas,
Et que d'y revenir on n'ait jamais l'audace.

DAMIS.

Oui, je sortirai ; mais...

ORGON.

      Vite, quittons la place.
Je te prive, pendard, de ma succession,
Et te donne, de plus, ma malédiction.

SCÈNE VII.
ORGON, TARTUFFE.

ORGON.

Offenser de la sorte une sainte personne !

TARTUFFE.

O ciel, pardonne-lui comme je lui pardonne.
(*à Orgon.*)
Si vous pouviez savoir avec quel déplaisir
Je vois qu'envers mon frère on tâche à me noircir...

ORGON.

Hélas !

TARTUFFE.

Le seul penser de cette ingratitude
Fait souffrir à mon ame un supplice si rude...
L'horreur que j'en conçois... J'ai le cœur si serré,
Que je ne puis parler, et crois que j'en mourrai.

ORGON, *courant tout en larmes à la porte par où il a chassé son fils.*

Coquin, je me repens que ma main t'ait fait grace,
Et ne t'ai pas d'abord assommé sur la place.
(*à Tartuffe.*)
Remettez-vous, mon frère, et ne vous fâchez pas.

TARTUFFE.

Rompons, rompons le cours de ces fâcheux débats.
Je regarde céans quels grands troubles j'apporte,
Et crois qu'il est besoin, mon frère, que j'en sorte.

ORGON.

Comment ! vous moquez-vous ?

TARTUFFE.

On m'y hait, et je voi
Qu'on cherche à vous donner des soupçons de ma foi.

ORGON.

Qu'importe ? Voyez-vous que mon cœur les écoute ?

ACTE III, SCÈNE VII.

TARTUFFE.

On ne manquera pas de poursuivre, sans doute ;
Et ces mêmes rapports qu'ici vous rejetez
Peut-être une autre fois seront-ils écoutés.

ORGON.

Non, mon frère, jamais.

TARTUFFE.

Ah ! mon frère, une femme
Aisément d'un mari peut bien surprendre l'ame.

ORGON.

Non, non.

TARTUFFE.

Laissez-moi vite, en m'éloignant d'ici,
Leur ôter tout sujet de m'attaquer ainsi.

ORGON.

Non, vous demeurerez ; il y va de ma vie.

TARTUFFE.

Hé bien ! il faudra donc que je me mortifie.
Pourtant, si vous vouliez...

ORGON.
Ah !

TARTUFFE.

Soit : n'en parlons plus.
Mais je sais comme il faut en user là-dessus.
L'honneur est délicat, et l'amitié m'engage
A prévenir les bruits et les sujets d'ombrage.
Je fuirai votre épouse, et vous ne me verrez...

ORGON.

Non, en dépit de tous vous la fréquenterez.
Faire enrager le monde est ma plus grande joie ;
Et je veux qu'à toute heure avec elle on vous voie.
Ce n'est pas tout encor : pour les mieux braver tous,
Je ne veux point avoir d'autre héritier que vous ;
Et je vais, de ce pas, en fort bonne manière,

Vous faire de mon bien donation entière.
Un bon et franc ami, que pour gendre je prends,
M'est bien plus cher que fils, que femme, et que parens.
N'accepterez-vous pas ce que je vous propose ?

TARTUFFE.

La volonté du ciel soit faite en toute chose !

ORGON.

Le pauvre homme ! Allons vite en dresser un écrit :
Et que puisse l'envie en crever de dépit !

FIN DU TROISIÈME ACTE.

ACTE QUATRIÈME.

SCÈNE I.
CLÉANTE, TARTUFFE.

CLÉANTE.

Oui, tout le monde en parle, et vous m'en pouvez croire.
L'éclat que fait ce bruit n'est point à votre gloire ;
Et je vous ai trouvé, monsieur, fort à propos
Pour vous en dire net ma pensée en deux mots.
Je n'examine point à fond ce qu'on expose ;
Je passe là-dessus, et prends au pis la chose.
Supposons que Damis n'en ait pas bien usé,
Et que ce soit à tort qu'on vous ait accusé ;
N'est-il pas d'un chrétien de pardonner l'offense,
Et d'éteindre en son cœur tout désir de vengeance ?
Et devez-vous souffrir pour votre démêlé,
Que du logis d'un père un fils soit exilé ?
Je vous le dis encore, et parle avec franchise,
Il n'est petit ni grand qui ne s'en scandalise ;
Et, si vous m'en croyez, vous pacifierez tout,
Et ne pousserez point les affaires à bout.
Sacrifiez à Dieu toute votre colère,
Et remettez le fils en grace avec le père.

TARTUFFE.

Hélas ! je le voudrais, quant à moi, de bon cœur,
Je ne garde pour lui, monsieur, aucune aigreur ;
Je lui pardonne tout ; de rien je ne le blâme,
Et voudrais le servir du meilleur de mon ame :
Mais l'intérêt du ciel n'y saurait consentir ;
Et s'il rentre céans, c'est à moi d'en sortir.
Après son action, qui n'eut jamais d'égale,
Le commerce entre nous porterait du scandale :

Dieu sait ce que d'abord tout le monde en croirait!
A pure politique on me l'imputerait :
Et l'on dirait partout, que, me sentant coupable,
Je feins pour qui m'accuse un zèle charitable;
Que mon cœur l'appréhende, et veut le ménager
Pour le pouvoir, sous main, au silence engager.

CLÉANTE.

Vous me payez ici d'excuses colorées;
Et toutes vos raisons, monsieur, sont trop tirées.
Des intérêts du ciel pourquoi vous chargez-vous?
Pour punir le coupable a-t-il besoin de nous?
Laissez-lui, laissez-lui le soin de ses vengeances :
Ne songez qu'au pardon qu'il prescrit des offenses;
Et ne regardez point aux jugemens humains,
Quand vous suivez du ciel les ordres souverains.
Quoi! le faible intérêt de ce qu'on pourra croire
D'une bonne action empêchera la gloire!
Non, non; faisons toujours ce que le ciel prescrit,
Et d'aucun autre soin ne nous brouillons l'esprit.

TARTUFFE.

Je vous ai déjà dit que mon cœur lui pardonne;
Et c'est faire, monsieur, ce que le ciel ordonne :
Mais, après le scandale et l'affront d'aujourd'hui,
Le ciel n'ordonne pas que je vive avec lui.

CLÉANTE.

Et vous ordonne-t-il, monsieur, d'ouvrir l'oreille
A ce qu'un pur caprice à son père conseille,
Et d'accepter le don qui vous est fait d'un bien
Où le droit vous oblige à ne prétendre rien ?

TARTUFFE.

Ceux qui me connaîtront n'auront pas la pensée
Que ce soit un effet d'une ame intéressée.
Tous les biens de ce monde ont pour moi peu d'appas;
De leur éclat trompeur je ne m'éblouis pas :
Et si je me résous à recevoir du père
Cette donation qu'il a voulu me faire,
Ce n'est, à dire vrai, que parce que je crains

ACTE IV, SCÈNE II.

Que tout ce bien ne tombe en de méchantes mains ;
Qu'il ne trouve des gens qui, l'ayant en partage,
En fassent dans le monde un criminel usage,
Et ne s'en servent pas, ainsi que j'ai dessein,
Pour la gloire du ciel et le bien du prochain.

CLÉANTE.

Hé ! monsieur, n'ayez point ces délicates craintes,
Qui d'un juste héritier peuvent causer les plaintes.
Souffrez, sans vous vouloir embarrasser de rien,
Qu'il soit à ses périls possesseur de son bien ;
Et songez qu'il vaut mieux encore qu'il en mésuse,
Que si de l'en frustrer il faut qu'on vous accuse.
J'admire seulement que sans confusion,
Vous en ayez souffert la proposition.
Car enfin le vrai zèle a-t-il quelque maxime
Qui montre à dépouiller l'héritier légitime ?
Et, s'il faut que le ciel dans votre cœur ait mis
Un invincible obstacle à vivre avec Damis,
Ne vaudrait-il pas mieux qu'en personne discrète
Vous fissiez de céans une honnête retraite,
Que de souffrir ainsi, contre toute raison,
Qu'on en chasse pour vous le fils de la maison ?
Croyez-moi, c'est donner de votre prud'hommie,
Monsieur...

TARTUFFE.

Il est, monsieur, trois heures et demie :
Certain devoir pieux me demande là-haut,
Et vous m'excuserez de vous quitter si tôt.

CLÉANTE, *seul*.

Ah !

SCÈNE II.

ELMIRE, MARIANE, CLÉANTE, DORINE.

DORINE, *à Cléante*.

De grace avec nous employez-vous pour elle,
Monsieur, son ame souffre une douleur mortelle ;

Et l'accord que son père a conclu pour ce soir
La fait à tous momens entrer en désespoir.
Il va venir. Joignons nos efforts, je vous prie,
Et tâchons d'ébranler, de force ou d'industrie,
Ce malheureux dessein qui nous a tous troublés.

SCÈNE III.
ORGON, ELMIRE, MARIANE, CLÉANTE, DORINE.

ORGON.

Ah ! je me réjouis de vous voir assemblés.
(*à Mariane.*)
Je porte en ce contrat de quoi vous faire rire,
Et vous savez déjà ce que cela veut dire.

MARIANE, *aux genoux d'Orgon.*

Mon père, au nom du ciel qui connaît ma douleur,
Et par tout ce qui peut émouvoir votre cœur,
Relâchez-vous un peu des droits de la naissance,
Et dispensez mes vœux de cette obéissance.
Ne me réduisez point par cette dure loi,
Jusqu'à me plaindre au ciel de ce que je vous doi,
Et cette vie, hélas, que vous m'avez donnée,
Ne me la rendez pas, mon père, infortunée.
Si, contre un doux espoir que j'avais pu former,
Vous me défendez d'être à ce que j'ose aimer ;
Au moins, par vos bontés qu'à vos genoux j'implore,
Sauvez-moi du tourment d'être à ce que j'abhorre ;
Et ne me portez point à quelque désespoir,
En vous servant sur moi de tout votre pouvoir.

ORGON *se sentant attendrir.*

Allons, ferme, mon cœur ! point de faiblesse humaine !

MARIANE.

Vos tendresses pour lui ne me font point de peine,
Faites-les éclater, donnez-lui votre bien,
Et, si ce n'est assez, joignez-y tout le mien ;
J'y consens de bon cœur, et je vous l'abandonne :
Mais, au moins, n'allez pas jusques à ma personne ;

ACTE IV, SCÈNE III.

Et souffrez qu'un couvent, dans ses austérités,
Use les tristes jours que le ciel m'a comptés.

ORGON.

Ah! voilà justement de mes religieuses,
Lorsqu'un père combat leurs flammes amoureuses!
Debout. Plus votre cœur répugne à l'accepter,
Plus ce sera pour vous matière à mériter.
Mortifiez vos sens avec ce mariage,
Et ne me rompez pas la tête davantage.

DORINE.

Mais quoi?...

ORGON.

Taisez-vous, vous. Parlez à votre écot.
Je vous défend, tout net, d'oser dire un seul mot.

CLÉANTE.

Si par quelque conseil vous souffrez qu'on réponde...

ORGON.

Mon frère, vos conseils sont les meilleurs du monde;
Ils sont bien raisonnés, et j'en fais un grand cas :
Mais vous trouverez bon que je n'en use pas.

ELMIRE *à Orgon*.

A voir ce que je vois, je ne sais plus que dire;
Et votre aveuglement fait que je vous admire.
C'est être bien coiffé, bien prévenu de lui,
Que de nous démentir sur le fait d'aujourd'hui!

ORGON.

Je suis votre valet, et crois les apparences.
Pour mon fripon de fils je sais vos complaisances;
Et vous avez eu peur de le désavouer
Du trait qu'à ce pauvre homme il a voulu jouer.
Vous étiez trop tranquille, enfin, pour être crue;
Et vous auriez paru d'autre manière émue.

ELMIRE.

Est-ce qu'au simple aveu d'un amoureux transport
Il faut que notre honneur se gendarme si fort?
Et ne peut-on répondre à tout ce qui le touche,

Que le feu dans les yeux, et l'injure à la bouche ?
Pour moi, de tels propos je me ris simplemment ;
Et l'éclat, là-dessus, ne me plait nullement.
J'aime qu'avec douceur nous nous montrions sage ;
Et ne suis point du tout pour ces prudes sauvages
Dont l'honneur est armé de griffes et de dents,
Et veut, au moindre mot, dévisager les gens.
Me préserve le ciel d'une telle sagesse !
Je veux une vertu qui ne soit point diablesse,
Et crois que d'un refus la discrète froideur
N'en est pas moins puissante à rebuter mon cœur.

ORGON.

Enfin, je sais l'affaire, et ne prends point le change.

ELMIRE.

J'admire, encore un coup, cette faiblesse étrange :
Mais que me répondrait votre incrédulité
Si je vous faisais voir qu'on vous dit vérité ?

ORGON.

Voir !

ELMIRE.

Oui.

ORGON.

Chansons.

ELMIRE.

Mais quoi ! si je trouvais manière
De vous le faire voir avec pleine lumière...?

ORGON.

Contes en l'air.

ELMIRE.

Quel homme ! au moins, répondez-moi.
Je ne vous parle pas de nous ajouter foi ;
Mais supposons ici que, d'un lieu qu'on peut prendre,
On vous fît clairement tout voir et tout entendre,
Que diriez-vous alors de votre homme de bien ?

ORGON.

En ce cas, je dirais que... Je ne dirais rien,
Car cela ne se peut.

ACTE IV, SCÈNE IV.

ELMIRE.

L'erreur trop long-temps dure,
Et c'est trop condamner ma bouche d'imposture.
Il faut, que par plaisir, et sans aller plus loin,
De tout ce qu'on vous dit je vous fasse témoin.

ORGON.

Soit. Je vous prends au mot. Nous verrons votre adresse,
Et comment vous pourrez remplir cette promesse.

ELMIRE, *à Dorine.*

Faites-le-moi venir.

DORINE, *à Elmire.*

Son esprit est rusé,
Et peut-être à surprendre il sera malaisé.

ELMIRE, *à Dorine.*

Non, on est aisément dupé par ce qu'on aime,
Et l'amour-propre engage à se tromper soi-même.
(*à Cléante et à Mariane.*)
Faites-le-moi descendre Et vous, retirez-vous.

SCÈNE IV.

ELMIRE, ORGON.

ELMIRE.

APPROCHONS cette table et vous mettez dessous.

ORGON.

Comment!

ELMIRE.

Vous bien cacher est un point nécessaire.

ORGON.

Pourquoi sous cette table?

ELMIRE.

Ah! mon dieu! laissez faire;
J'ai mon dessein en tête? et vous en jugerez.
Mettez-vous là, vous dis-je; et quand vous y serez,
Gardez qu'on ne vous voie et qu'on ne vous entende.

ORGON.

Je confesse qu'ici ma complaisance est grande,
Mais de votre entreprise il vous faut voir sortir.

ELMIRE.

Vout n'aurez, que je crois, rien à me repartir.
(à Orgon, qui est sous la table.)
Au moins je vais toucher une étrange matière,
Ne vous scandalisez en aucune manière.
Quoi que je puisse dire, il doit m'être permis;
Et c'est pour vous convaincre, ainsi que j'ai promis.
Je vais par des douceurs, puisque j'y suis réduite,
Faire poser le masque à cette ame hypocrite,
Flatter de son amour les désirs effrontés
Et donner un champ libre à ses témérités.
Comme c'est pour vous seul, et pour mieux le confondre,
Que mon ame à ses vœux va feindre de répondre :
J'aurai lieu de cesser dès que vous vous rendrez,
Et les choses n'iront que jusqu'où vous voudrez.
C'est à vous d'arrêter son ardeur insensée,
Quand vous croirez l'affaire assez avant poussée,
D'épargner votre femme, et de ne m'exposer
Qu'à ce qu'il vous faudra pour vous désabuser.
Ce sont vos intérêts, vous en serez le maître,
Et... L'on vient. Tenez-vous, et gardez de paraître.

SCÈNE V.

TARTUFFE, ELMIRE, ORGON, *sous la table.*

TARTUFFE.

On m'a dit qu'en ce lieu vous me vouliez parler.

ELMIRE.

Oui. L'on a des secrets à vous y révéler.
Mais tirez cette porte avant qu'on vous les dise,
Et regardez partout, de crainte de surprise.
(*Tartuffe va fermer la porte, et revient.*)
Une affaire pareille à celle de tantôt
N'est pas assurément ici ce qu'il nous faut :

ACTE IV, SCÈNE V.

Jamais il ne s'est vu de surprise de même.
Damis m'a fait pour vous une frayeur extrême ;
Et vous avez bien vu que j'ai fait mes efforts
Pour rompre son dessein et calmer ses transports.
Mon trouble il est bien vrai, m'a si fort possédée,
Que de le démentir je n'ai point eu l'idée ;
Mais par là, grace au ciel, tout a bien mieux été,
Et les choses en sont en plus de sûreté.
L'estime où l'on vous tient a dissipé l'orage,
Et mon mari de vous ne peut prendre d'ombrage.
Pour mieux braver l'éclat des mauvais jugemens,
Il veut que nous soyons ensemble à tout moment.
Et c'est par où je puis, sans peur d'être blâmée,
Me trouver ici seule avec vous enfermée,
Et ce qui m'autorise à vous ouvrir un cœur
Un peu trop prompt peut-être à souffrir votre ardeur.

TARTUFFE.

Ce langage à comprendre est assez difficile,
Madame, et vous parliez tantôt d'un autre style.

ELMIRE.

Ah ! si d'un tel refus vous êtes en courroux,
Que le cœur d'une femme est mal connu de vous !
Et que vous savez peu ce qu'il veut faire entendre !
Lorsque si faiblement on le voit se défendre !
Toujours notre pudeur combat, dans ces momens,
Ce qu'on peut nous donner de tendre sentimens.
Quelque raison qu'on trouve à l'amour qui nous dompte,
On trouve à l'avouer toujours un peu de honte.
On s'en défend d'abord : mais de l'air qu'on s'y prend
On fait connaître assez que notre cœur se rend ;
Qu'à nos vœux, par honneur notre bouche s'oppose,
Et que de tels refus promettent toute chose.
C'est vous faire sans doute, un assez libre aveu,
Et sur notre pudeur me ménager bien peu.
Mais, puisque la parole enfin en est lâchée,
A retenir Damis me serais-je attachée,
Aurais-je, je vous prie, avec tant de douceur
Écouté tout au long l'offre de votre cœur,

Aurais-je pris la chose ainsi qu'on m'a vu faire,
Si l'offre de ce cœur n'eût eu de quoi me plaire ?
Et lorsque j'ai voulu moi-même vous forcer
A refuser l'hymen qu'on venait d'annoncer,
Qu'est-ce que cet instance a dû vous faire entendre,
Que l'intérêt qu'en vous on s'avise de prendre,
Et l'ennui qu'on aurait que ce nœud qu'on résout
Vînt partager du moins un cœur que l'on veut tout.

TARTUFFE.

C'est, sans doute, madame, une douceur extrême,
Que d'entendre ces mots d'une bouche qu'on aime ;
Leur miel dans tous mes sens fait couler à longs traits
Une suavité qu'on ne goûta jamais.
Le bonheur de vous plaire est ma suprême étude,
Et mon cœur de vos feux fait sa béatitude ;
Mais ce cœur vous demande ici la liberté
D'oser douter un peu de sa félicité.
Je puis croire ces mots un artifice honnête
Pour m'obliger à rompre un hymen qui s'apprête ;
Et, s'il faut librement m'expliquer avec vous,
Je ne me fierai point à des propos si doux,
Qu'un peu de vos faveurs, après quoi je soupire,
Ne vienne m'assurer tout ce qu'ils m'ont pu dire,
Et planter dans mon ame une constante foi
Des charmantes bontés que vous avez pour moi.

ELMIRE, *après avoir toussé pour avertir son mari.*
Quoi ! vous voulez aller avec cette vitesse,
Et d'un cœur tout d'abord épuiser la tendresse ?
On se tue à vous faire un aveu des plus doux ;
Cependant ce n'est pas encore assez pour vous ?
Et l'on ne peut aller jusqu'à vous satisfaire,
Qu'aux dernières faveurs on ne pousse l'affaire ?

TARTUFFE.

Moins on mérite un bien, moins on l'ose espérer.
Nos vœux sur des discours ont peine à s'assurer.
On soupçonne aisément un sort tout plein de gloire,
Et l'on veut en jouir avant que de le croire.

Pour moi, qui crois si peu mériter vos bontés,
Je doute du bonheur de mes témérités ;
Et je ne croirai rien, que vous n'ayez, madame,
Par des réalités, su convaincre ma flamme.

ELMIRE.

Mon dieu ! que votre amour en vrai tyran agit !
Et qu'en un trouble étrange il me jette l'esprit !
Que sur les cœurs il prend un furieux empire !
Et qu'avec violence il veut ce qu'il désire !
Quoi ! de votre poursuite on ne peut se parer,
Et vous ne donnez pas le temps de respirer ?
Sied-il bien de tenir une rigueur si grande,
De vouloir sans quartier les choses qu'on demande,
Et d'abuser ainsi, par vos efforts pressans,
Du faible que pour vous vous voyez qu'ont les gens ?

TARTUFFE.

Mais si d'un œil benin vous voyez mes hommages,
Pourquoi m'en refuser d'assurés témoignages ?

ELMIRE.

Mais comment consentir à ce que vous voulez,
Sans offenser le ciel, dont toujours vous parlez ?

TARTUFFE.

Si ce n'est que le ciel qu'à mes vœux on oppose,
Lever un tel obstacle est à moi peu de chose ;
Et cela ne doit point retenir votre cœur.

ELMIRE.

Mais des arrêts du ciel on nous fait tant de peur !

TARTUFFE.

Je puis vous dissiper ces craintes ridicules,
Madame ; et je sais l'art de lever les scrupules.
Le ciel défend, de vrai, certains contentemens ;
Mais on trouve avec lui des accommodemens.
Selon divers besoins, il est une science
D'étendre les liens de notre conscience,
Et de rectifier le mal de l'action
Avec la pureté de notre intention.
De ces secrets, madame, on saura vous instruire ;
Vous n'avez seulement qu'à vous laisser conduire.

Contentez mon désir, et n'ayez point d'effroi ;
Je vous réponds de tout, et prends le mal sur moi.
    (*Elmire tousse plus fort.*)
Vous toussez fort, madame.

ELMIRE.
                Oui, je suis au supplice.

TARTUFFE.
Vous plaît-il un morceau de ce jus de réglisse ?

ELMIRE.
C'est un rhume obstiné, sans doute ; et je vois bien
Que tous les jus du monde ici ne feront rien.

TARTUFFE.
Cela, certe, est fâcheux.

ELMIRE.
            Oui, plus qu'on ne peut dire.

TARTUFFE.
Enfin, votre scrupule est facile à détruire?
Vous êtes assurée ici d'un plein secret,
Et le mal n'est jamais que dans l'éclat qu'on fait.
Le scandale du monde est ce qui fait l'offense,
Et ce n'est pas pécher que pécher en silence.

ELMIRE, *après avoir encore toussé et frappé sur la table.*

Enfin je vois qu'il faut se résoudre à céder ;
Qu'il faut que je consente à vous tout accorder ;
Et qu'à moins de cela je ne dois point prétendre
Qu'on puisse être content, et qu'on veuille se rendre.
Sans doute il est fâcheux d'en venir jusque-là,
Et c'est bien malgré moi que je franchis cela ;
Mais, puisque l'on s'obstine à m'y vouloir réduire,
Puisqu'on ne veut point croire à tout ce qu'on peut dire,
Et qu'on veut des témoins qui soient plus convaincans,
Il faut bien s'y résoudre, et contenter les gens.
Si ce contentement porte en soi quelque offense,
Tant pis pour qui me force à cette violence ;
La faute assurément n'en doit point être à moi.

ACTE IV, SCÈNE VI.

TARTUFFE.

Oui, madame, on s'en charge; et la chose de soi...

ELMIRE.

Ouvrez un peu la porte, et voyez, je vous prie,
Si mon mari n'est point dans cette galerie.

TARTUFFE.

Qu'est-il besoin pour lui du soin que vous prenez?
C'est un homme, entre nous, à mener par le nez.
De tous nos entretiens il est pour faire gloire,
Et je l'ai mis au point de voir tout sans rien croire.

ELMIRE.

Il n'importe. Sortez, je vous prie, un moment;
Et partout là-dehors voyez exactement.

SCÈNE VI.
ORGON, ELMIRE.

ORGON, *sortant de dessous la table.*

Voilà, je vous l'avoue, un abominable homme!
Je n'en puis revenir, et tout ceci m'assomme.

ELMIRE.

Quoi! vous sortez sitôt! Vous vous moquez des gens.
Rentrez sous le tapis, il n'est pas encor temps,
Attendez jusqu'au bout pour voir les choses sûres,
Et ne vous fiez point aux simples conjectures.

ORGON.

Non, rien de plus méchant n'est sorti de l'enfer.

ELMIRE.

Mon dieu! l'on ne doit point croire trop de léger.
Laissez-vous bien convaincre avant que de vous rendre;
Et ne vous hâtez pas, de peur de vous méprendre.
(*Elmire fait mettre Orgon derrière elle.*)

SCÈNE VII.
TARTUFFE, ELMIRE, ORGON.

TARTUFFE, *sans voir Orgon.*

Tout conspire, madame, à mon contentement.
J'ai visité de l'œil tout cet appartement;

Personne ne s'y trouve ; et mon ame ravie...
(*Dans le temps que Tartuffe s'avance, les bras ouverts, pour embrasser Elmire, elle se retire, et Tartuffe aperçoit Orgon.*)

ORGON, *arrêtant Tartuffe.*

Tout doux ! vous suivez trop votre amoureuse envie,
Et vous ne devez pas vous tant passionner.
Ah ! ah ! l'homme de bien, vous m'en vouliez donner !
Comme aux tentations s'abandonne votre ame !
Vous épousiez ma fille, et convoitiez ma femme !
J'ai douté fort long-temps que ce fût tout de bon,
Et je croyais toujours qu'on changerait de ton :
Mais c'est assez avant pousser le témoignage ;
Je m'y tiens, et n'en veux, pour moi, pas davantage.

ELMIRE, *à Tartuffe.*

C'est contre mon humeur que j'ai fait tout ceci
Mais on m'a mis au point de vous traiter ainsi.

TARTUFFE, *à Orgon.*

Quoi ! vous croyez... ?

ORGON.

Allons, point de bruit, je vous prie.
Dénichons de céans, et sans cérémonie.

TARTUFFE.

Mon dessein...

ORGON.

Ces discours ne sont plus de saison.
Il faut tout sur-le-champ, sortir de la maison.

TARTUFFE.

C'est à vous d'en sortir, vous qui parlez en maître :
La maison m'appartient, je le ferai connaître ;
Et vous montrerai bien qu'en vain on a recours,
Pour me chercher querelle, à ces lâches détours ;
Qu'on n'est pas où l'on pense en me faisant injure ;
Que j'ai de quoi confondre et punir l'imposture,
Venger le ciel qu'on blesse, et faire repentir
Ceux qui parlent ici de me faire sortir.

SCÈNE VIII.
ELMIRE, ORGON.

ELMIRE.
Quel est donc ce langage ? et qu'est-ce qu'il veut dire ?

ORGON.
Ma foi, je suis confus, et n'ai pas lieu de rire.

ELMIRE.
Comment ?

ORGON.
Je vois ma faute, aux choses qu'il me dit ;
Et la donation m'embarrasse l'esprit.

ELMIRE.
La donation !

ORGON.
Oui. C'est une affaire faite.
Mais j'ai quelque autre chose encor qui m'inquiète.

ELMIRE.
Et quoi ?

ORGON.
Vous saurez tout. Mais voyons au plus tôt
Si certaine cassette est encore là-haut.

FIN DU QUATRIÈME ACTE.

ACTE CINQUIÈME.

SCÈNE I.
ORGON CLÉANTE.

CLÉANTE.

Où voulez-vous courir ?

ORGON.

Las ! que sais-je ?

CLÉANTE.

Il me semble
Que l'on doit commencer par consulter ensemble
Les choses qu'on peut faire en cet événement.

ORGON.

Cette cassette-là me trouble entièrement.
Plus que le reste encore, elle me désespère.

CLÉANTE.

Cette cassette est donc un important mystère ?

ORGON.

C'est un dépôt qu'Argas, cet ami que je plains,
Lui-même en grand secret m'a mis entre les mains.
Pour cela dans sa fuite il me voulut élire ;
Et ce sont des papiers, à ce qu'il m'a pu dire,
Où sa vie et ses biens se trouvent attachés.

CLÉANTE.

Pourquoi donc les avoir en d'autres mains lâchés ?

ORGON.

Ce fut par un motif de cas de conscience.
J'allai droit à mon maître en faire confidence ;
Et son raisonnement me vint persuader
De lui donner plutôt la cassette à garder,
Afin que pour nier, en cas de quelque enquête,
J'eusse d'un faux-fuyant la faveur toute prête,
Par où ma conscience eût pleine sûreté
A faire des sermens contre la vérité.

CLÉANTE.

Vous voilà mal, au moins si j'en crois l'apparence ;
Et la donation, et cette confidence,
Sont, à vous en parler selon mon sentiment,
Des démarches par vous faites légèrement.
On peut vous mener loin avec de pareils gages :
Et cet homme sur vous ayant ces avantages,
Le pousser est encor grande imprudence à vous ;
Et vous deviez chercher quelque biais plus doux.

ORGON.

Quoi ? sur un beau semblant de ferveur si touchante
Cacher un cœur si double, une ame si méchante !
Et moi, qui l'ai reçu gueusant et n'ayant rien...
C'en est fait, je renonce à tous les gens de bien ;
J'en aurai désormais une horreur effroyable,
Et m'en vais devenir pour eux pire qu'un diable.

CLÉANTE.

Hé bien ! ne voilà pas de vos emportemens !
Vous ne gardez en rien les doux tempéramens.
Dans la droite raison jamais n'entre la vôtre ;
Et toujours d'un excès vous vous jetez dans l'autre.
Vous voyez votre erreur, et vous avez connu
Que par un zèle feint vous étiez prévenu ;
Mais pour vous corriger quelle raison demande
Que vous alliez passer dans une erreur plus grande,
Et qu'avecque le cœur d'un perfide vaurien
Vous confondiez les cœurs de tous les gens de bien ?
Quoi ! parce qu'un fripon vous dupe avec audace
Sous le pompeux éclat d'une austère grimace,
Vous voulez que partout on soit fait comme lui,
Et qu'aucun vrai dévot ne se trouve aujourd'hui !
Laissez aux libertins ces sottes conséquences :
Démêlez la vertu d'avec ses apparences,
Ne hasardez jamais votre estime trop tôt,
Et soyez pour cela dans le milieu qu'il faut.
Gardez-vous, s'il se peut, d'honorer l'imposture :
Mais au vrai zèle aussi n'allez pas faire injure ;

Et s'il vous faut tomber dans une extrémité,
Péchez plutôt encor de cet autre côté.

SCÈNE II.
ORGON, CLÉANTE, DAMIS.

DAMIS.
Quoi? mon père, est-il vrai qu'un coquin vous menace;
Qu'il n'est point de bienfait qu'en son ame il n'efface;
Et que son lâche orgueil, trop digne de courroux,
Se fait de vos bontés des armes contre vous?

ORGON.
Oui, mon fils; et j'en sens des douleurs nompareilles.

DAMIS.
Laissez-moi, je lui veux couper les deux oreilles.
Contre son insolence on ne doit point gauchir :
C'est à moi tout d'un coup de vous en affranchir.
Et pour sortir d'affaire il faut que je l'assomme.

CLÉANTE.
Voilà tout justement parler en vrai jeune homme.
Modérez, s'il vous plaît ces transports éclatans.
Nous vivons sous un règne et sommes dans un temps
Où par la violence on fait mal ses affaires.

SCÈNE III.
MADAME PERNELLE, ORGON, ELMIRE, CLÉANTE, MARIANE, DAMIS, DORINE.

MADAME PERNELLE.
Qu'est-ce! j'apprends ici de terribles mystères!

ORGON.
Ce sont des nouveautés dont mes yeux sont témoins,
Et vous voyez le prix dont sont payés mes soins.
Je recueille avec zèle un homme en sa misère,
Je le loge, et le tiens comme mon propre frère;
De bienfaits chaque jour il est par moi chargé;
Je lui donne ma fille et tout le bien que j'ai :

ACTE V, SCÈNE III.

Et, dans le même temps, le perfide, l'infâme,
Tente le noir dessein de suborner ma femme;
Et, non content encor de ses lâches essais,
Il m'ose menacer de mes propres bienfaits,
Et, veut, à ma ruine, user des avantages
Dont le viennent d'armer mes bontés trop peu sages,
Me chasser de mes biens où je l'ai transféré,
Et me réduire au point d'où je l'ai retiré!

DORINE.

Le pauvre homme!

MADAME PERNELLE.

Mon fils, je ne puis du tout croire
Qu'il ait voulu commettre une action si noire.

ORGON.

Comment!

MADAME PERNELLE.

Les gens de bien sont enviés toujours.

ORGON.

Que voulez-vous donc dire avec votre discours,
Ma mère?

MADAME PERNELLE.

Que chez vous on vit d'étrange sorte,
Et qu'on ne sait que trop la haine qu'on lui porte.

ORGON.

Qu'a cette haine à faire avec ce qu'on vous dit?

MADAME PERNELLE.

Je vous l'ai dit cent fois quand vous étiez petit:
La vertu dans le monde est toujours poursuivie;
Les envieux mourront, mais non jamais l'envie.

ORGON.

Mais que fait ce discours aux choses d'aujourd'hui?

MADAME PERNELLE.

On vous aura forgé cent sots contes de lui.

ORGON.

Je vous ai dit déjà que j'ai vu tout moi-même.

MADAME PERNELLE.

Des esprits médisans la malice est extrême.

ORGON.
Vous me feriez damner, ma mère. Je vous di
Que j'ai vu de mes yeux un crime si hardi.

MADAME PERNELLE.
Les langues ont toujours du venin à répandre ;
Et rien n'est ici-bas qui s'en puisse défendre.

ORGON.
C'est tenir un propos de gens bien dépourvu.
Je l'ai vu, dis-je, vu, de mes propres yeux vu,
Ce qu'on appelle vu. Faut-il vous le rebattre
Aux oreilles cent fois, et crier comme quatre ?

MADAME PERNELLE.
Mon dieu ! le plus souvent l'apparence déçoit :
Il ne faut pas toujours juger sur ce qu'on voit.

ORGON.
J'enrage !

MADAME PERNELLE.
Aux faux soupçons la nature est sujette,
Et c'est souvent à mal que le bien s'interprète.

ORGON.
Je dois interpréter à charitable soin
Le désir d'embrasser ma femme !

MADAME PERNELLE.
Il est besoin,
Pour accuser les gens, d'avoir de justes causes ;
Et vous deviez attendre à vous voir sûr des choses.

ORGON.
Hé ! diantre ! le moyen de m'en assurer mieux ?
Je devais donc, ma mère, attendre qu'à mes yeux
Il eût... Vous me feriez dire quelque sottise.

MADAME PERNELLE.
Enfin d'un trop pur zèle on voit son ame éprise ;
Et je ne puis du tout me mettre dans l'esprit
Qu'il ait voulu tenter les choses que l'on dit.

ACTE V, SCÈNE III.

ORGON.

Allez, je ne sais pas, si vous n'étiez ma mère,
Ce que je vous dirais, tant je suis en colère.

DORINE, *à Orgon.*

Juste retour, monsieur, des choses d'ici-bas :
Vous ne vouliez point croire, et l'on ne vous croit pas.

CLÉANTE.

Nous perdons des momens en bagatelles pures,
Qu'il faudrait employer à prendre des mesures.
Aux menaces du fourbe on doit ne dormir point.

DAMIS.

Quoi ! son effronterie irait jusqu'à ce point ?

ELMIRE.

Pour moi, je ne crois pas cette instance possible,
Et son ingratitude est ici trop visible.

CLÉANTE, *à Orgon.*

Ne vous y fiez pas ; il aura des ressorts
Pour donner contre vous raisons à ses efforts ;
Et sur moins que cela le poids d'une cabale
Embarrasse les gens dans un fâcheux dédale.
Je vous le dis encore : armé de ce qu'il a,
Vous ne deviez jamais le pousser jusque-là.

ORGON.

Il est vrai ; mais qu'y faire ? A l'orgueil de ce traître,
De mes ressentimens je n'ai pas été maître.

CLÉANTE.

Je voudrais de bon cœur qu'on pût entre vous deux
De quelque ombre de paix raccommoder les nœuds.

ELMIRE.

Si j'avais su qu'en main il a de telles armes,
Je n'aurais pas donné matière à tant d'alarmes ;
Et mes...

ORGON, *à Dorine, voyant entrer M. Loyal.*

Que veut cet homme ? Allez tôt le savoir.
Je suis bien en état que l'on me vienne voir !

SCÈNE IV.

ORGON, MADAME PERNELLE, ELMIRE, MARIANE, CLÉANTE, DAMIS, DORINE, M. LOYAL.

M. LOYAL, *à Dorine dans le fond du théâtre.*

Bonjour, ma chère sœur ; faites, je vous supplie,
Que je parle à monsieur.

DORINE.

Il est en compagnie ;
Et je doute qu'il puisse à présent voir quelqu'un.

M. LOYAL.

Je ne suis pas pour être en ces lieux importun.
Mon abord n'aura rien, je crois, qui lui déplaise ;
Et je viens pour un fait dont il sera bien aise.

DORINE.

Votre nom ?

M. LOYAL.

Dites-lui seulement que je vien
De la part de monsieur Tartuffe, pour son bien.

DORINE, *à Orgon.*

C'est un homme qui vient, avec douce manière,
De la part de monsieur Tartuffe, pour affaire
Dont vous serez, dit-il, bien aise.

CLÉANTE, *à Orgon.*

Il vous faut voir
Ce que c'est que cet homme, et ce qu'il peut vouloir.

ORGON, *à Cléante.*

Pour nous raccommoder il vient ici peut-être ;
Quels sentimens aurai-je à lui faire paraître ?

CLÉANTE.

Votre ressentiment ne doit point éclater ;
Et s'il parle d'accord, il le faut écouter.

M. LOYAL, *à Orgon.*

Salut, monsieur. Le ciel perde qui vous veut nuire,
Et vous soit favorable autant que je désire !

ACTE V, SCÈNE IV.

ORGON, *bas, à Cléante.*

Ce doux début s'accorde avec mon jugement,
Et présage déjà quelque accommodement.

M. LOYAL.

Toute votre maison m'a toujours été chère,
Et j'étais serviteur de monsieur votre père.

ORGON.

Monsieur, j'ai grande honte et demande pardon
D'être sans vous connaître ou savoir votre nom.

M. LOYAL.

Je m'appelle Loyal, natif de Normandie,
Et suis huissier à verge, en dépit de l'envie.
J'ai, depuis quarante ans, grâce au ciel, le bonheur
D'en exercer la charge avec beaucoup d'honneur,
Et je vous viens, monsieur, avec votre licence,
Signifier l'exploit de certaine ordonnance...

ORGON.

Quoi ! vous êtes ici...

M. LOYAL.

    Monsieur, sans passion.
Ce n'est rien seulement qu'une sommation,
Un ordre de vider d'ici, vous et les vôtres,
Mettre vos meubles hors, et faire place à d'autres,
Sans délai ni remise, ainsi que besoin est.

ORGON.

Moi ! sortir de céans ?

M. LOYAL.

    Oui, monsieur, s'il vous plaît,
La maison à présent, comme savez de reste,
Au bon monsieur Tartuffe appartient sans conteste :
De vos biens désormais il est maître et seigneur
En vertu d'un contrat duquel je suis porteur.
Il est en bonne forme, et l'on n'y peut rien dire.

DAMIS, *à M. Loyal,*

Certes ; cette impudence est grande, et je l'admire.

M. LOYAL, *à Damis.*

Monsieur, je ne dois pas avoir affaire à vous ;
   (*montrant Orgon.*)
C'est à monsieur ; il est et raisonnable et doux,
Et d'un homme de bien il sait trop bien l'office
Pour se vouloir du tout opposer à justice.

ORGON.

Mais...

M. LOYAL.

   Oui, monsieur, je sais que pour un million
Vous ne voudriez pas faire rebellion,
Et que vous souffrirez en honnête personne
Que j'exécute ici les ordres qu'on me donne.

DAMIS.

Vous pourriez bien ici sur votre noir jupon,
Monsieur l'huissier à verge, attirer le bâton.

M. LOYAL, *à Orgon.*

Faites que votre fils se taise ou se retire,
Monsieur. J'aurais regret d'être obligé d'écrire,
Et de vous voir couché dans mon procès-verbal.

DORINE, *à part.*

Ce monsieur Loyal porte un air bien déloyal

M. LOYAL.

Pour tous les gens de bien j'ai de grandes tendresses,
Et ne me suis voulu, monsieur, charger des pièces
Que pour vous obliger et vous faire plaisir ;
Que pour ôter par-là le moyen d'en choisir
Qui, n'ayant pas pour vous le zèle qui me pousse,
Auraient pu procéder d'une façon moins douce.

ORGON.

Et que peut-on de pis que d'ordonner aux gens
De sortir de chez eux ?

M. LOYAL.

       On vous donne du temps ;
Et jusques à demain je ferai surséance
A l'exécution, monsieur de l'ordonnance.

ACTE V, SCÈNE IV.

Je viendrai seulement passer ici la nuit,
Avec dix de mes gens, sans scandale et sans bruit.
Pour la forme, il faudra, s'il vous plaît, qu'on m'apporte,
Avant que se coucher, les clefs de votre porte.
J'aurai soin de ne pas troubler votre repos,
Et de ne rien souffrir qui ne soit à propos.
Mais demain, du matin, il vous faut être habile
A vider de céans jusqu'au moindre ustensile ;
Mes gens vous aideront, et je les ai pris forts
Pour vous faire service à tout mettre dehors.
On n'en peut pas user mieux que je fais, je pense ;
Et, comme je vous traite avec grande indulgence,
Je vous conjure aussi, monsieur, d'en user bien,
Et qu'au dû de ma charge on ne me trouble en rien.

ORGON, *à part.*

Du meilleur de mon cœur je donnerais sur l'heure
Les cent plus beaux louis de ce qui me demeure,
Pour pouvoir, à plaisir, sur ce mufle assener
Le plus grand coup de poing qui puisse se donner.

CLÉANTE, *bas, à Orgon.*

Laissez, ne gâtons rien.

DAMIS.

     A cette audace étrange
J'ai peine à me tenir, et la main me démange.

DORINE.

Avec un si bon dos, ma foi, monsieur Loyal,
Quelques coups de bâton ne vous siéraient pas mal.

M. LOYAL.

On pourrait bien punir ces paroles infâmes,
Ma mie ; et l'on décrète aussi contre les femmes.

CLÉANTE, *à M. Loyal.*

Finissons tout cela, monsieur ; c'en est assez.
Donnez tôt ce papier, de grace, et nous laissez.

M. LOYAL.

Jusqu'au revoir. Le ciel vous tienne tous en joie !

ORGON.

Puisse-t-il te confondre, et celui qui t'envoie !

SCÈNE V.

ORGON, MADAME PERNELLE, ELMIRE, CLÉANTE, MARIANE, DAMIS, DORINE.

ORGON.

Hé bien ! vous le voyez, ma mère, si j'ai droit ;
Et vous pouvez juger du reste par l'exploit.
Ses trahisons enfin vous sont-elles connues ?

MADAME PERNELLE.

Je suis toute ébaubie, et je tombe des nues.

DORINE, *à Orgon.*

Vous vous plaignez à tort, à tort vous le blâmez,
Et ses pieux desseins par-là sont confirmés.
Dans l'amour du prochain sa vertu se consomme :
Il sait que très souvent les biens corrompent l'homme,
Et par charité pure il veut vous enlever
Tout ce qui vous peut faire obstacle à vous sauver.

ORGON.

Taisez-vous. C'est le mot qu'il vous faut toujours dire.

CLÉANTE, *à Orgon.*

Allons voir quel conseil on doit vous faire élire.

ELMIRE.

Allez faire éclater l'audace de l'ingrat.
Ce procédé détruit la vertu du contrat ;
Et sa déloyauté va paraître trop noire
Pour souffrir qu'il en ait le succès qu'on veut croire.

SCÈNE VI.

VALÈRE, ORGON, MADAME PERNELLE, ELMIRE, CLÉANTE, MARIANE, DAMIS, DORINE.

VALÈRE.

Avec regret, monsieur, je viens vous affliger ;
Mais je m'y vois contraint par un pressant danger.

Un ami, qui m'est joint d'une amitié fort tendre,
Et qui sait l'intérêt qu'en vous j'ai lieu de prendre,
A violé pour moi par un pas délicat
Le secret que l'on doit aux affaires d'état,
Et me vient d'envoyer un avis dont la suite
Vous réduit au parti d'une soudaine fuite.
Le fourbe qui long-temps a pu vous imposer
Depuis une heure au prince a su vous accuser,
Et remettre en ses mains, dans les traits qu'il vous jette,
D'un criminel d'état l'importante cassette,
Dont, au mépris, dit-il, du devoir d'un sujet,
Vous avez conservé le coupable secret.
J'ignore le détail du crime qu'on vous donne :
Mais un ordre est donné contre votre personne ;
Et lui-même est chargé pour mieux l'exécuter
D'accompagner celui qui vous doit arrêter.

CLÉANTE.

Voilà ses droits armés ; et c'est par ou le traître
De vos biens qu'il prétend cherche à se rendre maître.

ORGON.

L'homme est, je vous l'avoue, un méchant animal !

VALÈRE.

Le moindre amusement vous peut être fatal.
J'ai, pour vous emmener, mon carosse à la porte,
Avec mille louis qu'ici je vous apporte.
Ne perdons point de temps : le trait et foudroyant ;
Et ce sont de ces coups que l'on pare en fuyant.
A vous mettre en lieu sûr je m'offre pour conduite,
Et veux accompagner jusqu'au bout votre fuite.

ORGON.

Las ! que ne dois-je point à vos soins obligeans !
Pour vous en rendre grace il faut un autre temps ;
Et je demande au ciel de m'être assez propice
Pour reconnaître un jour ce généreux service.
Adieu : prenez le soin, vous autres...

CLÉANTE.

Allez tôt ;
Nous songerons mon frère, à faire ce qu'il faut.

SCÈNE VII.

TARTUFFE, UN EXEMPT, MADAME PERNELLE, ORGON, ELMIRE, CLÉANTE, MARIANE, VALÈRE, DAMIS, DORINE.

TARTUFFE, *arrêtant Orgon.*

Tout beau, monsieur, tout beau, ne courez point si vite :
Vous n'irez pas fort loin pour trouver votre gîte ;
Et de la part du prince on vous fait prisonnier.

ORGON.

Traître, tu me gardais ce trait pour le dernier :
C'est le coup, scélérat, par où tu m'expédies ;
Et voilà couronner toutes tes perfidies.

TARTUFFE.

Vos injures n'ont rien à me pouvoir aigrir :
Et je suis, pour le ciel, appris à tout souffrir.

CLÉANTE.

La modération est grande, je l'avoue.

DAMIS.

Comme du ciel l'infâme impunément se joue !

TARTUFFE.

Tous vos emportemens ne sauraient m'émouvoir ;
Et je ne songe à rien qu'à faire mon devoir.

MARIANE.

Vous avez de ceci grande gloire à prétendre ;
Et cet emploi pour vous est fort honnête à prendre.

TARTUFFE.

Un emploi ne saurait être que glorieux
Quand il part du pouvoir qui m'envoie en ces lieux.

ORGON.

Mais t'es-tu souvenu que ma main charitable,

Ingrat, t'a retiré d'un état misérable?

TARTUFFE.

Oui, je sais quels secours j'en ai pu recevoir;
Mais l'intérêt du prince est mon premier devoir.
De ce devoir sacré la juste violence
Étouffe dans mon cœur toute reconnaissance;
Et je sacrifierais à de si puissans nœuds
Ami, femme, parens, et moi-même avec eux.

ELMIRE.

L'imposteur!

DORINE.

Comme il sait, de traîtresse manière,
Se faire un beau manteau de tout ce qu'on révère!

CLÉANTE.

Mais s'il est si parfait, que vous le déclarez,
Ce zèle qui vous pousse et dont vous vous parez,
D'où vient que pour paraître il s'avise d'attendre
Qu'à poursuivre sa femme il ait su vous surprendre,
Et que vous ne songez à l'aller dénoncer
Que lorsque son honneur l'oblige à vous chasser?
Je ne vous parle point, pour devoir en distraire,
Du don de tout son bien qu'il venait de vous faire;
Mais, le voulant traiter en coupable aujourd'hui,
Pourquoi consentez-vous à rien prendre de lui?

TARTUFFE, *à l'exempt.*

Délivrez-moi, monsieur, de la criaillerie;
Et daignez accomplir votre ordre, je vous prie.

L'EXEMPT.

Oui, c'est trop demeurer, sans doute, à l'accomplir;
Votre bouche à propos m'invite à le remplir:
Et, pour l'exécuter, suivez-moi tout à l'heure,
Dans la prison qu'on doit vous donner pour demeure.

TARTUFFE.

Qui? moi, monsieur?

L'EXEMPT.
Oui, vous.
TARTUFFE.
Pourquoi donc la prison ?
L'EXEMPT.
Ce n'est pas vous à qui j'en veux rendre raison.
(à Orgon.)
Remettez-vous, monsieur, d'une alarme si chaude.
Nous vivons sous un prince ennemi de la fraude,
Un prince dont les yeux se font jour dans les cœurs,
Et que ne peut tromper tout l'art des imposteurs.
D'un fin discernement sa grande ame pourvue
Sur les choses toujours jette une droite vue ;
Chez elle jamais rien ne surprend trop d'accès,
Et sa ferme raison ne tombe en nul excès.
Il donne aux gens de bien une gloire immortelle ;
Mais sans aveuglement il fait briller ce zèle,
Et l'amour pour les vrais ne ferme point son cœur
A tout ce que les faux doivent donner d'horreur.
Celui-ci n'était pas pour le pouvoir surprendre,
Et de pièges plus fins on le voit se défendre.
D'abord il a percé, par ses vives clartés,
Des replis de son cœur toutes les lâchetés.
Venant vous accuser, il s'est trahi lui-même,
Et, par un juste trait de l'équité suprême,
S'est découvert au prince un fourbe renommé,
Dont sous un autre nom il était informé ;
Et c'est un long détail d'actions toutes noires
Dont on pourrait former des volumes d'histoires.
Ce monarque, en un mot, a vers vous détesté
Sa lâche ingratitude et sa déloyauté ;
A ses autres horreurs il a joint cette suite,
Et ne m'a jusqu'ici soumis à sa conduite,
Que pour voir l'impudence aller jusques au bout,
Et vous faire par lui faire raison du tout.
Oui, de tout vos papiers, dont il se dit le maître,
Il veut qu'entre vos mains je dépouille le traître.

ACTE V, SCÈNE VIII.

D'un souverain pouvoir, il brise les liens
Du contrat qui lui fait un don de tous vos biens,
Et vous pardonne enfin cette offense secrète
Où vous a d'un ami fait tomber la retraite ;
Et c'est le prix qu'il donne au zèle qu'autrefois
On vous vit témoigner en appuyant ses droits,
Pour montrer que son cœur sait, quand moins on y pense,
D'une bonne action verser la récompense ;
Que jamais le mérite avec lui ne perd rien ;
Et que, mieux que du mal, il se souvient du bien.

DORINE.
Que le ciel soit loué !

MADAME PERNELLE.
Maintenant je respire.

ELMIRE.
Favorable succès !

MARIANE.
Qui l'aurait osé dire ?

ORGON, *à Tartuffe que l'exempt emmène.*
Hé bien ! te voilà, traître !...

SCÈNE VIII.

MADAME PERNELLE, ORGON, ELMIRE, MARIANE, CLÉANTE, VALÈRE, DAMIS, DORINE.

CLÉANTE.
Ah ! mon frère, arrêtez,
Et ne descendez point à des indignités.
A son mauvais destin laissez un misérable,
Et ne vous joignez point au remords qui l'accable.
Souhaitez bien plutôt que son cœur, en ce jour,
Au sein de la vertu fasse un heureux retour ;
Qu'il corrige sa vie en détestant son vice,
Et puisse du grand prince adoucir la justice ;
Tandis qu'à sa bonté vous irez, à genoux,
Rendre ce que demande un traitement si doux.

ORGON.

Oui, c'est bien dit. Allons à ses pieds avec joie
Nous louer des bontés que son cœur nous déploie :
Puis, acquittés un peu de ce premier devoir,
Aux justes soins d'un autre il nous faudra pourvoir,
Et par un doux hymen couronner en Valère
La flamme d'un amant généreux et sincère.

FIN DU TARTUFFE.

AMPHITRYON,

COMÉDIE EN TROIS ACTES,

Représentée à Paris, sur le théâtre du Palais-Royal, au commencement de janvier 1668.

A SON ALTESSE SÉRÉNISSIME

MONSEIGNEUR LE PRINCE.

Monseigneur,

N'en déplaise à nos beaux esprits, je ne vois rien de plus ennuyeux que les épîtres dédicatoires ; et votre altesse sérénissime trouvera bon, s'il lui plaît, que je ne suive point ici le style de ces messieurs-là, et refuse de me servir de deux ou trois misérables pensées qui ont été tournées et retournées tant de fois, qu'elles sont usées de tous les côtés. Le nom du grand Condé est un nom trop glorieux pour le traiter comme on fait tous les autres noms. Il ne faut l'appliquer, ce nom illustre, qu'à des emplois qui soient dignes de lui ; et, pour dire de belles choses, je voudrais parler de le mettre à la tête d'une armée plutôt qu'à la tête d'un livre ; et je conçois bien mieux ce qu'il est capable de faire en l'opposant aux forces des ennemis de cet état, qu'en l'opposant à la critique des ennemis d'une comédie.

Ce n'est pas, Monseigneur, que la glorieuse

approbation de votre altesse sérénissime ne fût une puissante protection pour toutes ces sortes d'ouvrages, et qu'on ne soit persuadé des lumières de votre esprit, autant que de l'intrépidité de votre cœur et de la grandeur de votre ame. On sait par toute la terre que l'éclat de votre mérite n'est point renfermé dans les bornes de cette valeur indomtable qui se fait des adorateurs chez ceux même qu'elle surmonte ; qu'il s'étend, ce mérite, jusqu'aux connaissances les plus fines et les plus relevées ; et que les décisions de votre jugement sur tous les ouvrages d'esprit ne manquent point d'être suivies par le sentiment des plus délicats. Mais on sait aussi, Monseigneur, que toutes ces glorieuses approbations dont nous nous vantons au public ne nous coûtent rien à faire imprimer, et que ce sont des choses dont nous disposons comme nous voulons. On sait, dis-je, qu'une épître dédicatoire dit tout ce qu'il lui plaît, et qu'un auteur est en pouvoir d'aller saisir les personnes les plus augustes, et de parer de leurs grands noms les premiers feuillets de son livre ; qu'il a la liberté de s'y donner, autant qu'il le veut, l'honneur de leur estime, et se faire des protecteurs qui n'ont jamais songé à l'être.

Je n'abuserai jamais, Monseigneur, ni de votre nom, ni de vos bontés, pour combattre les censeurs de l'Amphitryon, et m'attribuer une gloire que je n'ai peut-être pas méritée ; et je ne prends la liberté de vous offrir ma comédie, que pour avoir lieu de vous dire que je regarde incessammeut avec une profonde vénération les

ÉPITRE DÉDICATOIRE.

grandes qualités que vous joignez au sang auguste dont vous tenez le jour, et que je suis, Monseigneur, avec tout le respect possible et tout le zèle imaginable,

DE VOTRE ALTESSE SÉRÉNISSIME,

Le très-humble, très-obéissant
et très-obligé serviteur,

MOLIÈRE.

PERSONNAGES DU PROLOGUE.

MERCURE.
LA NUIT.

PERSONNAGES DE LA COMÉDIE.

JUPITER, sous la figure d'Amphitryon.
MERCURE, sous la figure de Sosie.
AMPHITRYON, général des Thébains.
ALCMÈNE, femme d'Amphitryon.
CLÉANTHIS, suivante d'Alcmène, et femme de Sosie.
ARGATIPHONTSIDAS,
NAUCRATÈS,
POLIDAS,
PAUSICLÈS,
} capitaines thébains.

Sosie, valet d'Amphitryon.

La scène est à Thèbes, dans le palais d'Amphitryon.

PROLOGUE.

MERCURE, *sur un nuage*, LA NUIT, *dans un char traîné dans l'air par deux chevaux.*

MERCURE.

Tout beau, charmante Nuit, daignez vous arrêter.
Il est certain secours que de vous on désire ;
  Et j'ai deux mots à vous dire
  De la part de Jupiter.

LA NUIT.

  Ah ! ah ! c'est vous, seigneur Mercure !
Qui vous eût deviné là dans cette posture ?

MERCURE.

Ma foi, me trouvant las pour ne pouvoir fournir
Aux différens emplois où Jupiter m'engage,
Je me suis doucement assis sur ce nuage
  Pour vous attendre venir.

LA NUIT.

Vous vous mocquez, Mercure, et vous n'y songez pas :
Sied-il bien à des dieux de dire qu'ils sont las ?

MERCURE.

Les dieux sont-ils de fer ?

LA NUIT.

    Non, mais il faut sans cesse
Garder le décorum de la divinité.
Il est de certains mots dont l'usage rabaisse
  Cette sublime qualité,
  Et que, pour leur indignité,
  Il est bon qu'aux hommes on laisse.

MERCURE.

  A votre aise vous en parlez ;
Et vous avez, la belle, une chaise roulante
Où, par deux bons chevaux, en dame nonchalante,
Vous vous faites traîner partout où vous voulez.

Mais de moi ce n'est pas de même :
Et je ne puis vouloir, dans mon destin fatal,
    Aux poëtes assez de mal
    De leur impertinence extrême,
    D'avoir, par une injuste loi
    Dont on veut maintenir l'usage,
    A chaque dieu, dans son emploi,
    Donné quelque allure en partage,
    Et de me laisser à pied, moi,
    Comme un messager de village ;
Moi qui suis, comme on sait, en terre et dans les cieux,
Le fameux messager du souverain des dieux ;
    Et qui, sans rien exagérer,
    Par tous les emplois qu'il me donne,
    Aurais besoin plus que personne
    D'avoir de quoi me voiturer.

LA NUIT.

    Que voulez-vous faire à cela ?
    Les poëtes font à leur guise.
    Ce n'est pas la seule sottise
    Qu'on voit faire à ces messieurs-là.
Mais contre eux toutefois votre ame à tort s'irrite,
Et vos ailes aux pieds sont un don de leurs soins.

MERCURE.

    Oui ; mais, pour aller plus vite,
    Est-ce qu'on s'en lasse moins ?

LA NUIT.

    Laissons cela, seigneur Mercure,
    Et sachons ce dont il s'agit.

MERCURE.

    C'est Jupiter, comme je vous l'ai dit,
Qui de votre manteau veut la faveur obscure
    Pour certaine douce aventure
    Qu'un nouvel amour lui fournit.
Ses pratiques, je crois ne vous sont pas nouvelles :
Bien souvent pour la terre il néglige les cieux ;
Et vous n'ignorez pas que ce maître des dieux

PROLOGUE.

Aime à s'humaniser pour des beautés mortelles,
  Et sait cent tours ingénieux
  Pour mettre à bout les plus cruelles.
 Des yeux d'Alcmène il a senti les coups ;
Et tandis qu'au milieu des béotiques plaines
  Amphitryon, son époux,
  Commande aux troupes thébaines,
Il en a pris la forme, et reçoit là-dessous
  Un soulagement à ses peines
Dans la possession des plaisirs les plus doux.
L'état des mariés à ses feux est propice :
L'hymen ne les a joints que depuis quelques jours ;
Et la jeune chaleur de leurs tendres amours
A fait que Jupiter à ce bel artifice
  S'est avisé d'avoir recours.
Son stratagème ici se trouve salutaire :
  Mais près de maint objet chéri
Pareil déguisement serait pour ne rien faire ;
Et ce n'est pas partout un bon moyen de plaire
  Que la figure d'un mari.

LA NUIT.
J'admire Jupiter, et je ne comprends pas
Tous les déguisemens qui lui viennent en tête.

MERCURE.
Il veut goûter par-là toutes sortes d'états ;
 Et c'est agir en dieu qui n'est pas bête.
Dans quelque rang qu'il soit des mortels regardé,
  Je le tiendrais fort misérable,
S'il ne quittait jamais sa mine redoutable,
Et qu'au faîte des cieux il fût toujours guindé.
Il n'est point à mon gré de plus sotte méthode
Que d'être emprisonné toujours dans sa grandeur ;
Et surtout aux transports de l'amoureuse ardeur
La haute qualité devient fort incommode.
Jupiter, qui, sans doute, en plaisir se connaît,
Sait descendre du haut de sa gloire suprême ;
  Et pour entrer dans tout ce qui lui plaît

AMPHITRYON.

Il sort tout-à-fait de lui-même,
Et ce n'est plus alors Jupiter qui paraît.

LA NUIT.

Passe encor de le voir de ce sublime étage
Dans celui des hommes venir,
Prendre tous les transports que leur cœur peut fournir,
Et se faire à leur badinage,
Si, dans les changemens où son humeur l'engage,
A la nature humaine il s'en voulait tenir.
Mais de voir Jupiter taureau,
Serpent, cygne, ou quelque autre chose,
Je ne trouve point cela beau,
Et ne m'étonne pas si parfois on en cause.

MERCURE.

Laissons dire tous les censeurs ;
Tels changemens ont leurs douceurs
Qui passent leur intelligence.
Ce dieu sait ce qu'il fait aussi-bien là qu'ailleurs ;
Et dans les mouvemens de leurs tendres ardeurs
Les bêtes ne sont pas si bêtes que l'on pense.

LA NUIT.

Revenons à l'objet dont il a les faveurs.
Si par son stratagème il voit sa flamme heureuse,
Que peut-il souhaiter, et qu'est-ce que je puis ?

MERCURE.

Que vos chevaux par vous au petit pas réduits,
Pour satisfaire aux vœux de son ame amoureuse,
D'une nuit si délicieuse
Fassent la plus longue des nuits ;
Qu'à ses transports vous donniez plus d'espace,
Et retardiez la naissance du jour
Qui doit avancer le retour
De celui dont Il tient la place.

LA NUIT.

Voilà sans doute un bel emploi
Que le grand Jupiter m'apprête !

PROLOGUE.

Et l'on donne un nom fort honnête
Au service qu'il veut de moi !

MERCURE.

Pour une jeune déesse,
Vous êtes bien du bon temps !
Un tel emploi n'est bassesse
Que chez les petites gens.
Lorsque dans un haut rang on a l'heur de paraître,
Tout ce qu'on fait est toujours bel et bon ;
Et suivant ce qu'on peut être
Les choses changent de nom.

LA NUIT.

Sur de pareilles matières
Vous en savez plus que moi ;
Et pour accepter l'emploi
J'en veux croire vos lumières.

MERCURE.

Hé ! là, là, madame la Nuit,
Un peu doucement, je vous prie ;
Vous avez dans le monde un bruit
De n'être pas si renchérie.
On vous fait confidente, en cent climats divers,
De beaucoup de bonnes affaires ;
Et je crois, à parler à sentimens ouverts,
Que nous ne nous en devons guères.

LA NUIT.

Laissons ces contrariétés,
Et demeurons ce que nous sommes.
N'apprêtons point à rire aux hommes
En nous disant nos vérités.

MERCURE.

Adieu. Je vais là-bas, dans ma commission,
Dépouiller promptement la forme de Mercure,
Pour y vêtir la figure
Du valet d'Amphitryon.

LA NUIT.
Moi, dans cet hémisphère, avec ma suite obscure,
Je vais faire une station.
MERCURE.
Bon jour, la Nuit.
LA NUIT.
Adieu, Mercure.

Mercure descend de son nuage, et la nuit traverse le théâtre.

AMPHITRYON.

ACTE PREMIER.

SCÈNE I.

SOSIE.

Qui va là ? Hé ! ma peur à chaque pas s'accroît !
 Messieurs, ami de tout le monde.
 Ah ! quelle audace sans seconde
 De marcher à l'heure qu'il est ?
 Que mon maître, couvert de gloire,
 Me joue ici d'un vilain tour !
Quoi ! si pour son prochain il avait quelque amour,
M'aurait-il fait partir par une nuit si noire ?
Et pour me renvoyer annoncer son retour
 Et le détail de sa victoire,
Ne pouvait-il pas attendre qu'il fût jour ?
 Sosie, à quelle servitude
 Tes jours sont-ils assujétis !
 Notre sort est beaucoup plus rude
 Chez les grands que chez les petits.
Ils veulent que pour eux tout soit, dans la nature,
 Obligé de s'immoler.
Jour et nuit, grêle, vent, péril, chaleur, froidure,
 Dès qu'ils parlent, il faut voler.
 Vingt ans d'assidu service
 N'en obtiennent rien pour nous :
 Le moindre petit caprice
 Nous attire leur courroux.
 Cependant notre ame insensée
S'acharne au vain honneur de demeurer près d'eux,

Et s'y veut contenter de la fausse pensée
Qu'ont tous les autres gens que nous sommes heureux.
Vers la retraite en vain la raison nous appelle,
En vain notre dépit quelquefois y consent ;
   Leur vue a sur notre zèle
   Un ascendant trop puissant,
Et la moindre faveur d'un coup-d'œil caressant
   Nous rengage de plus belle.
  Mais enfin, dans l'obscurité,
Je vois notre maison, et ma frayeur s'évade.
  Il me faudrait pour l'embassade,
  Quelques discours prémédité.
Je dois aux yeux d'Alcmène un portrait militaire
Du grand combat qui met nos ennemis à bas ;
  Mais comment diantre le faire,
  Si je ne m'y trouvai pas ?
N'importe, parlons-en et d'estoc et de taille,
  Comme oculaire témoin.
Combien de gens font-ils des récits de bataille
  Dont ils se sont tenus loin !
  Pour jouer mon rôle sans peine,
  Je le veux un peu repasser.
Voici la chambre où j'entre en courrier que l'on mène;
  Et cette lanterne est Alcmène,
  A qui je me dois adresser.
  (*Sosie pose la lanterne à terre.*)
Madame, Amphitryon, mon maître et votre époux....
(Bon! beau début!) l'esprit toujours plein de vos charmes,
  M'a voulu choisir entre tous
Pour vous donner avis du succès de ses armes,
Et du désir qu'il a de se voir près de vous.
  « Ah ! vraiment mon pauvre Sosie,
  » A te revoir j'ai de la joie au cœur. »
  Madame, ce m'est trop d'honneur,
  Et mon destin doit faire envie.
(Bien répondu!) « Comment se porte Amphitryon ? »
  Madame en homme de courage,

ACTE I, SCÈNE I.

Dans les occasions où la gloire l'engage.
  (Fort bien ! belle conception !)
 « Quand viendra-t-il, par son retour charmant,
  » Rendre mon ame satisfaite ? »
Le plus tôt qu'il pourra ; madame, assurément,
 Mais bien plus tard que son cœur ne souhaite.
(Ah !) « Mais quel est l'état où la guerre l'a mis ?
» Que dit-il ? que fait-il ? Contente un peu mon ame. »
  Il dit moins qu'il ne fait, madame,
  Et fait trembler les ennemis.
(Peste ! où prend mon esprit toutes ces gentillesses ?)
« Que font les révoltés ? dis-moi, quel est leur sort ? »
Ils n'ont pu résister, madame, à notre effort ;
  Nous les avons taillés en pièces,
  Mis Ptérélas leur chef à mort,
Pris Télèbe d'assaut ; et déjà dans le port
  Tout retentit de nos prouesses.
« Ah ? quel succès! ô dieux ! Qui l'eût pu jamais croire!
» Raconte-moi, Sosie, un tel événement. »
Je le veux bien, madame ; et, sans m'enfler de gloire,
  Du détail de cette victoire
  Je puis parler très-savamment.
  Figurez-vous donc que Télèbe,
   Madame, est de ce côté ;
  (*Sosie marque les lieux sur sa main.*)
  C'est une ville, en vérité,
 Aussi grande quasi que Thèbe.
  La rivière est comme là.
  Ici nos gens se campèrent ;
  Et l'espace que voilà,
  Nos ennemis l'occupèrent.
  Sur un haut, vers cet endroit,
  Etait leur infanterie ;
  Et plus bas du côté droit,
  Etait la cavalerie.
Après avoir aux dieux adressé les prières,
Tous les ordres donnés, on donne le signal :

Les ennemis, pensant nous tailler des croupières,
Firent trois pelotons de leurs gens à cheval ;
Mais leur chaleur par nous fut bientôt reprimée,
  Et vous allez voir comme quoi.
Voilà notre avant-garde à bien faire animée ;
  Là, les archers de Créon, notre roi ;
  Et voici le corps d'armée,
   (*On fait un peu de bruit.*)
Qui d'abord... Attendez, le corps d'armée a peur ;
  J'entends quelque bruit, ce me semble.

SCÈNE II.

MERCURE, SOSIE.

MERCURE, *sous la figure de Sosie, sortant de la maison d'Amphitryon.*

  Sous ce minois qui lui ressemble,
   Chassons de ces lieux ce censeur,
Dont l'abord importun troublerait la douceur
  Que nos amans goûtent ensemble.
  SOSIE, *sans voir Mercure.*
  Mon cœur tant soit peu se rassure,
   Et je pense que ce n'est rien :
Crainte pourtant de sinistre aventure,
Allons chez nous achever l'entretien.
  MERCURE, *à part.*
  Tu seras plus fort que Mercure,
  Ou je t'en empêcherai bien.
  SOSIE, *sans voir Mercure.*
Cette nuit en longueur me semble sans pareille.
I faut, depuis le temps que je suis en chemin,
Ou que mon maître ait pris le soir pour le matin,
Ou que trop tard au lit le blond Phébus sommeille,
  Pour avoir trop pris de son vin.
  MERCURE, *à part.*
  Comme avec irrévérence

ACTE I, SCÈNE II.

Parle des dieux ce maraud !
Mon bras saura bien tantôt
Châtier cette insolence ;
Et je vais m'égayer avec lui comme il faut,
En lui volant son nom avec sa ressemblance.

SOSIE, *apercevant Mercure d'un peu loin.*

Ah ! par ma foi, j'avais raison :
C'est fait de moi, chétive créature !
Je vois devant notre maison
Certain homme dont l'encolure
Ne me présage rien de bon.
Pour faire semblant d'assurance,
Je veux chanter un peu d'ici.

(*Il chante.*)

MERCURE.

Qui donc est ce coquin qui prend tant de licence
Que de chanter et m'étourdir ainsi ?
(*A mesure que Mercure parle, la voix de Sosie s'affaiblit peu à peu.*)
Veut-il qu'à l'étriller ma main un peu s'applique ?

SOSIE, *à part.*

Cet homme assurément n'aime pas la musique.

MERCURE.

Depuis plus d'une semaine
Je n'ai trouvé personne à qui rompre les os ;
La vigueur de mon bras se perd dans le repos ;
Et je cherche quelque dos
Pour me remettre en haleine.

SOSIE, *à part.*

Quel diable d'homme est ceci !
De mortelles frayeurs je sens mon ame atteinte.
Mais pourquoi tant trembler aussi ?
Peut-être a-t-il dans l'ame autant que moi de crainte,
Et que le drôle parle ainsi
Pour me cacher sa peur sous une audace feinte.
Oui, oui, ne souffrons point qu'on nous croie un oison :
Si je ne suis hardi, tâchons de le paraître.

Faisons-nous du cœur par raison :
Il est seul, comme moi ; je suis fort ; j'ai bon maître ;
Et voilà notre maison.

MERCURE.

Qui va là ?

SOSIE.

Moi.

MERCURE.

Qui moi ?

SOSIE.

(à part.)
Moi. Courage, Sosie.

MERCURE.

Quel est ton sort ? dis-moi.

SOSIE.

D'être homme, et de parler.

MERCURE.

Es-tu maître ou valet ?

SOSIE.

Comme il me prend envie.

MERCURE.

Où s'adressent tes pas ?

SOSIE.

Où j'ai dessein d'aller.

MERCURE.

Ah ! ceci me déplait.

SOSIE.

J'en ai l'ame ravie.

MERCURE.

Résolument, par force ou par amour,
Je veux savoir de toi, traître,
Ce que tu fais, d'où tu viens avant jour,
Où tu vas, à qui tu peux être.

SOSIE.

Je fais le bien et le mal tour à tour ;
Je viens de là, vais là ; j'appartiens à mon maître.

ACTE I, SCÈNE II.

MERCURE.

Tu montres de l'esprit, et je te vois en train
De trancher avec moi de l'homme d'importance.
Il me prend un désir, pour faire connaissance,
 De te donner un soufflet de ma main.

SOSIE.

A moi-même !

MERCURE.

  A toi-même, et t'en voilà certain.
(Mercure donne un soufflet à Sosie.)

SOSIE.

Ah ! ah ! c'est tout de bon.

MERCURE.

    Non, ce n'est que pour rire,
Et répondre à tes quolibets.

SOSIE.

Tu-dieu ! l'ami, sans vous rien dire,
Comme vous baillez des soufflets !

MERCURE.

Ce sont là de mes moindres coups,
De petits soufflets ordinaires.

SOSIE.

Si j'étais aussi prompt que vous,
Nous ferions de belles affaires.

MERCURE.

Nous verrons bien autre chose ;
Tout cela n'est encor rien.
Pour y faire quelque pause,
Poursuivons notre entretien.

SOSIE.

Je quitte la partie.
   (Sosie veut s'en aller.)
MERCURE, *arrêtant Sosie.*
 Où vas-tu ?

SOSIE.

  Que t'importe ?

MERCURE.

Je veux savoir où tu vas.

SOSIE.

Me faire ouvrir cette porte.
Pourquoi retiens-tu mes pas ?

MERCURE.

Si jusqu'à l'approcher tu pousses ton audace,
Je fais sur toi pleuvoir un orage de coups.

SOSIE.

Quoi ! tu veux, par ta menace,
M'empêcher d'entrer chez nous ?

MERCURE.

Comment ! chez nous ?

SOSIE.

Oui, chez nous.

MERCURE.

O le traître !
Tu te dis de cette maison ?

SOSIE.

Fort bien. Amphitryon n'en est-il pas le maître ?

MERCURE.

Hé bien ! que fait cette raison ?

SOSIE.

Je suis son valet.

MERCURE.

Toi ?

SOSIE.

Moi.

MERCURE.

Son valet ?

SOSIE.

Sans doute.

MERCURE.

Valet d'Amphitryon ?

SOSIE.

D'Amphitryon, de lui.

ACTE I, SCÈNE II.

MERCURE.

Ton nom est?...

SOSIE.

Sosie.

MERCURE.

Hé! comment?

SOSIE.

Sosie.

MERCURE.

Écoute.
Sais-tu que de ma main je t'assomme aujourd'hui?

SOSIE.

Pourquoi? De quelle rage est ton ame saisie?

MERCURE.

Qui te donne, dis-moi, cette témérité
De prendre le nom de Sosie?

SOSIE.

Moi, je ne le prends point, je l'ai toujours porté.

MERCURE.

O le mensonge horrible, et l'impudence extrême!
Tu m'oses soutenir que Sosie est ton nom?

SOSIE.

Fort bien, je le soutiens; par la grande raison
Qu'ainsi l'a fait des dieux la puissance suprême;
Et qu'il n'est pas en moi de pouvoir dire non,
Et d'être un autre que moi-même.

MERCURE.

Mille coups de bâton doivent être le prix
D'une pareille effronterie.

SOSIE, *batu par Mercure*.

Justice, citoyens! Au secours, je vous prie!

MERCURE.

Comment! bourreau, tu fais des cris?

SOSIE.

De mille coups tu me meurtris,
Et tu ne veux pas que je crie?

MERCURE.

C'est ainsi que mon bras...

SOSIE.

L'action ne vaut rien.
Tu triomphes de l'avantage
Que te donne sur moi mon manque de courage ;
    Et ce n'est pas en user bien.
    C'est pure fanfaronnerie.
De vouloir profiter de la poltronnerie
    De ceux qu'attaque notre bras.
Battre un homme à jeu sûr n'est pas d'une belle ame ;
    Et le cœur est digne de blâme
    Contre les gens qui n'en ont pas.

MERCURE.

Hé bien ! es-tu Sosie à présent ? qu'en dis-tu ?

SOSIE.

Tes coups n'ont point en moi fait de métamorphose ;
Et tout le changement que je trouve à la chose,
    C'est d'être Sosie battu.

MERCURE, *menaçant Sosie.*

Encor ! Cent autres coups pour cette autre impudence.

SOSIE.

    De grace, fait trêve à tes coups.

MERCURE.

    Fais donc trêve à ton insolence.

SOSIE.

Tout ce qu'il te plaira ; je garde le silence.
La dispute est par trop inégale entre nous.

MERCURE.

    Es-tu Sosie encor ? dis, traître !

SOSIE.

    Hélas ! je suis ce que tu veux :
Dispose de mon sort tout au gré de tes vœux ;
    Ton bras t'en a fait le maître.

MERCURE.

Ton nom était Sosie, à ce que tu disais ?

ACTE I, SCÈNE II.

SOSIE.

Il est vrai, jusqu'ici j'ai cru la chose claire !
Mais ton bâton sur cette affaire
M'a fait que je m'abusais.

MERCURE.

C'est moi qui suis Sosie, et tout Thèbes l'avoue :
Amphitryon jamais n'en eut d'autre que moi..

SOSIE.

Toi, Sosie ?

MERCURE.

Oui, Sosie ; et si quelqu'un s'y joue,
Il peut bien prendre garde à soi.

SOSIE, *à part*.

Ciel ! me faut-il ainsi renoncer à moi-même,
Et par un imposteur me voir voler mon nom ?
Que son bonheur est extrême
De ce que je suis poltron !
Sans cela, par la mort...

MERCURE.

Entre tes dents, je pense,
Tu mumures je ne sais quoi.

SOSIE.

Non. Mais, au nom des dieux, donne-moi la licence
De parler un moment à toi.

MERCURE.

Parle

SOSIE.

Mais promets-moi, de grace,
Que les coups n'en seront point.
Signons une trève.

MERCURE.

Passe :
Va, je t'accorde ce point.

SOSIE.

Qui te jette, dis-moi, dans cette fantaisie ?
Que te reviendra-t-il de m'enlever mon nom ?

Et peux-tu faire enfin, quand tu serais démon,
Que je ne sois pas moi, que je ne sois Sosie ?
MERCURE, *levant encore le bâton sur Sosie.*
Comment ! tu peux... ?
SOSIE.
Ah ! tout doux :
Nous avons fait trêve aux coups.
MERCURE.
Quoi ! pendard, imposteur, coquin...
SOSIE.
Pour des injures,
Dis-m'en tant que tu voudras ;
Ce sont légères blessures,
Et je ne m'en fâche pas.
MERCURE.
Tu te dis Sosie ?
SOSIE.
Oui. Quelque conte frivole...
MERCURE.
Sus, je romps notre trêve, et reprends ma parole.
SOSIE.
N'importe. Je ne puis m'anéantir pour toi,
Et souffrir un discours si loin de l'apparence.
Être ce que je suis est-il en ta puissance ?
Et puis-je cesser d'être moi ?
S'avisa-t-on jamais d'une chose pareille ?
Et peut-on démentir cent indices pressans ?
Rêvé-je ? Est-ce que je sommeille ?
Ai-je l'esprit troublé par des transports puissans ?
Ne sens-je pas bien que je veille,
Ne suis-je pas dans mon bon sens ?
Mon maître Amphitryon ne m'at--il pas commis
A venir en ces lieux vers Alcmène sa femme ?
Ne lui dois-je pas faire, en lui vantant sa flamme,
Un récit de ses faits contre nos ennemis ?
Ne suis-je pas du port arrivé tout à l'heure ?

ACTE I, SCÈNE II.

Ne tiens-je pas une lanterne en main ?
Ne te trouvé-je pas devant notre demeure ?
Ne t'y parlé-je pas d'un esprit tout humain ?
Ne te tiens-tu pas fort de ma poltronnerie ?
  Pour m'empêcher d'entrer chez nous ;
N'as-tu pas sur mon dos exercé ta furie ?
  Ne m'as-tu pas roué de coups ?
 Ah ! tout cela n'est que trop véritable ;
  Et, plût au ciel ; le fût-il moins !
Cesse donc d'insulter au sort d'un misérable :
Et laisse à mon devoir s'acquitter de ses soins.

MERCURE.

Arrête, ou sur ton dos le moindre pas attire
Un assommant éclat de mon juste courroux.
  Tout ce que tu viens de dire
  Est à moi, hormis les coups.

SOSIE.

Ce matin du vaisseau, plein de frayeur en l'ame,
Cette lanterne sait comme je suis parti.
Amphitryon, du camp, vers Alcmène sa femme
M'a-t-il pas envoyé ?

MERCURE.
  Vous en avez menti.
C'est moi qu'Amphitryon députe vers Alcmène,
Et qui du port persique arrive de ce pas ;
Moi, qui viens annoncer la valeur de son bras
Qui nous fait remporter une victoire pleine,
Et de nos ennemis a mis le chef à bas.
C'est moi qui suis Sosie enfin, de certitude,
  Fils de Dave honnête berger,
Frère d'Arpage mort en pays étranger,
  Mari de Cléanthis la prude
  Dont l'humeur me fait enrager ;
Qui dans Thèbe ai reçu mille coups d'étrivière
  Sans en avoir jamais dit rien,
Et jadis en public fut marqué par derrière
  Pour être trop homme de bien.

SOSIE, *bas, à part.*

Il a raison. A moins d'être Sosie,
On ne peut pas savoir tout ce qu'il dit ;
Et, dans l'étonnement dont mon ame est saisie,
Je commence, à mon tour, à le croire un petit.
En effet, maintenant que je le considère,
Je vois qu'il a de moi taille, mine, action.
  Faisons-lui quelque question,
  Afin d'éclaircir ce mystère.
 (*Haut.*)
Parmi tout le butin fait sur nos ennemis,
Qu'est-ce qu'Amphitrion obtint pour son partage ?

MERCURE.

Cinq fort gros diamans en nœud proprement mis
Dont leur chef se parait comme d'un rare ouvrage.

SOSIE.

A qui destine-t-il un si riche présent ?

MERCURE.

A sa femme ; et sur elle il le veut voir paraître.

SOSIE.

Mais où, pour l'apporter, est-il mis à présent ?

MERCURE.

Dans un coffret scellé des armes de mon maître.

SOSIE, *à part.*

Il ne ment pas d'un mot à chaque repartie ;
Et de moi je commence à douter tout de bon.
Près de moi par la force il est déjà Sosie ;
Il pourrait bien encor l'être par la raison.
Pourtant, quand je me tâte, et que je me rappelle,
  Il me semble que je suis moi.
Où puis-je rencontrer quelque clarté fidèle
  Pour démêler ce que je voi.
Ce que j'ai vu tout seul, et que n'a vu personne,
A moins d'être moi-même, on ne le peut savoir.
Par cette question il faut que je l'étonne ;
C'est de quoi le confondre ; et nous allons le voir.

ACTE I, SCÈNE II.

(*haut.*)
Lorsqu'on était aux mains, que fis-tu dans nos tentes,
    Où tu courus seul te fourrer ?

MERCURE.

D'un jambon...

SOSIE, *bas, à part.*
    L'y voilà !

MERCURE.

                    Que j'allai déterrer,
Je coupai bravement deux tranches succulentes,
    Dont je sus fort bien me bourrer.
Et joignant à cela d'un vin que l'on ménage,
Et dont, avant le goût, les yeux se contantaient,
    Je pris un peu de courage
    Pour nos gens qui se battaient.

SOSIE, *bas, à part.*
    Cette preuve sans pareille
    En sa faveur conclut bien ;
    Et l'on n'y peut dire rien,
    S'il n'était dans la bouteille.

(*haut.*)
Je ne saurais nier aux preuves qu'on m'expose,
Que tu ne sois Sosie, et j'y donne ma voix.
Mais si tu l'es, dis-moi qui tu veux que je sois :
Car encor faut-il bien que je sois quelque chose.

MERCURE.
    Quand je ne serai plus Sosie,
    Sois-le, j'en demeure d'accord :
Mais tant que je le suis, je te garantis mort,
    Si tu prends cette fantaisie.

SOSIE.
Tout cet embarras met mon esprit sur les dents,
    Et la raison à ce qu'on voit s'oppose...
Mais il faut terminer enfin par quelque chose :
Et le plus court pour moi, c'est d'entrer là-dedans.

MERCURE.
Ah ! tu prends donc, pendard, goût à la bastonnade ?

SOSIE, *battu par Mercure.*

Ah ! qu'est ceci, grands dieux ! il frappe un ton plus fort,
Et mon dos pour un mois en doit être malade.
Laissons ce diable d'homme, et retournons au port.
O juste ciel, j'ai fait une belle ambassade !

MERCURE *seul.*

Enfin je l'ai vu fuir ; et, sous ce traitement,
De beaucoup d'actions il a reçu la peine.
Mais je vois Jupiter, que fort civilement
  Reconduit l'amoureuse Alcmène.

SCÈNE III.

JUPITER, *sous la figure d'Amphitryon,* ALCMÈNE, CLÉANTHIS, MERCURE.

JUPITER.

Défendez, chère Alcmène, aux flambeaux d'approcher.
Ils m'offrent des plaisirs en m'offrant votre vue ;
Mais ils pourraient ici découvrir ma venue,
  Qu'il est à propos de cacher.
Mon amour, que gênaient tous ces soins éclatans
Où me tenait lié la gloire de nos armes,
Aux devoirs de ma charge a volé les instans
  Qu'il vient de donner à vos charmes.
Ce vol qu'à vos beautés mon cœur a consacré,
Pourrait être blâmé dans la bouche publique,
  Et j'en veux pour témoin unique
  Celle qui peut m'en savoir gré.

ALCMÈNE.

Je prends, Amphitryon, grande part à la gloire
Que répandent sur vous vos illustres exploits ;
  Et l'éclat de votre victoire
Sait toucher de mon cœur les sensibles endroits :
  Mais quand je vois que cet honneur fatal
  Éloigne de moi ce que j'aime,
Je ne puis m'empêcher, dans ma tendresse extrême,
  De lui vouloir un peu de mal,

ACTE I, SCÈNE III.

Et d'opposer mes vœux à cet ordre suprême
    Qui des Thébains vous fait le général.
C'est une douce chose, après une victoire,
Que la gloire où l'on voit ce qu'on aime élevé ;
Mais parmi les périls mêlés à cette gloire,
Un triste coup, hélas ! est bientôt arrivé.
De combien de frayeurs a-t-on l'ame blessée
    Au moindre choc dont on entend parler !
Voit-on, dans les horreurs d'une telle pensée,
    Par où jamais se consoler
    Du coup dont elle est menacée ?
Et de quelque laurier qu'on couronne un vainqueur,
Quelque part que l'on ait à cet honneur suprême,
Vaut-il ce qu'il en coûte aux tendresses d'un cœur
Qui peut, à tout moment, trembler pour ce qu'il aime?

JUPITER.

Je ne vois rien en vous dont mon feu ne s'augmente ;
Tout y marque à mes yeux un cœur bien enflammé ;
Et c'est, je vous l'avoue, une chose charmante
De trouver tant d'amour dans un objet aimé.
Mais, si je l'ose dire, un scrupule me gêne
Aux tendres sentimens que vous me faites voir ;
Et, pour les bien goûter, mon amour, chère Alcmène,
Voudrait n'y voir entrer rien de votre devoir ;
Qu'à votre seule ardeur, qu'à ma seule personne,
Je dusse les faveurs que je reçois de vous ;
Et que la qualité que j'ai de votre époux
    Ne fut point ce qui me les donne.

ALCMÈNE.

C'est de ce nom pourtant que l'ardeur qui me brûle
    Tient le droit de paraître au jour.
Et je ne comprends rien à ce nouveau scrupule
    Dont s'embarrasse votre amour.

JUPITER.

Ah ! ce que j'ai pour vous d'ardeur et de tendresse
    Passe aussi celle d'un époux ;
Et vous ne savez pas, dans des momens si doux,

Quelle en est la délicatesse.
Vous ne concevez point qu'un cœur bien amoureux
Sur cent petits égards s'attache avec étude,
    Et se fait une inquiétude
    De la manière d'être heureux.
    En moi, belle et charmante Alcmène
Vous voyez un mari, vous voyez un amant ;
Mais l'amant seul me touche, à parler franchement,
Et je sens, près de vous, que le mari le gêne.
Cet amant, de vos vœux jaloux au dernier point,
Souhaite qu'à lui seul votre cœur s'abandonne ;
    Et sa passion ne veut point
    De ce que le mari lui donne.
Il veut de pure source obtenir vos ardeurs,
Et ne veut rien tenir des nœuds de l'hyménée,
Rien d'un fâcheux devoir qui fait agir les cœurs,
Et par qui tous les jours des plus chères faveurs
    La douceur est empoisonnée.
Dans le scrupule enfin dont il est combattu,
Il veut, pour satisfaire à sa délicatesse,
Que vous le sépariez d'avec ce qui le blesse,
Que le mari ne soit que pour votre vertu,
Et que de votre cœur de bonté revêtu
L'amant ait tout l'amour et toute la tendresse.

ALCMÈNE.

    Amphitryon, en vérité,
Vous vous moquez de tenir ce langage ;
Et j'aurais peur qu'on ne vous crût pas sage
Si de quelqu'un vous étiez écouté.

JUPITER.

    Ce discours est plus raisonnable,
    Alcmène, que vous ne pensez.
Mais un plus long séjour me rendrait trop coupable,
Et du retour au port les momens sont pressés.
Adieu. De mon devoir l'étrange barbarie
    Pour un temps m'arrache de vous ;
Mais, belle Alcmène, au moins, quand vous verrez l'époux,
    Songez à l'amant, je vous prie.

ALCMÈNE.

Je ne sépare point ce qu'unissent les dieux ;
Et l'époux et l'amant me sont fort précieux.

SCÈNE IV.

CLÉANTHIS, MERCURE.

CLÉANTHIS, *à part.*

O ciel ! que d'aimables caresses
D'un époux ardemment chéri !
Et que mon traître de mari
Est loin de toutes ces tendresses !

MERCURE, *à part.*

La Nuit, qu'il me faut avertir,
N'a plus qu'à plier tous ses voiles ;
Et, pour effacer les étoiles
Le soleil de son lit peut maintenant sortir.

CLÉANTHIS, *arrêtant Mercure.*

Quoi ! c'est ainsi que l'on me quitte !

MERCURE.

Et comment donc ? ne veux-tu pas
Que de mon devoir je m'acquitte,
Et que d'Amphitryon j'aille suivre les pas ?

CLÉANTHIS.

Mais avec cette brusquerie,
Traître, de moi te séparer !

MERCURE.

Le beau sujet de fâcherie !
Nous avons tant de temps ensemble à demeurer !

CLÉANTHIS.

Mais quoi ! partir ainsi d'une façon brutale,
Sans me dire un seul mot de douceur pour régale !

MERCURE.

Diantre ! où veux-tu que mon esprit
T'aille chercher des fariboles ?
Quinze ans de mariage épuisent les paroles ;
Et depuis un long temps nous nous sommes tout dit.

CLÉANTHIS.
Regarde, traître, Amphitryon;
Vois combien pour Alcmène il étale de flamme;
Et rougis, là-dessus, du peu de passion
Que tu témoignes pour ta femme.

MERCURE.
Hé! mon dieu! Cléanthis, ils sont encore amans.
Il est certain air où tout passe;
Et ce qui leur sied bien dans ces commencemens,
En nous, vieux mariés, aurait mauvaise grace.
Il nous ferait beau voir attachés face à face
A pousser les beaux sentimens!

CLÉANTHIS.
Quoi! suis-je hors d'état, perfide, d'espérer
Qu'un cœur auprès de moi soupire?

MERCURE.
Non, je n'ai garde de le dire;
Mais je suis trop barbon pour oser soupirer,
Et je ferais crever de rire.

CLÉANTHIS.
Mérites-tu, pendard, cet insigne bonheur
De te voir pour épouse une femme d'honneur?

MERCURE.
Mon dieu! tu n'es que trop honnête;
Ce grand honneur ne me vaut rien.
Ne sois point si femme de bien,
Et me romps un peu moins la tête.

CLÉANTHIS.
Comment! de trop bien vivre on te voit me blâmer!

MERCURE.
La douceur d'une femme est tout ce qui me charme;
Et ta vertu fait un vacarme
Qui ne cesse de m'assommer.

CLÉANTHIS.
Il te faudrait des cœurs pleins de fausses tendresses,
De ces femmes aux beaux et louables talens,

ACTE I, SCÉNE IV.

Qui savent accabler leurs maris de caresses
Pour leur faire avaler l'usage des galans.

MERCURE.

Ma foi, veux-tu que je te dise ?
Un mal d'opinion ne touche que les sots ;
Et je prendrais pour ma devise :
Moins d'honneur, et plus de repos.

CLÉANTHIS.

Comment ! tu souffrirais, sans nulle répugnance,
Que j'aimasse un galant avec toute licence ?

MERCURE.

Oui, si je n'étais plus de tes cris rebattu,
Et qu'on te vît changer d'humeur et de méthode.
J'aime mieux un vice commode
Qu'une fatigante vertu.
Adieu, Cléanthis, ma chère ame ;
Il me faut suivre Amphitryon.

CLEANTIS, *seule*.

Pourquoi, pour punir cet infâme,
Mon cœur n'a-t-il assez de résolution ?
Ah, que, dans cette occasion,
J'enrage d'être honnête femme !

FIN DU PREMIER ACTE.

ACTE SECOND.

SCÈNE I.
AMPHITRYON, SOSIE.

AMPHITRYON.

Viens çà, bourreau, viens çà. Sais-tu, maître fripon,
Qu'à te faire assommer ton discours peut suffire,
Et que, pour te traiter comme je le désire,
Mon courroux n'attend qu'un bâton.

SOSIE.
Si vous le prenez sur ce ton,
Monsieur, je n'ai plus rien à dire ;
Et vous aurez toujours raison.

AMPHITRYON.
Quoi ! tu veux me donner pour des vérités, traître,
Des contes que je vois d'extravagance outrés ?

SOSIE.
Non : je suis le valet, et vous êtes le maître ;
Il n'en sera, monsieur, que ce que vous voudrez.

AMPHITRYON.
Çà, je veux étouffer le courroux qui m'enflamme,
Et, tout du long, t'ouïr sur ta commission.
Il faut, avant que voir ma femme,
Que je débrouille ici cette confusion.
Rappelle tous tes sens, rentre bien dans ton ame,
Et réponds mot pour mot à chaque question.

SOSIE.
Mais de peur d'incongruité,
Dites-moi, de grace, à l'avance,
De quel air il vous plaît, que ceci soit traité.
Parlerai-je, monsieur, selon ma conscience,
Ou comme auprès des grands on le voit usité ?
Faut-il dire la vérité,
Ou bien user de complaisance ?

AMPHITRYON.
Non ; je ne te veux obliger
Qu'à me rendre de tout un compte fort sincère.

SOSIE.
Bon. C'est assez, laissez-moi faire ;
Vous n'avez qu'à m'interroger.

AMPHITRYON.
Sur l'ordre que tantôt je t'avais su prescrire.

SOSIE.
Je suis parti, les cieux d'un noir crêpe voilés ;
Pestant fort contre vous dans ce fâcheux martyre,
Et maudissant vingt fois l'ordre dont vous parlez.

AMPHITRYON.
Comment, coquin !

SOSIE.
Monsieur, vous n'avez rien qu'à dire ;
Je mentirai, si vous voulez.

AMPHITRYON.
Voilà comme un valet montre pour nous du zèle !
Passons. Sur les chemins que t'est-il arrivé ?

SOSIE.
D'avoir une frayeur mortelle
Au moindre objet que j'ai trouvé.

AMPHITRYON.
Poltron !

SOSIE.
En nous formant nature a ses caprices ;
Divers penchans en nous elle fait observer :
Les uns à s'exposer trouvent mille délices ;
Moi, j'en trouve à me conserver.

AMPHITRYON.
Arrivant au logis...?

SOSIE.
J'ai, devant notre porte,
En moi-même voulu répéter un petit

AMPHITRYON.

Sur quel ton et de quelle sorte
Je ferais du combat le glorieux récit.

AMPHITRYON.

Ensuite ?

SOSIE.

On m'est venu troubler et mettre en peine.

AMPHITRYON.

Et qui ?

SOSIE.

Sosie ; un moi, de vos ordres jaloux,
Que vous avez du port envoyé vers Alcmène,
Et qui de nos secrets a connaissance pleine,
Comme le moi qui parle à vous.

AMPHITRYON.

Quels contes !

SOSIE.

Non, monsieur, c'est la vérité pure :
Ce moi plus tôt que moi s'est au logis trouvé ;
Et j'étais venu, je vous jure,
Avant que je fusse arrivé.

AMPHITRYON.

D'où peut procéder, je te prie,
Ce galimatias maudit ?
Est-ce songe ? est-ce ivrognerie,
Aliénation d'esprit,
Ou méchante plaisanterie ?

SOSIE.

Non, c'est la chose comme elle est,
Et point du tout conte frivole.
Je suis homme d'honneur, j'en donne ma parole ;
Et vous me croirez, s'il vous plaît.
Je vous dis que, croyant n'être qu'un seul Sosie,
Je me suis trouvé deux chez nous ;
Et que, de ces deux moi piqués de jalousie,
L'un est à la maison, et l'autre est avec vous ;
Que le moi que voici, chargé de lassitude,

A trouvé l'autre moi frais, gaillard et dispos,
  Et n'ayant d'autre inquiétude
  Que de battre et casser des os.

AMPHITRYON.

  Il faut être, je le confesse,
D'un esprit bien posé, bien tranquille, bien doux,
Pour souffrir qu'un valet de chansons me repaisse !

SOSIE.

  Si vous vous mettez en courroux,
  Plus de conférence entre nous ;
  Vous savez que d'abord tout cesse.

AMPHITRYON.

Non, sans emportement je te veux écouter,
Je l'ai promis. Mais dis ; en bonne conscience,
Au mystère nouveau que tu me viens conter
  Est-il quelque ombre d'apparence ?

SOSIE.

Non ; vous avez raison, et la chose à chacun
  Hors de créance doit paraître.
  C'est un fait à n'y rien connaître,
Un conte extravagant, ridicule, importun ;
  Cela choque le sens commun ;
  Mais cela ne laisse pas d'être.

AMPHITRYON.

Le moyen d'en rien croire, à moins qu'être insensé !

SOSIE.

Je ne l'ai pas cru, moi, sans une peine extrême.
Je me suis d'être deux senti l'esprit blessé,
Et long-temps d'imposteur j'ai traité ce moi-même :
Mais à me reconnaître enfin il m'a forcé ;
J'ai vu que c'était moi sans aucun stratagème ;
Des pieds jusqu'à la tête il est comme moi fait,
Beau, l'air noble, bien pris, les manières charmantes ;
  Enfin deux gouttes de lait
  Ne sont pas plus ressemblantes ;
Et, n'était que ses mains sont un peu trop pesantes,
  J'en serais fort satisfait.

AMPHITRYON.
A quelle patience il faut que je m'exhorte !
Mais enfin n'es-tu pas entré dans la maison ?
SOSIE.
Bon, entré ! Hé ! de quelle sorte ?
Ai-je voulu jamais entendre de raison ?
Et ne me suis-je pas interdit notre porte ?
AMPHITRYON.
Comment donc?
SOSIE.
Avec un bâton,
Dont mon dos sent encore une douleur très-forte.
AMPHITRYON.
On t'a battu ?
SOSIE.
Vraiment.
AMPHITRYON.
Et qui?
SOSIE.
Moi.
AMPHITRYON.
Toi, te battre ?
SOSIE.
Oui, moi ; non pas le moi d'ici,
Mais le moi du logis, qui frappe comme quatre.
AMPHITRYON.
Te confonde le ciel de me parler ainsi !
SOSIE.
Ce ne sont point des badinages.
Le moi que j'ai trouvé tantôt
Sur le moi qui vous parle a de grands avantages ;
Il a le bras fort, le cœur haut :
J'en ai reçu des témoignages ;
Et ce diable de moi m'a rossé comme il faut ;
C'est un drôle qui fait des rages.

ACTE II, SCÈNE I.

AMPHITRYON.

Achevons. As-tu vu ma femme ?

SOSIE.

Non.

AMPHITRYON.

Pourquoi ?

SOSIE.

Par une raison assez forte.

AMPHITRYON.

Qu'y t'a fait y manquer, maraud ? Explique-toi.

SOSIE.

Faut-il le répéter vingt fois de même sorte ?
Moi, vous dis-je ; ce moi plus robuste que moi ;
Ce moi qui s'est de force emparé de la porte ;
Ce moi qui m'a fait filer doux ;
Ce moi qui le seul moi veut être ;
Ce moi de moi-même jaloux ;
Ce moi vaillant dont le courroux
Au moi poltron s'est fait connaître ;
Enfin ce moi qui suis chez nous ;
Ce moi qui s'est montré mon maître,
Ce moi qui m'a roué de coups.

AMPHITRYON.

Il faut que ce matin, à force de trop boire,
Il se soit troublé le cerveau.

SOSIE.

Je veux être pendu si j'ai bu que de l'eau !
A mon serment on m'en peut croire.

AMPHITRYON.

Il faut donc qu'au sommeil tes sens se soient portés,
Et qu'un songe fâcheux, dans ces confus mystères,
T'ait fait voir toutes les chimères
Dont tu me fais des vérités.

SOSIE.

Tout aussi peu. Je n'ai point sommeillé,
Et n'en ai même aucune envie.
Je vous parle bien éveillé :

J'étais bien éveillé ce matin, sur ma vie ;
Et bien éveillé même était l'autre Sosie
  Quand il m'a si bien étrillé.

 AMPHITRYON.

  Suis-moi, je t'impose silence.
  C'est trop me fatiguer l'esprit ;
Et je suis un vrai fou d'avoir la patience
D'écouter d'un valet les sottises qu'il dit.

SOSIE, *à part.*

  Tous les discours sont des sottises,
    Partant d'un homme sans éclat :
    Ce serait paroles exquises
    Si c'était un grand qui parlât.

AMPHITRYON.

Entrons sans davantage attendre.
Mais Alcmène paraît avec tous ses appas ;
En ce moment, sans doute, elle ne m'attend pas,
  Et mon abord la va surprendre.

SCÈNE II.

ALCMÈNE, AMPHITRYON, CLÉANTHIS, SOSIE.

ALCMÈNE, *sans voir Amphitryon.*

Allons pour mon époux, Cléanthis, vers les dieux
    Nous acquitter de nos hommages,
Et le remercier des succès glorieux
Dont Thèbes par son bras goûte les avantages.
  (*apercevant Amphitryon.*)
O dieux !

AMPHITRYON.

  Fasse le ciel qu'Amphitryon vainqueur
    Avec plaisir soit revu de sa femme ;
    Et que ce jour, favorable à ma flamme,
Vous redonne à mes yeux avec le même cœur.
    Que j'y retrouve autant d'ardeur
    Que vous en rapporte mon ame !

ACTE II, SCÈNE II.

ALCMÈNE.

Quoi ! de retour sitôt !

AMPHITRYON.

Certes, c'est en ce jour
Me donner de vos feux un mauvais témoignage ;
Et ce *Quoi ! sitôt de retour !*
En ces occasions n'est guère le langage
D'un cœur bien enflammé d'amour.
J'osais me flatter en moi-même
Que loin de vous j'aurais trop demeuré.
L'attente d'un retour ardemment désiré
Donne à tous les instans une longueur extrême ;
Et l'absence de ce qu'on aime,
Quelque peu qu'elle dure, a toujours trop duré.

ALCMÈNE.

Je ne vois....

AMPHITRYON.

Non, Alcmène, à son impatience
On mesure le temps en de pareils états ;
Et vous comptez les momens de l'absence
En personne qui n'aime pas.
Lorsque l'on aime comme il faut,
Le moindre éloignement nous tue ;
Et ce dont on chérit la vue
Ne revient jamais assez tôt.
De votre accueil, je le confesse,
Se plaint ici mon amoureuse ardeur ;
Et j'attendais de votre cœur
D'autres transports de joie et de tendresse.

ALCMÈNE.

J'ai peine à comprendre sur quoi
Vous fondez des discours que je vous entends faire ;
Et, si vous vous plaignez de moi,
Je ne sais pas, de bonne foi,
Ce qu'il faut pour vous satisfaire.
Hier au soir, ce me semble, à votre heureux retour,
On me vit témoigner une joie assez tendre,

AMPHITRYON.
Et rendre aux soins de votre amour
Tout ce que de mon cœur vous aviez lieu d'attendre.
AMPHITRYON.
Comment ?
ALCMÈNE.
Ne fis-je pas éclater à vos yeux
Les soudains mouvemens d'une entière allégresse ?
Et le transport d'un cœur peut-il s'expliquer mieux
Au retour d'un époux qu'on aime avec tendresse ?
AMPHITRYON.
Que me dites-vous-là ?
ALCMÈNE.
Que même votre amour
Montra de mon accueil une joie incroyable ;
Et que, m'ayant quittée à la pointe du jour,
Je ne vois pas qu'à ce soudain retour
Ma surprise soit si coupable.
AMPHITRYON.
Est-ce que du retour que j'ai précipité
Un songe, cette nuit, Alcmène, dans votre ame
A prévenu la vérité ;
Et que, m'ayant peut-être en dormant bien traité,
Votre cœur se croit vers ma flamme
Assez amplement acquitté ?
ALCMÈNE.
Est-ce qu'une vapeur par sa malignité,
Amphitryon, a dans votre ame
Du retour d'hier au soir brouillé la vérité ;
Et que du doux accueil duquel je m'acquittai
Votre cœur prétend à ma flamme
Ravir toute l'honnêteté ?
AMPHITRYON.
Cette vapeur dont vous me régalez,
Est un peu, ce me semble, étrange.
ALCMÈNE.
C'est ce qu'on peut donner pour change
Au songe dont vous me parlez.

ACTE II, SCÈNE II.

AMPHITRYON.

A moins d'un songe, on ne peut pas, sans doute,
Excuser ce qu'ici votre bouche me dit.

ALCMÈNE.

A moins d'une vapeur qui vous trouble l'esprit,
On ne peut pas sauver ce que de vous j'écoute.

AMPHITRYON.

Laissons un peu cette vapeur, Alcmène.

ALCMÈNE.

Laissons un peu ce songe, Amphitryon.

AMPHITRYON.

Sur le sujet dont il est question,
Il n'est guère de jeu que trop loin on ne mène.

ALCMÈNE.

Sans doute ; et, pour marque certaine,
Je commence à sentir un peu d'émotion.

AMPHITRYON.

Est-ce donc que par-là vous voulez essayer
A réparer l'accueil dont je vous ai fait plainte ?

ALCMÈNE.

Est-ce donc que par cette feinte
Vous désirez vous égayer ?

AMPHITRYON.

Ah ! de grace, cessons, Alcmène, je vous prie,
Et parlons sérieusement.

ALCMÈNE.

Amphitryon, c'est trop pousser l'amusement ;
Finissons cette raillerie.

AMPHITRYON.

Quoi ! vous osez me soutenir en face
Que plus tôt qu'à cette heure on m'ait ici pu voir ?

ALCMÈNE.

Quoi ! vous voulez nier avec audace
Que dès hier en ces lieux vous vîntes sur le soir ?

AMPHITRYON.

Moi, je vins hier ?

ALCMÈNE.

Sans doute; et, dès devant l'aurore,
Vous vous en êtes retourné.

AMPHITRYON, *à part.*

Ciel! un pareil débat s'est-il pu voir encore?
Et qui de tout ceci ne serait étonné?
Sosie.

SOSIE.

Elle a besoin de six grains d'ellébore,
Monsieur; son esprit est tourné.

AMPHITRYON.

Alcmène, au nom de tous les dieux,
Ce discours a d'étranges suites!
Reprenez vos sens un peu mieux,
Et pensez à ce que vous dites.

ALCMÈNE.

J'y pense mûrement aussi;
Et tous ceux du logis ont vu votre arrivée.
J'ignore quel motif vous fait agir ainsi;
Mais si la chose avait besoin d'être prouvée,
S'il était vrai qu'on pût ne s'en souvenir pas,
De qui puis-je tenir, que de vous, la nouvelle
Du dernier de tous vos combats,
Et les cinq diamans que portait Ptérélas
Qu'a fait dans la nuit éternelle
Tomber l'effort de votre bras?
En pourrait-on vouloir un plus sûr témoignage?

AMPHITRYON.

Quoi! je vous ai déjà donné
Le nœud de diamans que j'eus pour mon partage,
Et que je vous ai destiné?

ALCMÈNE.

Assurément, il n'est pas difficile
De vous en bien convaincre.

AMPHITRYON.

Et comment?

ACTE II SCÈNE II.

ALCMÈNE, *montrant le nœud de diamans à sa ceinture.*

Le voci.

AMPHITRYON.

Sosie.

SOSIE, *tirant de sa poche un coffret.*
Elle se moque, et je le tiens ici ;
Monsieur, la feinte est inutile.

AMPHITRYON, *regardant le coffret.*
Le cachet est entier.

ALCMÈNE, *présentant à Amphitryon le nœud de diamans.*

Est-ce une vision ?
Tenez. Trouverez-vous cette preuve assez forte ?

AMPHITRYON.

Ah ciel ! ô juste ciel !

ALCMÈNE.

Allez, Amphyitryon,
Vous vous moquez d'en user de la sorte,
Et vous en devriez avoir confusion.

AMPHITRYON.

Romps vite ce cachet.

SOSIE, *ayant ouvert le coffret.*

Ma foi, la place est vide.
Il faut que, par magie, ont ait su le tirer,
Ou bien que de lui-même il soit venu sans guide
Vers celle qu'il a su qu'on en voulait parer.

AMPHITRYON, *à part.*

O dieux ! dont le pouvoir sur les choses préside,
Quelle est cette aventure, et qu'en puis-je augurer
Dont mon amour ne s'intimide ?

SOSIE, *à Amphitryon.*

Si sa bouche dit vrai, nous avons même sort,
Et de même que moi, monsieur, vous êtes doub

AMPHITRYON.
Tais-toi.
ALCMÈNE.
Sur quoi vous étonner si fort ?
Et d'où peut naître ce grand trouble ?
AMPHITRYON.
O ciel ! quel étrange embarras !
Je vois des incidens qui passent la nature ;
Et mon honneur redoute une aventure
Que mon esprit ne comprend pas.
ALCMÈNE.
Songez-vous, en tenant cette preuve sensible,
A me nier encor votre retour pressé ?
AMPHITRYON.
Non : mais, à ce retour, daignez, s'il est possible,
Me conter ce qui s'est passé.
ALCMÈNE.
Puisque vous demandez un récit de la chose,
Vous voulez dire donc que ce n'était pas vous ?
AMPHITRYON.
Pardonnez-moi ; mais j'ai certaine cause
Qui me fait demander ce récit entre nous.
ALCMÈNE.
Les soucis importans qui vous peuvent saisir
Vous ont-ils fait si vite en perdre la mémoire ?
AMPHITRYON.
Peut-être : mais enfin vous me ferez plaisir
De m'en dire toute l'histoire.
ALCMÈNE.
L'histoire n'est pas longue. A vous je m'avançai
Pleine d'une aimable surprise ;
Tendrement je vous embrassai,
Et témoignai ma joie à plus d'une reprise.
AMPHITRYON, *à part.*
Ah ! d'un si doux accueil je me serais passé.
ALCMÈNE.
Vous me fîtes d'abord ce présent d'importance :

Que du butin conquis vous m'aviez destiné.
      Votre cœur avec véhémence
M'étala de ses feux toute la violence,
Et les soins importuns qui l'avaient enchaîné,
L'aise de me revoir, les tourmens de l'absence,
    Tout le souci que son impatience
        Pour le retour s'était donné ;
Et jamais votre amour, en pareille occurrence,
Ne me parut si tendre et si passionné.

        AMPHITRYON, *à part*.

Peut-on plus vivement se voir assassiné !

        ALCMÈNE.

Tous ces transports, toute cette tendresse,
Comme vous croyez bien, ne me déplaisaient pas :
    Et, s'il faut que je le confesse,
Mon cœur, Amphitryon, y trouvait mille appas.

        AMPHITRYON.

Ensuite, s'il vous plaît ?

        ALCMÈNE.

          Nous nous entrecoupâmes
De mille questions qui pouvaient nous toucher.
On servit. Tête à tête, ensemble nous soupâmes ;
Et, le souper fini, nous nous fûmes coucher.

        AMPHITRYON.

Ensemble ?

        ALCMÈNE

    Assurément. Quelle est cette demande ?

        AMPHITRYON, *à part*.

Ah ! c'est ici le coup le plus cruel de tous,
Et dont à s'assurer tremblait mon feu jaloux.

        ALCMÈNE.

D'où vous vient, à ce mot, une rougeur si grande ?
Ai-je fait quelque mal de coucher avec vous ?

        AMPHITRYON.

Non, ce n'était pas moi, pour ma douleur sensible ;
Et qui dit qu'hier ici mes pas se sont portés

Dit de toutes les faussetés
La fausseté la plus horrible.
ALCMÈNE.
Amphitryon !
AMPHITRYON.
Perfide !
ALCMÈNE.
Ah ! quel emportement !
AMPHITRYON.
Non, non, plus de douceur et plus de déférence.
Ce revers vient à bout de toute ma constance ;
Et mon cœur ne respire, en ce fatal moment,
Et que fureur et que vengeance.
ALCMÈNE.
De qui donc vous venger ? et quel manque de foi
Vous fait ici me traiter de coupable ?
AMPHITRYON.
Je ne sais pas, mais ce n'était pas moi :
Et c'est un désespoir qui de tout rend capable.
ALCMÈNE.
Allez, indigne époux, le fait parle de soi,
Et l'imposture est effroyable.
C'est trop me pousser là-dessus,
Et d'infidélité me voir trop condamnée.
Si vous cherchez, dans ces transports confus,
Un prétexte à briser les nœuds d'un hyménée
Qui me tient à vous enchaînée,
Tous ces détours sont superflus,
Et me voilà déterminée
A souffrir qu'en ce jour nos liens soient rompus.
AMPHITRYON.
Après l'indigne affront que l'on me fait connaître,
C'est bien à quoi, sans doute, il faut vous préparer :
C'est le moins qu'on doit voir ; et les choses peut-être
Pourront n'en pas là demeurer.
Le déshonneur est sûr, mon malheur m'est visible,

Et mon amour en vain voudrait me l'obscurcir ;
Mais le détail encor ne m'en est pas sensible,
Et mon juste courroux prétend s'en éclaircir.
Votre frère déjà peut hautement répondre.
Que, jusqu'à ce matin, je ne l'ai point quitté ;
Je m'en vais le chercher, afin de vous confondre
Sur ce retour qui m'est faussement imputé.
Après, nous percerons jusqu'au fond d'un mystère
  Jusques à présent inoui :
Et, dans les mouvemens d'une juste colère,
  Malheur à qui m'aura trahi !

SOSIE.

Monsieur...

AMPHITRYON.

   Ne m'accompagne pas,
Et demeure ici pour m'attendre.

CLÉANTHIS, *à Alcmène*.

Faut-il...?

ALCMÈNE.

   Je ne puis rien entendre :
Laisse-moi seule, et ne suis point mes pas.

SCÈNE III.

CLÉANTHIS, SOSIE.

CLÉANTHIS, *à part*.

Il faut que quelque chose ait brouillé sa cervelle.
  Mais le frère, sur-le-champ,
  Finira cette querelle.

SOSIE, *à part*.

C'est ici pour mon maître un coup assez touchant ;
  Et son aventure est cruelle.
Je crains fort pour mon fait quelque chose approchant ;
Et je m'en veux, tous doux, éclaircir avec elle.

CLÉANTHIS, *à part*.

Voyez s'il me viendra seulement aborder !
Mais je veux m'empêcher de rien faire paraître.

SOSIE, *à part.*

La chose quelquefois est fâcheuse à connaître,
 Et je tremble à la demander.
Ne vaudrait-il pas mieux, pour ne rien hasarder,
 Ignorer ce qu'il en peut-être ?
 Allons, tout coup vaille, il faut voir,
 Et je ne m'en saurais défendre.
 La faiblesse humaine est d'avoir
 Des curiosités d'apprendre
 Ce qu'on ne voudrait pas savoir.
Dieu te gard', Cléanthis !

CLÉANTHIS.

Ah ! ah ! tu t'en avises,
 Traître, de t'approcher de nous !

SOSIE.

Mon dieu ! qu'as-tu ? Toujours on te voit en courroux,
 Et sur rien tu te formalises !

CLÉANTHIS.

Qu'appelles-tu sur rien ? dis.

SOSIE.

J'appelle sur rien
Ce qui sur rien s'appelle en vers ainsi qu'en prose ;
 Et rien, comme tu le sais bien,
 Veut dire rien, ou peu de chose.

CLÉANTHIS.

Je ne sais qui me tient, infâme,
 Que je ne t'arrache les yeux,
Et ne t'apprenne où va le courroux d'une femme.

SOSIE.

Holà ! D'où te vient donc ce transport furieux !

CLÉANTHIS.

Tu n'appelles donc rien le procédé peut-être
 Qu'avec moi ton cœur a tenu ?

SOSIE.

Et quel ?

CLÉANTHIS.

Quoi ! tu fais l'ingénu !

ACTE II, SCÈNE III.

Est-ce qu'à l'exemple du maître
Tu veux dire qu'ici tu n'es pas revenu ?

SOSIE.

Non, je sais fort bien le contraire ;
Mais, je ne t'en fais pas le fin,
Nous avions bu de je ne sais quel vin,
Qui m'a fait oublier tout ce que j'ai pu faire.

CLÉANTHIS.

Tu crois peut-être excuser par ce trait...

SOSIE.

Non, tout de bon, tu m'en peux croire.
J'étais dans un état où je puis avoir fait
Des choses dont j'aurais regret,
Et dont je n'ai nulle mémoire.

CLÉANTHIS.

Tu ne te souviens point du tout de la manière
Dont tu m'as su traiter étant venu du port ?

SOSIE.

Non plus que rien : tu peux m'en faire le rapport ;
Je suis équitable et sincère,
Et me condamnerai moi-même si j'ai tort !

CLÉANTHIS.

Comment ! Amphitryon m'ayant su disposer,
Jusqu'à ce que tu vins j'avais poussé ma veille ;
Mais je ne vis jamais une froideur pareille,
De ta femme il fallut moi-même t'aviser ;
Et, lorsque je fus te baiser,
Tu détournas le nez, et me donnas l'oreille.

SOSIE.

Bon !

CLÉANTHIS.

Comment, bon ?

SOSIE.

Mon dieu ! tu ne sais pas pourquoi,
Cléanthis, je tiens ce langage :
J'avais mangé de l'ail, et fis en homme sage
De détourner un peu mon haleine de toi.

CLÉANTHIS.
Je te sus exprimer des tendresses de cœur :
Mais à tous mes discours tu fus comme une souche ;
  Et jamais un mot de douceur
  Ne te put sortir de la bouche.

SOSIE, *à part.*
Courage !

CLÉANTHIS.
  Enfin, ma flamme eut beau s'émanciper,
Sa chaste ardeur en toi ne trouva rien que glace ;
Et, dans un tel retour, je te vis la tromper
Jusqu'à faire refus de prendre au lit la place
Que les lois de l'hymen t'obligent d'occuper.

SOSIE.
Quoi ! je ne couchai point ?

CLÉANTHIS.
    Non, lâche.

SOSIE.
      Est-il possible ?

CLÉANTHIS.
Traître ! il n'est que trop assuré.
C'est de tous les affronts l'affront le plus sensible,
Et, loin que ce matin ton cœur l'ait réparé,
  Tu t'es d'avec moi séparé
Par des discours chargés d'un mépris tout visible.

SOSIE, *à part.*
Vivat Sosie !

CLÉANTHIS.
  Hé quoi ! ma plainte a cet effet !
  Tu ris après ce bel ouvrage !

SOSIE.
Que je suis de moi satisfait !

CLÉANTHIS.
Exprime-t-on ainsi le regret d'un outrage ?

ACTE II, SCÈNE III.

SOSIE.
Je n'aurais jamais cru que j'eusse été si sage.
CLÉANTHIS.
Loin de te condamner d'un si perfide trait,
Tu m'en fais éclater la joie en ton visage !
SOSIE.
Mon dieu ! tout doucement ! Si je parais joyeux,
Crois que j'en ai dans l'ame une raison très-forte,
Et que, sans y penser, je ne fis jamais mieux
Que d'en user tantôt avec toi de la sorte.
CLÉANTHIS.
Traître, te moques-tu de moi ?
SOSIE.
Non, je te parle avec franchise.
En l'état où j'étais, j'avais certain effroi
Dont, avec ton discours, mon ame s'est remise.
Je m'appréhendais fort et craignais qu'avec toi
  Je n'eusse fait quelque sottise.
CLÉANTHIS.
Quelle est cette frayeur ? et sachons donc pourquoi.
SOSIE.
 Les médecins disent, quand on est ivre,
  Que de sa femme on se doit abstenir ;
Et que, dans cet état, il ne peut provenir
Que des enfans pesans et qui ne sauraient vivre.
Vois, si mon cœur n'eût su de froideur se munir,
Quels inconvéniens auraient pu s'en ensuivre !
CLÉANTHIS.
  Je me moque des médecins
  Avec leurs raisonnemens fades :
  Qu'ils règlent ceux qui sont malades,
Sans vouloir gouverner les gens qui sont bien sains.
  Ils se mêlent de trop d'affaires,
De prétendre tenir nos chastes feux gênés ;
  Et sur les jours caniculaires

T. IV.   14

Ils nous donnent encore, avec leurs lois sévères,
    De cent sots contes par le nez.

SOSIE.

Tout doux.

CLÉANTHIS.

        Non, je soutiens que cela conclut mal ;
Ces raisons sont raisons d'extravagantes têtes.
Il n'est ni vin, ni temps, qui puisse être fatal
A remplir le devoir de l'amour conjugal ;
    Et les médecins sont des bêtes.

SOSIE.

Contre eux, je t'en supplie, apaise ton courroux ;
Ce sont d'honnêtes gens, quoique le monde en dise.

CLÉANTHIS.

Tu n'es pas où tu crois ; en vain tu files doux :
Ton excuse n'est point une excuse de mise ;
Et je me veux venger tôt ou tard, entre nous,
De l'air dont chaque jour je vois qu'on me méprise.
Des discours de tantôt je garde tout les coups,
Et tâcherai d'user, lâche et perfide époux,
De cette liberté que ton cœur m'a permise.

SOSIE.

Quoi ?

CLÉANTHIS.

  Tu m'as dit tantôt que tu consentais fort,
    Lâche, que j'en aimasse un autre.

SOSIE.

    Ah ! pour cet article j'ai tort.
Je m'en dédis, il y va trop du nôtre.
Garde-toi bien de suivre ce transport.

CLÉANTHIS.

    Si je puis une fois pourtant
    Sur mon esprit gagner la chose...

SOSIE.

    Fais à ce discours quelque pause
Amphitryon revient, qui me paraît content.

SCÈNE IV.

JUPITER, CLÉANTHIS, SOSIE.

JUPITER, *à part.*

Je viens prendre le temps de rapaiser Alcmène,
De bannir les chagrins que son cœur veut garder,
Et donner à mes feux, dans ce soin qui m'amène,
  Le doux plaisir de se raccommoder.
  (*à Cléanthis.*)
  Alcmène est là-haut, n'est-ce pas ?

CLÉANTHIS.

  Oui, pleine d'une inquiétude
  Qui cherche de la solitude,
Et qui m'a défendu d'accompagner ses pas.

JUPITER.

Quelque défense qu'elle ait faite,
Elle ne sera pas pour moi.

SCÈNE V.

CLÉANTHIS, SOSIE.

CLÉANTHIS.

Son chagrin, à ce que je voi',
A fait une prompte retraite.

SOSIE.

Que dis-tu, Cléanthis, de ce joyeux maintien,
  Après son fracas effroyable ?

CLÉANTHIS.

  Que si toutes nous faisions bien,
Nous donnerions tous les hommes au diable,
  Et que le meilleur n'en vaut rien.

SOSIE.

Cela se dit dans le courroux :
Mais aux hommes par trop vous êtes accrochées;
Et vous seriez, ma foi, toutes bien empêchées,
  Si le diable les prenait tous.

CLÉANTHIS.

Vraiment...

SOSIE.

Les voici. Taisons-nous.

SCÈNE VI.
JUPITER, ALCMÈNE, CLÉANTHIS, SOSIE.

JUPITER.

Voulez-vous me désespérer ?
Hélas ! arrêtez, belle Alcmène.

ALCMÈNE.

Non, avec l'auteur de ma peine
Je ne puis du tout demeurer.

JUPITER.

De grace !...

ALCMÈNE.

Laissez-moi.

JUPITER.

Quoi !...

ALCMÈNE.

Laissez-moi, vous dis-je.

JUPITER, *bas, à part.*

Ses pleurs touchent mon ame, et sa douleur m'afflige.
(*haut.*)
Souffrez que mon cœur...

ALCMÈNE.

Non, ne suivez point mes pas.

JUPITER.

Où voulez-vous aller ?

ALCMÈNE.

Où vous ne serez pas.

JUPITER.

Ce vous est une attente vaine.
Je tiens à vos beautés par un nœud trop serré
Pour pouvoir un moment en être séparé.
Je vous suivrai partout, Alcmène.

ALCMÈNE.

Et moi, partout je vous fuirai.

JUPITER.
Je suis donc bien épouvantable !
ALCMÈNE.
Plus qu'on ne peut dire, à mes yeux.
Oui, je vous vois comme un monstre effroyable,
Un monstre cruel, furieux,
Et dont l'approche est redoutable ;
Comme un monstre à fuir en tous lieux.
Mon cœur souffre, à vous voir, une peine incroyable :
C'est un supplice qui m'accable,
Et je ne vois rien sous les cieux
D'affreux, d'horrible, d'odieux,
Qui ne me fût plus que vous supportable.
JUPITER.
En voilà bien, hélas ! que votre bouche dit.
ALCMÈNE.
J'en ai dans le cœur davantage ;
Et, pour l'exprimer tout, mon cœur a du dépit
De ne point trouver de langage.
JUPITER.
Hé ! que vous a donc fait ma flamme,
Pour me pouvoir, Alcmène, en monstre regarder ?
ALCMÈNE.
Ah ! juste ciel ! cela se peut-il demander ?
Et n'est-ce pas pour mettre à bout une ame ?
JUPITER.
Ah ! d'un esprit plus adouci...
ALCMÈNE.
Non, je ne veux du tout vous voir ni vous entendre.
JUPITER.
Avez-vous bien le cœur de me traiter ainsi ?
Est-ce là cet amour si tendre
Qui devait tant durer quand je vins hier ici ?
ALCMÈNE.
Non, non, ce ne l'est pas, et vos lâches injures
En ont autrement ordonné.

Il n'est plus, cet amour tendre et passionné,
Vous l'avez dans mon cœur par cent vives blessures
   Cruellement assassiné :
 C'est en sa place un courroux inflexible,
Un vif ressentiment, un dépit invincible,
Un désespoir d'un cœur justement animé,
Qui prétend vous haïr, pour cet affront sensible,
Autant qu'il est d'accord de vous avoir aimé :
  Et c'est haïr autant qu'il est possible.

JUPITER.

Hélas ! que votre amour n'avoit guère de force,
Si de si peu de chose on le peut voir mourir !
Ce qui n'était que jeu doit-il faire un divorce ?
Et d'une raillerie a-t-on lieu de s'aigrir ?

ALCMÈNE.

 Ah ! c'est cela dont je suis offensée,
 Et que ne peut pardonner mon courroux :
Des véritables traits d'un mouvement jaloux
  Je me trouverais moins blessée.
  La jalousie a des impressions
 Dont bien souvent la force nous entraîne,
 E l'ame la plus sage, en ces occasions,
  Sans doute avec assez de peine
  Répond de ses émotions.
L'emportement d'un cœur qui peut s'être abusé
A de quoi ramener une ame qui l'offense ;
 Et, dans l'amour qui lui donne naissance,
Il trouve au moins, malgré toute sa violence,
  Des raisons pour être excusé.
De semblables transports contre un ressentiment
Pour défense toujours ont ce qui les fait naître ;
  Et l'on donne grace aisément
  A ce dont on n'est pas le maître.
  Mais que, de gaité de cœur,
On passe aux mouvemens d'une fureur extrême ;
Que, sans cause, l'on vienne, avec tant de rigueur,
  Blesser la tendresse et l'honneur

ACTE II, SCÈNE VI.

D'un cœur qui chèrement nous aime ;
Ah ! c'est un coup trop cruel en lui-même,
Et que jamais n'oubliera ma douleur.

JUPITER.

Oui, vous avez raison, Alcmène ; il se faut rendre.
Cette action, sans doute, est un crime odieux ;
Je ne prétends plus la défendre :
Mais souffrez que mon cœur s'en défende à vos yeux,
Et donne au vôtre à qui se prendre
De ce transport injurieux.
A vous en faire un aveu véritable,
L'époux, Alcmène, a commis tout le mal ;
C'est l'époux qu'il vous faut regarder en coupable :
L'amant n'a point de part à ce transport brutal,
Et de vous offenser son cœur n'est point capable.
Il a pour vous, ce cœur, pour jamais y penser,
Trop de respect et de tendresse ;
Et, si de faire rien à vous pouvoir blesser
Il avait eu la coupable faiblesse,
De cent coups à vos yeux il voudrait le percer.
Mais l'époux est sorti de ce respect soumis
Où pour vous l'on doit toujours être ;
A son dur procédé l'époux s'est fait connaître,
Et par le droit d'hymen il s'est cru tout permis.
Oui, c'est lui qui, sans doute, est criminel vers vous,
Lui seul a maltraité votre aimable personne ;
Haïssez, détestez l'époux,
J'y consens, et vous l'abandonne :
Mais, Alcmène, sauvez l'amant de ce courroux
Qu'une telle offense vous donne ;
N'en jetez pas sur lui l'effet,
Démêlez-le un peu du coupable ;
Et, pour être enfin équitable,
Ne le punissez point de ce qu'il n'a pas fait.

ALCMÈNE.

Ah ! toutes ces subtilités
N'ont que des excuses frivoles ;

Et, pour les esprits irrités,
Ce sont des contre-temps que telles paroles.
Ce détour ridicule est en vain pris par vous.
Je ne distingue rien en celui qui m'offense ;
　　Tout y devient l'objet de mon courroux ;
　　　Et, dans sa juste violence,
　　Sont confondus et l'amant et l'époux.
Tous deux de même sorte occupent ma pensée ;
Et des mêmes couleurs par mon ame blessée
　　Tous deux ils sont peints à mes yeux :
Tous deux sont criminels, tous deux m'ont offensée,
　　Et tous deux me sont odieux.

JUPITER.

　　Hé bien ! puisque vous le voulez,
　　　Il faut donc me charger du crime.
Oui, vous avez raison lorsque vous m'immolez
A vos ressentimens en coupable victime ;
Un trop juste dépit contre moi vous anime ;
Et tout ce grand courroux qu'ici vous étalez
Ne me fait endurer qu'un tourment légitime.
　　C'est avec droit que mon abord vous chasse,
　　　Et que de me fuir en tous lieux
　　　Votre colère me menace.
　　Je dois vous être un objet odieux ;
Vous devez me vouloir un mal prodigieux.
Il n'est aucune horreur que mon forfait ne passe,
　　　D'avoir offensé vos beaux yeux ;
C'est un crime à blesser les hommes et les dieux ;
Et je mérite enfin, pour punir cette audace,
　　Que contre moi votre haine ramasse
　　　Tous ses traits les plus furieux.
　　　Mais mon cœur vous demande grace :
Pour vous la demander je me jette à genoux,
Et la demande au nom de la plus vive flamme,
　　　Du plus tendre amour dont une ame
　　　Puisse jamais brûler pour vous.
　　　Si votre cœur, charmante Alcmène,
Me refuse la grace où j'ose recourir,

ACTE II, SCÈNE VI.

Il faut qu'une atteinte soudaine
M'arrache, en me faisant mourir,
Aux dures rigueurs d'une peine
Que je ne saurais plus souffrir.
Oui, cet état me désespère.
Alcmène, ne présumez pas
Qu'aimant, comme je fais, vos célestes appas,
Je puisse vivre un jour avec votre colère.
Déjà de ces momens la barbare longueur
Fait sous des atteintes mortelles
Succomber tout mon triste cœur;
Et de mille vautours les blessures cruelles
N'ont rien de comparable à ma vive douleur.
Alcmène, vous n'avez qu'à me le déclarer :
S'il n'est point de pardon que je doive espérer,
Cette épée aussitôt, par un coup favorable,
Va percer à vos yeux le cœur d'un misérable ;
Ce cœur, ce traître cœur, trop digne d'expirer,
Puisqu'il a pu fâcher un objet adorable :
Heureux, en descendant au ténébreux séjour,
Si de votre courroux mon trépas vous ramène,
Et ne laisse en votre ame, après ce triste jour,
Aucune impression de haine
Au souvenir de mon amour !
C'est tout ce que j'attends pour faveur souveraine.

ALCMÈNE.

Ah ! trop cruel époux !

JUPITER.

Dites, parlez, Alcmène.

ALCMÈNE.

Faut-il encor pour vous conserver des bontés,
Et vous voir m'outrager par tant d'indignités ?

JUPITER.

Quelque ressentiment qu'un outrage nous cause,
Tient-il contre un remords d'un cœur bien enflammé ?

ALCMÈNE.

Un cœur bien plein de flamme à mille morts s'expose
Plutôt que de vouloir fâcher l'objet aimé.

JUPITER.

Plus on aime quelqu'un, moins on trouve de peine...

ALCMÈNE.

Non; ne m'en parlez point; vous méritez ma haine.

JUPITER.

Vous me haïssez donc ?

ALCMÈNE.

J'y fais tout mon effort,
Et j'ai dépit de voir que toute votre offense
Ne puisse de mon cœur jusqu'à cette vengeance
Faire encore aller le transport.

JUPITER.

Mais pourquoi cette violence,
Puisque pour vous venger je vous offre ma mort?
Prononcez-en l'arrêt, et j'obéis sur l'heure.

ALCMÈNE.

Qui ne saurait haïr peut-il vouloir qu'on meure?

JUPITER.

Et moi, je ne puis vivre à moins que vous quittiez
Cette colère qui m'accable,
Et que vous m'accordiez le pardon favorable
Que je vous demande à vos pieds.
(*Sosie et Cléanthis se mettent aussi à genoux.*)
Résolvez ici l'un des deux,
Ou de punir, ou bien d'absoudre.

ALCMÈNE.

Hélas ! ce que je puis résoudre
Paraît bien plus que je ne veux.
Pour vouloir soutenir le courroux qu'on me donne,
Mon cœur a trop su me trahir :
Dire qu'on ne saurait haïr,
N'est-ce pas dire qu'on pardonne ?

JUPITER.

Ah ! belle Alcmène ; il faut que, comblé d'allégresse....

ALCMÈNE.

Laissez. Je me veux mal de mon trop de faiblesse.

ACTE II, SCÈNE VII.

JUPITER.

Va, Sosie, et dépêche-toi,
Voir, dans les doux transports dont mon ame est charmée,
Ce que tu trouveras d'officiers de l'armée,
Et les invite à dîner avec moi:
(*bas à part.*)
Tandis que d'ici je le chasse,
Mercure y remplira sa place.

SCÈNE VII.

CLÉANTHIS, SOSIE.

SOSIE.

Hé bien! tu vois, Cléanthis, ce ménage.
Veux-tu qu'à leur exemple ici
Nous fassions entre nous un peu de paix aussi,
Quelque petit rapatriage?

CLÉANTHIS.

C'est pour ton nez, vraiment! cela se fait ainsi!

SOSIE.

Quoi! tu ne veux pas?

CLÉANTHIS.

Non.

SOSIE.

Il ne m'importe guère.
Tant pis pour toi.

CLÉANTHIS.

Là, là, revien.

SOSIE.

Non, morbleu! je n'en ferai rien,
Et je veux être, à mon tour, en colère.

CLÉANTHIS.

Va, va, traître, laisse-moi faire;
On se lasse parfois d'être femme de bien.

FIN DU SECOND ACTE.

ACTE TROISIÈME.

SCÈNE I.
AMPHITRYON.

Oui, sans doute, le sort tout exprès me le cache ;
Et des tours que je fais, à la fin, je suis las.
Il n'est point de destin plus cruel, que je sache.
Je ne saurais trouver, portant partout mes pas,
  Celui qu'à chercher je m'attache,
Et je trouve tous ceux que je ne cherche pas.
Mille fâcheux cruels, qui ne pensent pas l'être,
De nos faits avec moi, sans beaucoup me connaître,
Viennent se réjouir pour me faire enrager.
Dans l'embarras cruel du souci qui me blesse,
De leurs embrassemens et de leur allégresse
Sur mon inquiétude ils viennent tous charger.
  En vain à passer je m'apprête
  Pour fuir leurs persécutions,
Leur tuante amitié de tous côtés m'arrête ;
Et, tandis qu'à l'ardeur de leurs expressions
  Je réponds d'un geste de tête,
Je leur donne tout bas cent malédictions.
Ah ! qu'on est peu flatté de louange, d'honneur,
Et de tout ce que donne une grande victoire,
Lorsque dans l'ame on souffre une vive douleur !
Et que l'on donnerait volontiers cette gloire,
  Pour avoir le repos du cœur !
  Ma jalousie, à tout propos,
  Me promène sur ma disgrace ;
  Et plus mon esprit y repasse,
Moins j'en puis débrouiller le funeste chaos.
Le vol des diamans n'est pas ce qui m'étonne ;
On lève les cachets, qu'on ne l'aperçoit pas :
Mais le don qu'on veut qu'hier j'en vins faire en personne

Est ce qui fait ici mon cruel embarras.
La nature parfois produit des ressemblances
Dont quelques imposteurs ont pris droit d'abuser;
Mais il est hors de sens que, sous ces apparences,
Un homme pour époux se puisse supposer;
Et dans tous ces rapports sont mille différences
Dont se peut une femme aisément aviser.
  Des charmes de la Thessalie
On vante de tout temps les merveilleux effets :
Mais les contes fameux qui partout en sont faits
Dans mon esprit toujours ont passé pour folie;
Et ce serait du sort une étrange rigueur
  Qu'au sortir d'une ample victoire
  Je fusse contraint de les croire
  Aux dépens de mon propre honneur.
Je veux la retâter sur ce fameux mystère,
Et voir si ce n'est point une vaine chimère
Qui sur ses sens troublés ait pu prendre crédit.
  Ah ! fasse le ciel équitable
  Que ce penser soit véritable,
Et que, pour mon bonheur, elle ait perdu l'esprit.

SCÈNE II.

MERCURE, AMPHITRYON.

MERCURE, *sur le balcon de la maison d'Amphitryon, sans être vu ni entendu par Amphitryon.*

Comme l'amour ici ne m'offre aucun plaisir,
Je m'en veux faire au moins qui soient d'autre nature,
Et je vais égayer mon sérieux loisir
A mettre Amphitryon hors de toute mesure.
Cela n'est pas d'un dieu bien plein de charité :
Mais aussi n'est-ce pas ce dont je m'inquiète;
  Et je me sens par ma planète
  A la malice un peu porté.

AMPHITRYON.

D'où vient donc qu'à cette heure on ferme cette porte ?

MERCURE.

Holà ! tout doucement. Qui frappe ?

AMPHITRYON, *sans voir Mercure.*

Moi ?

MERCURE.

Qui, moi ?

AMPHITRYON, *apercevant Mercure, qu'il prend pour Sosie.*

Ah ! ouvre.

MERCURE.

Comment, ouvre ! Et qui donc es-tu, toi
Qui fais tant de vacarme et parles de la sorte ?

AMPHITRYON.

Quoi ! tu ne me connais pas ?

MERCURE.

Non,
Et n'en ai pas la moindre envie.

AMPHITRYON, *à part.*

Tout le monde perd-il aujourd'hui la raison ?
Est-ce un mal répandu ? Sosie ! holà, Sosie !

MERCURE.

Hé bien, Sosie ! oui, c'est mon nom ;
As-tu peur que je ne l'oublie ?

AMPHITRYON.

Me vois-tu bien ?

MERCURE.

Fort bien. Qui peut pousser ton bras
A faire une rumeur si grande ?
Et que demandes-tu là-bas ;

AMPHITRYON.

Moi, pendard ! ce que je demande ?

MERCURE.

Que demandes-tu donc pas ?
Parle, si tu veux qu'on t'entende.

AMPHITRYON.

Attends, traître : avec un bâton

Je vais là-haut me faire entendre,
Et de bonne façon t'apprendre
A m'oser parler sur ce ton.

MERCURE.

Tout beau ! Si pour heurter tu fais la moindre instance,
Je t'enverrai d'ici des messagers fâcheux.

AMPHITRYON.

O ciel ! vit-on jamais une telle insolence ?
La peut-on concevoir d'un serviteur, d'un gueux !

MERCURE.

Hé bien ! qu'est-ce ? m'as-tu tout parcouru par ordre ?
M'as-tu de tes gros yeux assez considéré ?
Comme il les écarquille, et parait effaré !
  Si des regards on pouvait mordre,
  Il m'aurait déjà déchiré.

AMPHITRYON.

Moi-même je frémis de ce que tu t'apprêtes
  Avec ces impudens propos.
Que tu grossis pour toi d'effroyables tempêtes !
Quels orages de coups vont fondre sur ton dos !

MERCURE.

L'ami, si de ces lieux tu ne veux disparaître,
Tu pourras y gagner quelque contusion.

AMPHITRYON.

Ah ! tu sauras, maraud, à ta confusion,
Ce que c'est qu'un valet qui s'attaque à son maître.

MERCURE.

Toi, mon maître ?

AMPHITRYON.

   Oui, coquin. M'oses-tu méconnaître?

MERCURE.

Je n'en reconnais point d'autre qu'Amphitryon.

AMPHITRYON.

Et cet Amphitryon, qui, hors moi le peut être ?

MERCURE.

Amphitryon ?

AMPHITRYON.
Sans doute.

MERCURE.
Ah ! quelle vision !
Dis-nous un peu, quel est le cabaret honnête
Où tu t'es coiffé le cerveau ?

AMPHITRYON.
Comment ! encore ?

MERCURE.
Était-ce un vin à faire fête ?

AMPHITRYON.
Ciel !

MERCURE.
Était-il vieux, ou nouveau ?

AMPHITRYON.
Que de coups !

MERCURE.
Le nouveau donne fort dans la tête,
Quand on le veut boire sans eau.

AMPHITRYON.
Ah ! je t'arracherai cette langue, sans doute.

MERCURE.
Passe, mon pauvre ami, crois-moi,
Que quelqu'un ici ne t'écoute.
Je respecte le vin. Va-t'en, retire-toi,
Et laisse Amphitryon dans les plaisirs qu'il goûte.

AMPHITRYON.
Comment ! Amphitryon est là-dedans ?

MERCURE.
Fort bien ;
Qui, couvert des lauriers d'une victoire pleine,
Est auprès de la belle Alcmène
A jouir des douceurs d'un aimable entretien.
Après le démêlé d'un amoureux caprice,
Ils goûtent le plaisir de s'être rajustés.
.e-toi de troubler leurs douces privautés,

Si tu veux qu'il ne punisse
L'excès de tes témérités.

SCÈNE III.
AMPHITRYON.

Ah ! quel étrange coup m'a-t-il porté dans l'ame !
En quel trouble cruel jette-t-il mon esprit !
Et si les choses sont comme le traître dit,
Où vois-je ici réduits mon honneur et ma flamme !
A quel parti me doit résoudre ma raison ?
    Ai-je l'éclat ou le secret à prendre ?
Et dois-je, en mon courroux, renfermer ou répandre
    Le déshonneur de ma maison ?
Ah ! faut-il consulter dans un affront si rude ?
Je n'ai rien à prétendre, et rien à ménager ;
    Et toute mon inquiétude
    Ne doit aller qu'à me venger.

SCÈNE IV.
AMPHITRYON, SOSIE, NAUCRATÈS et POLIDAS
dans le fond du théâtre.

SOSIE, *à Amphitryon.*
Monsieur, avec mes soins, ce que j'ai pu faire,
C'est de vous amener ces messieurs que voici.

AMPHITRYON.
Ah ! vous voilà !

SOSIE.
Monsieur.

AMPHITRYON.
    Insolent ! téméraire !

SOSIE.
Quoi ?

AMPHITRYON.
Je vous apprendrai de me traiter ainsi.

SOSIE.
Qu'est-ce donc ? qu'avez-vous ?

15*

AMPHITRYON, *mettant l'épée à la main.*
Ce que j'ai, misérable !
SOSIE, *à Naucratès et à Polidas.*
Holà, messieurs, venez donc tôt.
NAUCRATÈS, *à Amphitryon.*
Ah ! de grace, arrêtez.
SOSIE.
De quoi suis-je coupable ?
AMPHITRYON.
Tu me le demandes, maraud !
(*à Naucratès.*)
Laissez-moi satisfaire un courroux légitime.
SOSIE.
Lorsque l'on pend quelqu'un, on lui dit pourquoi c'est.
NAUCRATÈS, *à Amphitryon.*
Daignez nous dire au moins quel peut-être son crime.
SOSIE.
Messieurs, tenez bon, s'il vous plaît.
AMPHITRYON.
Comment ! il vient d'avoir l'audace
De me fermer ma porte au nez,
Et de joindre encor la menace
A mille propos effrénés.
(*voulant le frapper.*)
Ah ! coquin !
SOSIE, *tombant à genoux.*
Je suis mort.
NAUCRATÈS, *à Amphitryon.*
Calmez cette colère.
SOSIE.
Messieurs.
POLIDAS, *à Sosie.*
Qu'est-ce ?
SOSIE.
M'a-t-il frappé ?

ACT III, SCENE IV.

AMPHITRYON.
Non, il faut qu'il ait le salaire
Des mots où tout à l'heure il s'est émancipé.

SOSIE.
Comment cela se peut-il faire,
Si j'étais par votre ordre autre part occupé ?
Ces messieurs sont ici pour rendre témoignage
Qu'à dîner avec vous je les viens d'inviter.

NAUCRATÈS.
Il est vrai qu'il nous vient de faire ce message,
Et n'a point voulu nous quitter.

AMPHITRYON.
Qui t'a donné cet ordre ?

SOSIE.
Vous.

AMPHITRYON.
Et quand ?

SOSIE.
Après votre paix faite,
Au milieu des transports d'une ame satisfaite
D'avoir d'Alcmène apaisé le courroux.
(Sosie se relève.)

AMPHITRYON.
O ciel ! chaque instant, chaque pas
Ajoute quelque chose à mon cruel martyre ;
Et, dans ce fatal embarras,
Je ne sais plus que croire ni que dire.

NAUCRATÈS.
Tout ce que de chez vous il vient de nous conter
Surpasse si fort la nature,
Qu'avant que de rien faire et de vous emporter
Vous devez éclaircir toute cette aventure.

AMPHITRYON.
Allons ; vous y pourrez seconder mon effort
Et le ciel à propos ici vous a fait rendre.
Voyons quelle fortune en ce jour peut m'attendre ;

Débrouillons ce mystère, et sachons notre sort.
Hélas ! je brûle de l'apprendre,
Et je le crains plus que la mort.
(*Amphitryon frappe à la porte de sa maison.*)

SCÈNE V.
JUPITER, AMPHITRYON, NAUCRATÈS, POLIDAS, SOSIE.

JUPITER.

Quel bruit à descendre m'oblige ?
Et qui frappe en maître où je suis ?

AMPHITRYON.

Que vois-je ? justes dieux !

NAUCRATÈS.

Ciel ! quel est ce prodige ?
Quoi ! deux Amphitryons ici nous sont produits !

AMPHITRYON, *à part.*

Mon ame demeure transie !
Hélas ! je n'en puis plus, l'aventure est à bout ;
Ma destinée est éclaircie,
Et ce que je vois me dit tout.

NAUCRATÈS.

Plus mes regards sur eux s'attachent fortement,
Plus je trouve qu'en tout l'un à l'autre est semblable.

SOSIE, *passant du côté de Jupiter.*

Messieurs, voici le véritable ;
L'autre est un imposteur digne de châtiment.

POLIDAS.

Certes, ce rapport admirable
Suspend ici mon jugement.

AMPHITRYON.

C'est trop être éludé par un fourbe exécrable ;
Il faut avec ce fer rompre l'enchantement.

NAUCRATÈS, *à Amphitryon qui a mis l'épée à la main.*

Arrêtez.

ACTE III, SCÈNE V.

AMPHITRYON.

Laissez-moi.

NAUCRATÈS.

Cieux ! que voulez-vous faire ?

AMPHITRYON.

Punir d'un imposteur les lâches trahisons.

JUPITER.

Tout beau ! l'emportement est fort peu nécessaire ;
Et lorsque de la sorte on se met en colère,
On fait croire qu'on a de mauvaises raisons.

SOSIE.

Oui, c'est un enchanteur qui porte un caractère
Pour ressembler aux maîtres des maisons.

AMPHITRYON, *à Sosie.*

Je te ferai, pour ton partage,
Sentir par mille coups ces propos outrageans.

SOSIE.

Mon maître est homme de courage,
Et ne souffrira pas que l'on batte ses gens.

AMPHITRYON.

Laissez-moi m'assouvir dans mon courroux extrême,
Et laver mon affront au sang d'un scélérat.

NAUCRATÈS, *arrêtant Amphitryon.*

Nous ne souffrirons point cet étrange combat
D'Amphitryon contre lui-même.

AMPHITRYON.

Quoi ! mon honneur de vous reçoit ce traitement !
Et mes amis d'un fourbe embrassent la défense !
Loin d'être les premiers à prendre ma vengeance,
Eux-mêmes font obstacle à mon ressentiment !

NAUCRATÈS.

Que voulez-vous qu'à cette vue
Fassent nos résolutions,
Lorsque par deux Amphitryons
Toute notre chaleur demeure suspendue ?
A vous faire éclater notre zèle aujourd'hui,

Nous craignons de faillir et de vous méconnaître.
Nous voyons bien en vous Amphitryon paraître.
Du salut des Thébains le glorieux appui ;
Mais nous le voyons tous aussi paraître en lui,
Et ne saurions juger dans lequel il peut être.
   Notre parti n'est point douteux,
Et l'imposteur par nous doit mordre la poussière :
Mais ce parfait rapport le cache entre vous deux ;
   Et c'est un coup trop hasardeux
   Pour l'entreprendre sans lumière.
  Avec douceur laissez-nous voir
 De quel côté peut être l'imposture ;
Et, dès que nous aurons démêlé l'aventure,
Il ne nous faudra point dire notre devoir.

    JUPITER.

Oui, vous avez raison ; et cette ressemblance
A douter de tous deux vous peut autoriser.
Je ne m'offense point de vous voir en balance,
Je suis plus raisonnable, et sais vous excuser.
L'œil ne peut entre nous faire de différence,
Et je vois qu'aisément on s'y peut abuser.
Vous ne me voyez point témoigner de colère,
   Point mettre l'épée à la main ;
C'est un mauvais moyen d'éclaircir ce mystère,
Et j'en puis trouver un plus doux et plus certain.
   L'un de nous est Amphitryon,
Et tous deux à vos yeux nous le pouvons paraître.
C'est à moi de finir cette confusion ;
Et je prétends me faire à tous si bien connaître,
Qu'aux pressantes clartés de ce que je puis être
Lui-même soit d'accord du sang qui m'a fait naître,
Et n'ait plus de rien dire aucune occasion.
C'est aux yeux des Thébains que je veux avec vous
De la vérité pure ouvrir la connaissance,
Et la chose sans doute est assez d'importance
   Pour affecter la circonstance
   De l'éclaircir aux yeux de tous.

ACTE III, SCÈNE V.

Alcmène attend de moi ce public témoignage ;
Sa vertu, que l'éclat de ce désordre outrage,
Veut qu'on la justifie, et j'en vais prendre soin.
C'est à quoi mon amour envers elle m'engage ;
Et des plus nobles chefs je fais un assemblage
Pour l'éclaircissement dont sa gloire a besoin.
Attendant avec vous ces témoins souhaités,
    Ayez, je vous prie, agréable
    De venir honorer la table
    Où vous a Sosie invités.

SOSIE.

Je ne me trompais pas, messieurs ; ce mot termine
    Toute l'irrésolution ;
    Le véritable Amphitryon
    Est l'Amphitryon où l'on dîne.

AMPHITRYON.

O ciel ! puis-je plus bas me voir humilié !
Quoi ! faut-il que j'entende ici pour mon martyre
Tout ce que l'imposteur à mes yeux vient de dire,
Et que, dans la fureur que ce discours m'inspire,
    On me tienne le bras lié !

NAUCRATÈS, *à Amphitryon*.

Vous vous plaignez à tort. Permettez-nous d'attendre
    L'éclaircissement qui doit rendre
    Les ressentimens de saison.
    Je ne sais pas s'il impose,
    Mais il parle sur la chose
    Comme s'il avait raison.

AMPHITRYON.

Allez, faibles amis, et flattez l'imposture :
Thèbes en a pour moi de tout autres que vous ;
Et je vais en trouver qui, partageant l'injure,
Sauront prêter la main à mon juste courroux.

JUPITER.

Hé bien ! je les attends, et saurai décider
    Le différent en leur présence.

AMPHITRYON.

Fourbe, tu crois par-là peut-être t'évader ;
Mais rien ne te saurait sauver de ma vengeance.

JUPITER.

A ces injurieux propos
Je ne daigne à présent répondre,
Et tantôt je saurai confondre
Cette fureur avec deux mots.

AMPHITRYON.

Le ciel même, le ciel ne t'y saurait soustraire ;
Et jusques aux enfers j'irai suivre tes pas.

JUPITER.

Il ne sera pas nécessaire ;
Et l'on verra tantôt que je ne fuirai pas.

AMPHITRYON, *à part*.

Allons, courons, avant que d'avec eux il sorte,
Assembler des amis qui suivent mon courroux ;
Et chez moi venons à main forte
Pour le percer de mille coups.

SCÈNE VI.
JUPITER, NAUCRATÈS, POLIDAS, SOSIE.

JUPITER.

Point de façon, je vous conjure,
Entrons vite dans la maison.

NAUCRATÈS.

Certes, toute cette aventure
Confond le sens et la raison.

SOSIE.

Faites trêve, Messieurs, à toutes vos surprises ;
Et pleins de joie allez tabler jusqu'à demain.
 (*seul.*)
Que je vais m'en donner, et me mettre en beau train
De raconter nos vaillantises !
Je brûle d'en venir aux prises ;
Et jamais je n'eus tant de faim.

SCÈNE VII.
MERCURE, SOSIE.

MERCURE.

Arrête. Quoi ! tu viens ici mettre ton nez,
Impudent flaireur de cuisine !

SOSIE.

Ah ! de grace, tout doux !

MERCURE.

Ah ! vous y retourner,
Je vous ajusterai l'échine.

SOSIE.

Hélas ! brave et généreux moi,
Modère-toi, je t'en supplie.
Sosie, épargne un peu Sosie,
Et ne te plais pas tant à frapper dessus toi.

MERCURE.

Qui de t'appeler de ce nom
A pu te donner la licence ?
Ne t'en ai-je pas fait une expresse défense,
Sous peine d'essuyer mille coups de bâton ?

SOSIE.

C'est un nom que tous deux nous pouvons à la fois
Posséder sous un même maître.
Pour Sosie en tous lieux on sait me reconnaître :
Je souffre bien que tu le sois,
Souffre aussi que je le puisse être.
Laissons aux deux Amphitryons
Faire éclater des jalousies ;
Et, parmi leurs contentions,
Faisons en bonne paix vivre les deux Sosies.

MERCURE.

Non, c'est assez d'un seul, et je suis obstiné
A ne point souffrir de partage.

SOSIE.

Du pas devant sur moi tu prendras l'avantage ;
Je serai le cadet, et tu seras l'aîné.

MERCURE.

Non, un frère incommode, et n'est pas de mon goût,
　Et je veux être fils unique.

SOSIE.

　O cœur barbare et tyrannique !
Souffre qu'au moins je sois ton ombre.

MERCURE.

　　　　　　　　　　　　　Point du tout.

SOSIE.

Que d'un peu de pitié ton ame s'humanise !
En cette qualité souffre-moi près de toi ?
Je te serai partout une ombre si soumise,
　Que tu seras content de moi.

MERCURE.

Point de quartier ; immuable est la loi.
Si d'entrer là-dedans tu prends encor l'audace,
　Mille coups en seront le fruit.

SOSIE.

　Las, à quelle étrange disgrace,
　Pauvre Sosie, és-tu réduit !

MERCURE.

Quoi ta bouche se licencie
A te donner encore un nom que je défends !

SOSIE.

Non, ce n'est pas moi que j'entends,
Et je parle d'un vieux Sosie
Qui fut jadis de mes parens,
Qu'avec très-grande barbarie
A l'heure du dîner l'on chassa de céans.

MERCURE.

Prends garde de tomber dans cette frénésie,
Si tu veux demeurer au nombre des vivans.

SOSIE, *à part*.

Que je te rosserais, si j'avais du courage,
Double fils de putain, de trop d'orgueil enflé !

MERCURE.

Que dis-tu ?

ACTE III, SCÈNE VIII.

SOSIE.

Rien?

MERCURE.

Tu tiens, je crois, quelque langage.

SOSIE.

Demandez, je n'ai pas soufflé.

MERCURE.

Certain mot de fils de putain
A pourtant frappé mon oreille,
Il n'est rien de plus certain.

SOSIE.

C'est donc un perroquet que le beau temps réveille.

MERCURE.

Adieu. Lorsque le dos pourra te démanger,
Voilà l'endroit où je demeure.

SOSIE, *seul*.

O ciel ! que l'heure de manger
Pour être mis dehors est une maudite heure !
Allons, cédons au sort dans notre affliction,
Suivons-en aujourd'hui l'aveugle fantaisie ;
Et, par une juste union,
Joignons le malheureux Sosie
Au malheureux Amphitryon.
Je l'aperçois venir en bonne compagnie.

SCÈNE VIII.

AMPHITRYON, ARGATIPHONTIDAS, POSICLES, SOSIE, *dans un coin du théâtre, sans être aperçu*.

AMPHITRYON, *à plusieurs autres officiers qui l'accompagnent*.

Arrêtez là, messieurs ; suivez-nous d'un peu loin,
Et n'avancez tous, je vous prie,
Que quand il en sera besoin.

POSICLES.

Je comprends que ce coup doit fort toucher votre ame.

AMPHITRYON.
Ah ! de tous les côtés mortelle est ma douleur,
Et je souffre pour ma flamme
Autant que pour mon honneur.
POSICLÈS.
Si cette ressemblance est telle que l'on dit,
Alcmène, sans être coupable...
AMPHITRYON.
Ah ! sur le fait dont il s'agit
L'erreur simple devient un crime véritable,
Et sans consentement l'innocence y périt.
De semblables erreurs, quelque jour qu'on leur donne,
Touchent les endroits délicats ;
Et la raison bien souvent les pardonne,
Que l'honneur et l'amour ne les pardonnent pas.
ARGATIPHONTIDAS.
Je n'embarrasse point là-dedans ma pensée :
Mais je hais vos messieurs de leurs honteux délais ;
Et c'est un procédé dont j'ai l'ame blessée,
Et que les gens de cœur n'approuveront jamais.
Quand quelqu'un nous emploie, on doit, tête baissée,
Se jeter dans ses intérêts.
Argatiphontidas ne va point aux accords.
Écouter d'un ami raisonner l'adversaire,
Pour des hommes d'honneur n'est point un coup à faire;
Il ne faut écouter que la vengeance alors.
Le procès ne me saurait plaire,
Et l'on doit commencer toujours, dans ses transports,
Par bailler, sans autre mystère,
De l'épée au travers du corps.
Oui ; vous verrez, quoi qu'il avienne,
Qu'Argatiphontidas marche droit sur ce point ;
Et de vous il faut que j'obtienne
Que le pendard ne meure point
D'une autre main que de la mienne.
AMPHITRYON.
Allons.

ACTE III, SCÈNE IX.

SOSIE, *à Amphitryon.*

Je viens, monsieur, subir, à deux genoux,
Le juste châtiment d'une audace maudite.
Frappez, battez, chargez, accablez-moi de coups ;
  Tuez-moi dans votre courroux,
  Vous ferez bien, je le mérite ;
Et je n'en dirai pas un seul mot contre vous.

AMPHITRYON.

Lève-toi. Que fait-on ?

SOSIE.

    L'on m'a chassé tout net,
Et, croyant à manger m'aller comme eux ébattre,
  Je ne songeais pas qu'en effet
  Je m'attendais là pour me battre.
Oui, l'autre moi, valet de l'autre vous, a fait
  Tout de nouveau le diable à quatre.
  La rigueur d'un pareil destin,
  Monsieur, aujourd'hui nous talonne ;
  Et l'on me dé-Sosie enfin,
  Comme on vous dés-Amphitryonne.

AMPHITRYON.

Suis-moi.

SOSIE.

N'est-il pas mieux de voir s'il vient personne?

SCÈNE IX.

CLÉANTHIS, AMPHITRYON, ARGATIPHONTI-
DAS, POLIDAS, NAUCRATÈS, POSICLÈS,
SOSIE.

CLÉANTHIS.

O ciel !

AMPHITRYON.

Qui t'épouvante ainsi?
Quelle est la peur que je t'inspire ?

CLÉANTHIS.

Las ! vous êtes là-haut, et je vous vois ici !

NAUCRATÈS, *à Amphitryon.*
Ne vous pressez point, le voici.
Pour donner devant tous les clartés qu'on désire,
Et qui, si l'on peut croire à ce qu'il vient de dire,
Sauront vous affranchir de trouble et de souci.

SCÈNE X.

MERCURE, AMPHITRYON, ARGATIPHONTIDAS, POLIDAS, NAUCRATÈS, POSICLÈS, CLÉANTHIS, SOSIE.

MERCURE.

Oui, vous l'allez voir tous ; et sachez par avance
  Que c'est le grand maître des dieux,
Que, sous les traits chéris de cette ressemblance,
Alcmène a fait du ciel descendre dans ces lieux.
  Et quant à moi, je suis Mercure,
Qui, ne sachant que faire, ait rossé tant soit peu
  Celui dont j'ai pris la figure :
Mais de s'en consoler il a maintenant lieu ;
  Et les coups de bâton d'un dieu
  Font honneur à qui les endure.

SOSIE.

Ma foi, monsieur le dieu, je suis votre valet :
Je me serais passé de votre courtoisie.

MERCURE.

Je lui donne à présent congé d'être Sosie,
Je suis las de porter un visage si laid ;
Et je m'en vais au ciel avec de l'ambroisie
  M'en débarbouiller tout-à-fait.
  (*Mercure s'envole dans le ciel.*)

SOSIE.

Le ciel de m'approcher t'ôte à jamais l'envie !
Ta fureur s'est par trop acharnée après moi ;
  Et je ne vis de ma vie
  Un dieu plus diable que toi.

SCÈNE XI.
JUPITER, AMPHITRYON, NAUCRATÈS, ARGATIPHONTIDAS, POLIDAS, POSICLÈS, CLÉANTHIS, SOSIE.

JUPITER, *annoncé par le bruit du tonnerre, armé de son foudre, dans un nuage, sur son aigle.*

REGARDE, Amphitryon, quel est ton imposteur;
Et sous tes propres traits vois Jupiter paraître.
A ces marques tu peux aisément le connaître ;
Et c'est assez, je crois, pour remettre ton cœur
   Dans l'état auquel il doit être,
Et rétablir chez toi la paix et la douceur.
Mon nom, qu'incessamment toute la terre adore,
Etouffe ici les bruits qui pouvaient éclater.
   Un partage avec Jupiter
   N'a rien du tout qui déshonore ;
Et, sans doute, il ne peut être que glorieux
De se voir le rival du souverain des dieux.
Je n'y vois pour ta flamme aucun lieu de murmure ;
   Et c'est moi, dans cette aventure,
Qui, tout dieu que je suis, dois être le jaloux :
Alcmène est toute à toi, quelque soin qu'on emploie ;
Et ce doit à tes feux être un objet bien doux
De voir que, pour lui plaire, il n'est point d'autre voie
   Que de paraître son époux ;
Que Jupiter, orné de sa gloire immortelle,
Par lui-même n'a pu triompher de sa foi ;
   Et ce qu'il a reçu d'elle
N'a par son cœur ardent été donné qu'à toi.

SOSIE.
Le seigneur Jupiter sait dorer la pilule.

JUPITER.
Sors donc des noirs chagrins que ton cœur a soufferts,
Et rends le calme entier à l'ardeur qui te brûle ;
Chez toi doit naître un fils qui, sous le nom d'Hercule
Remplira de ses faits tout le vaste univers.

L'éclat d'une fortune en mille biens féconde
Fera connaître à tous que je suis ton support ;
  Et je mettrai tout le monde
  Au point d'envier ton sort.
  Tu peux hardiment te flatter
  De ces espérances données :
  C'est un crime que d'en douter ;
  Les paroles de Jupiter
  Sont des arrêts des destinées.
  (*Il se perd dans les nues.*)

NAUCRATÈS.

Certes, je suis ravi de ces marques brillantes...

SOSIE.

Messieurs, voulez-vous bien suivre mon sentiment ?
  Ne vous embarquez nullement
  Dans ces douceurs congratulantes,
  C'est un mauvais embarquement ;
Et d'une et d'autre part, pour un tel compliment,
  Les phrases sont embarrassantes.
Le grand dieu Jupiter nous fait beaucoup d'honneur,
Et sa bonté, sans doute, est pour nous sans seconde ;
  Il nous promet l'infaillible bonheur
  D'une fortune en mille biens féconde,
Et chez nous il doit naître un fils d'un très-grand cœur :
  Tout cela va le mieux du monde.
  Mais enfin coupons au discours,
Et que chacun chez soi doucement se retire :
  Sur telles affaires toujours
  Le meilleur est de ne rien dire.

FIN D'AMPHITRYON.

GEORGE DANDIN,

ou

LE MARI CONFONDU.

COMÉDIE EN TROIS ACTES,

Représentée à Versailles, en juillet 1668, avec intermèdes; et à Paris, sur le théâtre du Palais-Royal, le 9 novembre suivant, sans intermèdes.

PERSONNAGES.

GEORGE DANDIN, riche paysan, mari d'Angélique.
ANGÉLIQUE, femme de George Dandin, et fille de M. de Sotenville.
Monsieur DE SOTENVILLE, gentilhomme campagnard, père d'Angélique.
Madame DE SOTENVILLE.
CLITANDRE, amant d'Angélique.
CLAUDINE, suivante d'Angélique.
LUBIN, paysan servant Clitandre.
COLIN, valet de George Dandin.

La scène est devant la maison de George Dandin, à la campagne.

GEORGE DANDIN,

ou

LE MARI CONFONDU.

ACTE PREMIER.

SCÈNE I.
GEORGE DANDIN.

Ah! qu'une femme demoiselle est une étrange affaire! et que mon mariage est une leçon bien parlante à tous les paysans qui veulent s'élever au-dessus de leur condition, et s'allier, comme j'ai fait, à la maison d'un gentilhomme! La noblesse de soi est bonne, c'est une chose considérable assurément; mais elle est accompagnée de tant de mauvaises circonstances, qu'il est très-bon de ne s'y point frotter. Je suis devenu là-dessus savant à mes dépens, et connais le style des nobles lorsqu'il nous font, nous autres, entrer dans leur famille. L'alliance qu'ils font est petite avec nos personnes, c'est notre bien seul qu'ils épousent; et j'aurais bien mieux fait, tout riche que je suis, de m'allier en bonne et franche paysanuerie, que de prendre une femme qui se tient au-dessus de moi, s'offense de porter mon nom, et pense qu'avec tout mon bien je n'ai pas assez acheté la qualité de son mari. George Dandin! George Dandin! vous avez fait une sottise la plus grande du monde. Ma maison m'est effroyable maintenant, et je n'y rentre point sans y trouver quelque chagrin.

SCÈNE II.
GEORGE DANDIN, LUBIN.

GEORGE DANDIN, *à part, voyant sortir Lubin de chez lui.*

Que diantre ce drôle-là vient-il faire chez moi ?

LUBIN, *à part, apercevant George Dandin.*

Voilà un homme qui me regarde !

GEORGE DANDIN, *à part.*

Il ne me connaît pas.

LUBIN, *à part.*

Il se doute de quelque chose.

GEORGE DANDIN, *à part.*

Ouais ! il a grand'peine à saluer.

LUBIN, *à part.*

J'ai peur qu'il n'aille dire qu'il m'a vu sortir de là-dedans.

GEORGE DANDIN.

Bon jour.

LUBIN.

Serviteur.

GEORGE DANDIN.

Vous n'êtes pas d'ici, que je crois ?

LUBIN.

Non ; je n'y suis venu que pour voir la fête de demain.

GEORGE DANDIN.

Hé ! dites-moi un peu, s'il vous plaît, vous venez de là-dedans ?

LUBIN.

Chut !

GEORGE DANDIN.

Comment ?

LUBIN.

Paix !

GEORGE DANDIN.

Quoi donc ?

ACTE I, SCÈNE II.

LUBIN.

Motus ! il ne faut pas dire que vous m'ayez vu sortir de là.

GEORGE DANDIN.

Pourquoi ?

LUBIN.

Mon dieu ! parce...

GEORGE DANDIN.

Mais encore ?

LUBIN.

Doucement, j'ai peur qu'on ne nous écoute.

GEORGE DANDIN.

Point, point.

LUBIN.

C'est que je viens de parler à la maîtresse du logis, de la part d'un certain monsieur qui lui fait les doux yeux ; et ne faut pas qu'on sache cela, entendez-vous ?

GEORGE DANDIN.

Oui.

LUBIN.

Voilà la raison. On m'a enchargé de prendre garde que personne ne me vît ; et je vous prie au moins de ne pas dire que vous m'ayez vu.

GEORGE DANDIN.

Je n'ai garde.

LUBIN.

Je suis bien aise de faire les choses secrètement, comme on m'a recommandé.

GEORGE DANDIN.

C'est bien fait.

LUBIN.

Le mari, à ce qu'ils disent, est un jaloux qui ne veut pas qu'on fasse l'amour à sa femme ; et il ferait le diable à quatre si cela venait à ses oreilles. Vous comprenez bien ?

GEORGE DANDIN.

Fort bien.

LUBIN.

Il ne faut pas qu'il sache rien de tout ceci.

GEORGE DANDIN.

Sans doute.

LUBIN.

On le veut tromper tout doucement. Vous entendez bien ?

GEORGE DANDIN.

Le mieux du monde.

LUBIN.

Si vous alliez dire que vous m'avez vu sortir de chez lui, vous gâteriez toute l'affaire. Vous comprenez bien ?

GEORGE DANDIN.

Assurément. Hé ! comment nommez-vous celui qui vous a envoyé là-dedans ?

LUBIN.

C'est le seigneur de notre pays, monsieur le vicomte de chose... Foin ! je ne me souviens jamais comment diantre ils baragouinent ce nom-là ; monsieur Cli... Clitandre.

GEORGE DANDIN.

Est-ce ce jeune courtisan qui demeure...

LUBIN.

Oui ; auprès de ces arbres.

GEORGE DANDIN, *à part.*

C'est pour cela que depuis peu ce damoiseau poli s'est venu loger contre moi ; j'avais bon nez, sans doute, et son voisinage déjà m'avait donné quelque soupçon.

LUBIN.

Tétigué ! c'est le plus honnête homme que vous ayez jamais vu. Il m'a donné trois pièces d'or pour aller dire seulement à la femme qu'il est amoureux d'elle, et qu'il souhaite fort l'honneur de pouvoir lui parler. Voyez s'il y a là une grande fatigue pour me payer si bien, et ce qu'est au prix de cela, une journée de travail où je ne gagne que dix sous.

GEORGE DANDIN.

Hé bien ! avez-vous fait votre message ?

LUBIN.

Oui : j'ai trouvé là-dedans une certaine Claudine qui, tout du premier coup, a compris ce que je voulais, et qui m'a fait parler à sa maîtresse.

GEORGE DANDIN, *à part.*

Ah ! coquine de servante !

LUBIN.

Morguienne ! cette Claudine-là est tout-à-fait jolie ; elle a gagné mon amitié, et il ne tiendra qu'à elle que nous soyons mariés ensemble.

GEORGE DANDIN.

Mais quelle réponse a faite la maîtresse à ce monsieur le courtisan ?

LUBIN.

Elle m'a dit de lui dire... Attendez, je ne sais si je me souviendrai bien de tout cela : qu'elle lui est tout à fait obligée de l'affection qu'il a pour elle ; et qu'à cause de son mari, qui est fantasque, il garde d'en rien faire paraître ; et qu'il faudra songer à chercher quelque invention pour se pouvoir entretenir tous deux.

GEORGE DANDIN, *à part.*

Ah ! pendarde de femme !

LUBIN.

Tétiguienne ! cela sera drôle, car le mari ne se doutera point de la manigance, voilà ce qui est de bon ; et il aura un pied de nez avec sa jalousie, est-ce pas ?

GEORRGE DANDIN.

Cela est vrai.

LUBIN.

Adieu. Bouche cousue, au moin. Gardez bien le secret, afin que le mari ne le sache pas.

GEORGE DANDIN.

Oui, oui.

LUBIN.

Pour moi, je vais faire semblant de rien. Je suis un fin matois, et l'on ne dirait pas que j'y touche.

SCÈNE III.

GEORGE DANDIN.

Hé bien ! George Dandin, vous voyez de quel air votre femme vous traite ! Voilà ce que c'est d'avoir voulu épouser une demoiselle ! L'on vous accommode de toutes pièces sans que vous puissiez vous venger, et la gentilhommerie vous tient les bras liés. L'égalité de condition laisse du moins à l'honneur d'un mari la liberté du ressentiment ; et, si c'était une paysanne, vous auriez maintenant toutes vos coudées franches à vous en faire la justice à bons coups de bâton. Mais vous avez voulu tâter de la noblesse, et il vous ennuyait d'être maître chez vous. Ah ! j'enrage de tout mon cœur, et je me donnerais volontiers des soufflets. Quoi ! écouter impudemment l'amour d'un damoiseau, et y promettre en même temps la correspondance ! Morbleu ! je ne veux point laisser passer une occasion de la sorte. Il me faut de ce pas aller faire mes plaintes au père et à la mère, et les rendre témoins, à telle fin que de raison, des sujets de chagrin et de ressentiment que leur fille me donne. Mais les voici l'un et l'autre fort à propos.

SCÈNE IV.

M. DE SOTENVILLE, Mme DE SOTENVILLE, GEORGE DANDIN.

M. DE SOTENVILLE.

QU'EST-CE, mon gendre ? vous me paraissez tout troublé.

GEORGE DANDIN.

Aussi en ai-je du sujet, et...

ACTE I, SCÈNE IV.

MADAME DE SOTENVILLE.

Mon dieu ! notre gendre, que vous avez peu de civilité de ne pas saluer les gens quand vous les approchez !

GEORGE DANDIN.

Ma foi, ma belle-mère, c'est que j'ai d'autres choses en tête ; et...

MADAME DE SOTENVILLE.

Encore ! est-il possible, notre gendre, que vous sachiez si peu votre monde, et qu'il n'y ait pas moyen de vous instruire de la manière qu'il faut vivre parmi les personnes de qualité.

GEORGE DANDIN.

Comment ?

MADAME DE SOTENVILLE.

Ne vous déferez-vous jamais avec moi de la familiarité de ce mot de ma belle-mère ? et ne sauriez-vous vous accoutumer à me dire madame ?

GEORGE DANDIN.

Parbleu ! si vous m'appelez votre gendre, il me semble que je puis vous appeler ma belle-mère.

MADAME DE SOTENVILLE.

Il y a fort à dire, et les choses ne sont pas égales. Apprenez, s'il vous plaît, que ce n'est pas à vous à vous servir de ce mot-là avec une personne de ma condition ; que, tout notre gendre que vous soyez, il y a grande différence de vous à nous, et que vous devez vous connaître.

M. DE SOTENVILLE.

C'en est assez, m'amour ; laissons cela.

MADAME DE SOTENVILLE.

Mon dieu ! monsieur de Sotenville, vous avez des indulgences qui n'appartiennent qu'à vous, et vous ne savez pas vous faire rendre par les gens ce qui vous est dû.

M. DE SOTENVILLE.

Corbleu ! pardonnez-moi, on ne peut point me faire

de leçons là-dessus ; et j'ai su montrer en ma vie, par vingt actions de vigueur, que je ne suis point homme à démordre jamais d'un pouce de mes prétentions : mais il suffit de lui avoir donné un petit avertissement. Sachons un peu, mon gendre, ce que vous avez dans l'esprit.

GEORGE DANDIN.

Puisqu'il faut donc parler catégoriquement, je vous dirai, monsieur de Sotenville, que j'ai lieu de...

M. DE SOTENVILLE.

Doucement, mon gendre ; apprenez qu'il n'est pas respectueux d'appeler les gens par leur nom, et qu'à ceux qui sont au-dessus de nous il faut dire monsieur tout court.

GEORGE DANDIN.

Hé bien ! monsieur tout court, et non plus monsieur de Sotenville, j'ai à vous dire que ma femme me donne...

M. DE SOTENVILLE.

Tout beau ! apprenez aussi que vous ne devez pas dire ma femme quand vous parlez de notre fille.

GEORGE DANDIN.

J'enrage ! Comment ! ma femme n'est pas ma femme !

MADAME DE SOTENVILLE.

Oui, notre gendre, elle est votre femme ; mais il ne vous est pas permis de l'appeler ainsi, et c'est tout ce que vous pourriez faire si vous aviez épousé une de vos pareilles.

GEORGE DANDIN, *à part.*

Ah ! George Dandin, où t'es-tu fourré ! (*haut.*) Hé ! de grace, mettez pour un moment votre gentilhommerie à côté, et souffrez que je vous parle maintenant comme je pourrai. (*à part.*) Au diantre soit la tyrannie de toutes ces histoires-là ! (*à M. de Sotenville.*) Je vous dis donc que je suis mal satisfait de mon mariage.

M. DE SOTENVILLE.

Et la raison, mon gendre ?

ACTE I, SCÈNE IV.

MADAME DE SOTENVILLE.

Quoi ! parler ainsi d'une chose d'où vous avez tiré de si grands avantages !

GEORGE DANDIN.

Et quels avantages, madame ? puisque madame y a. L'aventure n'a pas été mauvaise pour vous ; car sans moi vos affaires, avec votre permission, étaient fort délabrées; et mon argent a servi à reboucher d'assez bons trous : mais moi, de quoi y ai-je profité, je vous prie, que d'un allongement de nom, et, au lieu de George Dandin, d'avoir reçu par vous le titre de M. de la Dandinière ?

M. DE SOTENVILLE.

Ne comptez-vous pour rien, mon gendre, l'avantage d'être allié à la maison de Sotenville ?

MADAME DE SOTENVILLE.

Et à celle de la Prudoterie, dont j'ai l'honneur d'être issue ; maison où le ventre anoblit, et qui par ce beau privilége rendra vos enfans gentilshommes ?

GEORGE DANDIN.

Oui, voilà qui est bien ; mes enfans seront gentilshommes, mais je serai cocu, moi, si l'on n'y met ordre.

M. DE SOTENVILLE.

Que veut dire cela, mon gendre ?

GEORGE DANDIN.

Cela veut dire que votre fille ne vit pas comme il faut qu'une femme vive, et qu'elle fait des choses qui sont contre l'honneur.

MADAME DE SOTENVILLE.

Tout beau ! prenez garde à ce que vous dites. Ma fille est d'une race trop pleine de vertu pour se porter jamais à faire aucune chose dont l'honnêteté soit blessée ; et de la maison de la Prudoterie, il y a plus de trois cents ans qu'on n'a point remarqué qu'il y ait eu une femme, dieu merci, qui ait fait parler d'elle.

M. DE SOTENVILLE.

Corbleu, dans la maison de Sotenville on n'a jamais

vu de coquette; et la bravoure n'y est pas plus héréditaire aux mâles, que la chasteté aux femelles.

MADAME DE SOTENVILLE.

Nous avons eu une Jacqueline de la Prudoterie qui ne voulut jamais être la maîtresse d'un duc et pair, gouverneur de notre province.

M. DE SOTENVILLE.

Il y a eu une Mathurine de Sotenville qui refusa vingt mille écus d'un favori du roi, qui ne demandait seulement que la faveur de lui parler.

GEORGE DANDIN.

Oh bien ! votre fille n'est pas si difficile que cela, et elle s'est apprivoisée depuis qu'elle est chez moi.

M. DE SOTENVILLE.

Expliquez-vous, mon gendre. Nous ne sommes point gens à la supporter dans de mauvaises actions ; et nous serons les premiers, sa mère et moi, à vous en faire la justice.

MADAME DE SOTENVILLE.

Nous n'entendons point raillerie sur les matières de l'honneur, et nous l'avons élevée dans toute la sévérité possible.

GEORGE DANDIN.

Tout ce que je puis vous dire, c'est qu'il y a ici un certain courtisan que vous avez vu, qui est amoureux d'elle à ma barbe, et qui lui a fait faire des protestations d'amour, qu'elle a très-humainement écoutées.

MADAME DE SOTENVILLE.

Jour de dieu ! je l'étranglerais de mes propres mains, s'il fallait qu'elle forlignât de l'honnêteté de sa mère.

M. DE SOTENVILLE.

Corbleu ! je lui passerais mon épée au travers du corps, à elle et au galant, si elle avait forfait à son honneur.

GEORGE DANDIN.

Je vous ai dit ce qui se passe, pour vous faire mes plaintes ; et je vous demande raison de cette affaire-là.

M. DE SOTENVILLE.

Ne vous tourmentez point; je vous la ferai de tous deux; et je suis homme pour serrer le bouton à qui que ce puisse être. Mais êtes-vous bien sûr aussi de ce que vous nous dites?

GEORGE DANDIN.

Très-sûr.

M. DE SOTENVILLE.

Prenez bien garde, au moins; car, entre gentils-hommes, ce sont des choses chatouilleuses, et il n'est pas question d'aller faire ici un pas de clerc.

GEORGE DANDIN.

Je ne vous ai rien dit, vous dis-je, qui ne soit véritable.

M. DE SOTENVILLE.

M'amour, allez-vous-en parler à votre fille, tandis qu'avec mon gendre j'irai parler à l'homme.

MADAME DE SOTENVILLE.

Se pourrait-il, mon fils, qu'elle s'oubliât de la sorte, après le sage exemple que vous savez vous-même que je lui ai donné!

M. DE SOTENVILLE.

Nous allons éclaircir l'affaire. Suivez-moi, mon gendre, et ne vous mettez pas en peine. Vous verrez de quel bois nous nous chauffons, lorsqu'on s'attaque à ceux qui nous peuvent appartenir.

GEORGE DANDIN.

Le voici qui vient vers nous.

SCÈNE V.

M. DE SOTENVILLE, CLITANDRE, GEORGE DANDIN.

M. DE SOTENVILLE.

Monsieur, suis-je connu de vous?

CLITANDRE.

Non pas, que je sache, monsieur.

M. DE SOTENVILLE.

Je m'appelle le baron de Sotenville.

CLITANDRE.

Je m'en réjouis fort.

M. DE SOTENVILLE.

Mon nom est connu à la cour; et j'eus l'honneur, dans ma jeunesse, de me signaler des premiers à l'arrière-ban de Nancy.

CLITANDRE.

A la bonne heure.

M. DE SOTENVILLE.

Monsieur mon père, Jean-Gilles de Sotenville, eut la gloire d'assister en personne au grand siège de Montauban.

CLITANDRE.

J'en suis ravi.

M. DE SOTENVILLE.

Et j'ai eu un aïeul, Bertrand de Sotenville, qui fut si considéré en son temps, que d'avoir permission de vendre tout son bien pour le voyage d'outre-mer.

CLITANDRE.

Je le veux croire.

M. DE SOTENVILLE.

Il m'a été rapporté, monsieur, que vous aimez et poursuivez une jeune personne, qui est ma fille, pour laquelle je m'intéresse (*montrant George Dandin*), et pour l'homme que vous voyez, qui a l'honneur d'être mon gendre.

CLITANDRE.

Qui? moi?

M. DE SOTENVILLE.

Oui; je suis bien aise de vous parler, pour tirer de vous, s'il vous plaît, un éclaircissement de cette affaire.

CLITANDRE.

Voilà une étrange médisance! Qui vous a dit cela, monsieur?

M. DE SOTENVILLE.

Quelqu'un qui croit le bien savoir.

ACTE I, SCÈNE V.

CLITANDRE.

Ce quelqu'un-là en a menti. Je suis honnête homme. Me croyez-vous capable, monsieur d'une action aussi lâche que celle-là ? Moi, aimer une jeune et belle personne qui a l'honneur d'être la fille de monsieur le baron de Sotenville ! je vous révère trop pour cela, et suis trop votre serviteur. Quiconque vous l'a dit est un sot.

M. DE SOTENVILLE.

Allons, mon gendre.

GEORGE DANDIN.

Quoi ?

CLITANDRE.

C'est un coquin et un maraud.

M. DE SOTENVILLE, *à George Dandin*.

Répondez.

GEORGE DANDIN.

Répondez vous-même.

CLITANDRE.

Si je savais qui ce peut être, je lui donnerais, en votre présence, de l'épée dans le ventre.

M. DE SOTENVILLE, *à George Dandin*.

Soutenez donc la chose.

GEORGE DANDIN.

Elle est toute soutenue. Cela est vrai.

CLITANDRE.

Est-ce votre gendre, monsieur, qui... ?

M. DE SOTENVILLE.

Oui, c'est lui-même qui s'en est plaint à moi.

CLITANDRE.

Certes, il peut remercier l'avantage qu'il a de vous appartenir ; et sans cela je lui apprendrais bien à tenir de pareils discours d'une personne comme moi.

SCÈNE VI.

M. DE SOTENVILLE, Mme DE SOTENVILLE ANGÉLIQUE, CLITANDRE, GEORGE DANDIN, CLAUDINE.

MADAME DE SOTENVILLE.

Pour ce qui est de cela, la jalousie est une étrange chose ! J'amène ici ma fille pour éclaircir l'affaire en présence de tout le monde.

CLITANDRE, *à Angélique.*

Est-ce donc vous, madame, qui avez dit à votre mari que je suis amoureux de vous ?

ANGÉLIQUE.

Moi ? Hé ! comment lui aurais-je dit ? Est-ce que cela est ? Je voudrais bien le voir, vraiment, que vous fussiez amoureux de moi. Jouez-vous-y, je vous en prie ; vous trouverez à qui parler ; c'est une chose que je vous conseille de faire. Ayez recours, pour voir, à tous les détours des amans : essayez un peu, par plaisir, à m'envoyer des ambassades, à m'écrire secrètement de petits billets doux, à épier les momens que mon mari n'y sera pas, ou le temps que je sortirai, pour me parler de votre amour ; vous n'avez qu'à y venir, je vous promets que vous serez reçu comme il faut.

CLITANDRE.

Hé ! là, là, madame, tout doucement. Il n'est pas nécessaire de me faire tant de leçons, et de vous tant scandaliser. Qui vous dit que je songe à vous aimer

ANGÉLIQUE.

Que sais-je, moi, ce qu'on me vient conter ici ?

CLITANDRE.

On dira ce que l'on voudra ; mais vous savez si je vous ai parlé d'amour lorsque je vous ai rencontrée.

ANGÉLIQUE.

Vous n'aviez qu'à le faire vous auriez été bien venu.

CLITANDRE.

Je vous assure qu'avec moi vous n'avez rien à crain-

ACTE I, SCÈNE VI.

dre; que je ne suis point homme à donner du chagrin aux belles; et que je vous respecte trop, et vous, et messieurs vos parens, pour avoir la pensée d'être amoureux de vous.

MADAME DE SOTENVILLE, *à George Dandin.*

Hé bien! vous le voyez.

M. DE SOTENVILLE.

Vous voilà satisfait, mon gendre. Que dites-vous à cela?

GEORGE DANDIN.

Je dis que ce sont là des contes à dormir debout, que je sais bien ce que je sais; et que tentôt, puisqu'il faut parler net, elle a reçu une ambassade de sa part.

ANGÉLIQUE.

Moi? j'ai reçu une ambassade?

CLITANDRE.

J'ai envoyé une ambassade?

ANGÉLIQUE.

Claudine?

CLITANDRE, *à Claudine.*

Est-il vrai?

CLAUDINE.

Par ma foi, voilà une étrange fausseté!

GEORGE DANDIN.

Taisez-vous, carogne que vous êtes. Je sais de vos nouvelles, et c'est vous qui tantôt avez introduit le courrier.

CLAUDINE.

Qui? moi?

GEORGE DANDIN.

Oui, vous. Ne faites pas tant la sucrée.

CLAUDINE.

Hélas! que le monde aujourd'hui est rempli de méchanceté, de m'aller soupçonner ainsi, moi qui suis l'innocence même!

GEORGE DANDIN.

Taisez-vous, bonne pièce. Vous faites la sournoise, mais je vous connais il y a long-temps ; et vous êtes une dessalée.

CLAUDINE, *à Angélique.*

Madame, est-ce que...?

GEORGE DANDIN.

Taisez-vous, vous dis-je ; vous pourriez bien porter la folle enchère de tous les autres, et vous n'avez point de père gentilhomme.

ANGÉLIQUE.

C'est une imposture si grande, et qui me touche si fort au cœur, que je ne puis pas même avoir la force d'y répondre. Cela est bien horrible d'être accusée par un mari, lorsqu'on ne lui fait rien qui ne soit à faire ! Hélas ! si je suis blâmable de quelque chose c'est d'en user trop bien avec lui.

CLAUDINE.

Assurément.

ANGÉLIQUE.

Tout mon malheur est de le trop considérer ; et plût au ciel que je fusse capable de souffrir, comme il dit, les galanteries de quelqu'un ! je ne serais point tant à plaindre. Adieu, je me retire ; je ne puis plus endurer qu'on m'outrage de cette sorte.

SCÈNE VII.

M. DE SOTENVILLE, Mme DE SOTENVILLE, CLITANDRE, GEORGE DANDIN, CLAUDINE.

MADAME DE SOTENVILLE, *à George Dandin.*

Allez, vous ne méritez pas l'honnête femme qu'on vous a donnée.

CLAUDINE.

Par ma foi, il mériterait qu'elle lui fît dire vrai : et, si j'étais en sa place, je n'y marchanderais pas.

(*à Clitandre*) Oui, monsieur, vous devez pour le punir, faire l'amour à ma maîtresse. Poussez, c'est moi qui vous le dis, ce sera fort bien employé, et je m'offre à vous y servir, puisqu'il m'en a déjà taxée.
(*Claudine sort.*)

M. DE SOTENVILLE.

Vous méritez, mon gendre, qu'on vous dise ces choses-là; et votre procédé met tout le monde contre vous.

MADAME DE SOTENVILLE.

Allez, songez à mieux traiter une demoiselle bien née; et prenez garde, désormais à ne plus faire de pareilles bévues.

GEORGE DANDIN, *à part*.

J'enrage de bon cœur d'avoir tort lorsque j'ai raison.

SCÈNE VIII.

M. DE SOTENVILLE, CLITANDRE, GEORGE DANDIN.

CLITANDRE, *à M. de Sotenville*.

Monsieur, vous voyez comme j'ai été faussement accusé : vous êtes homme qui savez les maximes du point d'honneur; et je vous demande raison de l'affront qui m'a été fait.

M. DE SOTENVILLE.

Cela est juste, et c'est l'ordre des procédés. Allons, mon gendre, faites satisfaction à monsieur.

GEORGE DANDIN.

Cmment! satisfaction?

M. DE SOTENVILLE.

Oui; cela se doit dans les règles, pour l'avoir à tort accusé.

GEORGE DANDIN.

C'est une chose, moi, dont je ne demeure pas d'accord, de l'avoir à tort accusé; et je sais bien ce que j'en pense.

M. DE SOTENVILLE.

Il n'importe. Quelque pensée qui vous puisse rester, il a nié, c'est satisfaire les personnes ; et l'on n'a nul droit de se plaindre de tout homme qui se dédit.

GEORGE DANDIN.

Si bien donc que, si je le trouvais couché avec ma femme, il en serait quitte pour se dédire?

M. DE SOTENVILLE.

Point de raisonnement. Faites-lui les excuses que je vous dis.

GEORGE DANDIN.

Moi ! je lui ferai encore des excuses après...?

M. DE SOTENVILLE.

Allons, vous dis-je, il n'y a rien à balancer ; et vous n'avez que faire d'avoir peur d'en trop faire, puisque c'est moi qui vous conduis.

GEORGE DANDIN.

Je ne saurais...

M. DE SOTENVILLE.

Corbleu ! mon gendre, ne m'échauffez pas la bile. Je me mettrais avec lui contre vous. Allons, laissez-vous gouverner par moi.

GEORGE DANDIN, *à part.*

Ah ! George Dandin !

M. DE SOTENVILLE.

Votre bonnet à la main le premier ; monsieur est gentilhomme, et vous ne l'êtes pas.

GEORGE DANDIN, *à part, le bonnet à la main.*

J'enrage !

M. DE SOTENVILLE.

Répétez après moi... Monsieur...

GEORGE DANDIN.

Monsieur...

ACTE I, SCÈNE VIII.

M. DE SOTENVILLE.

Je vous demande pardon...
(*voyant que George Dandin fait difficulté de lui obéir.*)
Ah !

GEORGE DANDIN.

Je vous demande pardon.

M. DE SOTENVILLE.

Des mauvaise pensées que j'ai eues de vous.

GEORGE DANDIN.

Des mauvaises pensées que j'ai eues de vous.

M. DE SOTENVILLE.

C'est que je n'avais pas l'honneur de vous connaître.

GOERGE DANDIN.

C'est que je n'avais pas l'honneur de vous connaître.

M. DE SOTENVILLE.

Et je vous prie de croire...

GEORGE DANDIN.

Et je vous prie de croire...

M. DE SOTENVILLE.

Que je suis votre serviteur.

GEORGE DANDIN.

Voulez-vous que je sois le serviteur d'un homme qui me veut faire cocu ?

M. DE SOTENVILLE, *le menaçant encore.*
Ah !

CLITANDRE.

Il suffit, monsieur.

M. DE SOTENVILLE.

Non, je veux qu'il achève, et que tout aille dans les formes... Que je suis votre serviteur.

GEORGE DANDIN.

Que je suis votre serviteur.

CLITANDRE, *à George Dandin.*

Monsieur, je suis le vôtre de tout mon cœur, et je ne songe plus à ce qui est passé. (*à M. de Sotenville.*) Pour vous, monsieur, je vous donne le bon jour, et suis fâché du petit chagrin que vous avez eu.

M. DE SOTENVILLE.

Je vous baise les mains, et quand il vous plaira, je vous donnerai le divertissement de courre un lièvre.

CLITANDRE.

C'est trop de grace que vous me faites.

(*Clitandre sort.*)

M. DE SOTENVILLE.

Voilà, mon gendre, comme il faut pousser les choses. Adieu. Sachez que vous êtes entré dans une famille qui vous donnera de l'appui, et ne souffrira point qu'on vous fasse aucun affront.

SCÈNE X.

GEORGE DANDIN.

Ah ! que je... Vous l'avez voulu, vous l'avez voulu ; George Dandin, vous l'avez voulu ; cela vous sied fort bien, et vous voilà ajusté comme il faut, vous avez justement ce que vous méritez. Allons, il s'agit seulement de désabuser le père et la mère ; et je pourrai trouver peut-être quelque moyen d'y réussir.

FIN DU PREMIER ACTE.

ACTE SECOND.

SCÈNE I.
CLAUDINE, LUBIN.

CLAUDINE.

Oui, j'ai bien déviné qu'il fallait que cela vînt de toi, et que tu l'eusses dit à quelqu'un qui l'ait rapporté à notre maître.

LUBIN.

Par ma foi, je n'en ai touché qu'un petit mot en passant à un homme, afin qu'il ne dît point qu'il m'avait vu sortir; et il faut que les gens, en ce pays-ci, soient de grands babillards.

CLAUDINE.

Vraiment, ce monsieur le vicomte a bien choisi son monde, que de te prendre pour son ambassadeur; et il s'est allé servir là d'un homme bien chanceux.

LUBIN.

Va, une autre fois je serai plus fin, et je prendrai mieux garde à moi.

CLAUDINE.

Oui, oui, il sera temps.

LUBIN.

Ne parlons plus de cela. Ecoute.

CLAUDINE.

Que veux-tu que j'écoute?

LUBIN.

Tourne un peu ton visage devers moi.

CLAUDINE.

Hé bien! qu'est-ce?

LUBIN.

Claudine.

CLAUDINE.

Quoi?

LUBIN.

Hé! là! ne sais-tu pas bien ce que je veux dire?

CLAUDINE.

Non.

LUBIN.

Morgué! je t'aime.

CLAUDINE.

Tout de bon?

LUBIN.

Oui, le diable m'emporte! tu me peux croire, puisque j'en jure.

CLAUDINE.

A la bonne heure.

LUBIN.

Je me sens tout tribouiller le cœur quand je te regarde.

CLAUDINE.

Je m'en réjouis.

LUBIN.

Comment est-ce que tu fais pour être si jolie?

CLAUDINE.

Je fais comme font les autres.

LUBIN.

Vois-tu, il ne faut point tant de beurre pour faire un quarteron : si tu veux tu seras ma femme, je serai ton mari; et nous serons tous deux mari et femme.

CLAUDINE.

Tu serais peut-être jaloux comme notre maître.

LUBIN.

Point.

CLAUDINE.

Pour moi, je hais les maris soupçonneux, et j'en veux un qui ne s'épouvante de rien; un si plein de confiance, et si sûr de ma chasteté, qu'il me vît sans inquiétude au milieu de trente hommes.

ACTE II, SCÈNE I.

LUBIN.

Hé bien ! je serai tout comme cela.

CLAUDINE.

C'est la plus sotte chose du monde que de se défier d'une femme, et de la tourmenter. La vérité de l'affaire est qu'on n'y gagne rien de bon : cela nous fait songer à mal ; et ce sont souvent les maris qui, avec leurs vacarmes, se font eux-mêmes ce qu'ils sont.

LUBIN.

Hé bien ! je te donnerai la liberté de faire tout ce qu'il te plaira.

CLAUDINE.

Voilà comme il faut faire pour n'être point trompé. Lorsqu'un mari se met à notre discrétion, nous ne prenons de liberté que ce qu'il nous en faut ; et il en est comme avec ceux qui nous ouvrent leur bourse, et nous disent : Prenez : nous en usons honnêtement, et nous nous contentons de la raison. Mais ceux qui nous chicanent, nous nous efforçons de les tondre, et nous ne les épargnons point.

LUBIN.

Va, je serai de ceux qui ouvrent leur bourse, et tu n'as qu'à te marier avec moi.

CLAUDINE.

Hé bien, bien, nous nous verrons.

LUBIN.

Viens donc ici, Claudine.

CLAUDINE.

Que veux-tu ?

LUBIN.

Viens, te dis-je.

CLAUDINE.

Ah ! doucement. Je n'aime pas les patineurs.

LUBIN.

Hé ! un petit brin d'amitié.

CLAUDINE.

Laisse-moi là, te dis-je; je n'entends pas raillerie.

LUBIN.

Claudine.

CLAUDINE, *repoussant Lubin.*

Hai !

LUBIN.

Ah ! que tu es rude à pauvres gens ! Fi ! que cela est malhonnête de refuser les personnes ! N'as-tu point de honte d'être belle, et de ne vouloir pas qu'on te caresse ? Hé ! hé !

CLAUDINE.

Je te donnerai sur le nez.

LUBIN.

Oh ! la farouche ! la sauvage ! Fi ! pouah ! la vilaine qui est cruelle !

CLAUDINE.

Tu t'émancipes trop.

LUBIN.

Qu'est-ce que cela te coûterait de me laisser un peu faire ?

CLAUDINE.

Il faut que tu te donnes patience.

LUBIN.

Un petit baiser seulement, en rabattant sur notre mariage.

CLAUDINE.

Je suis votre servante.

LUBIN.

Claudine, je t'en prie, sur l'et tant moins.

CLAUDINE.

Hé ! que nenni. J'y ai déjà été attrapée. Adieu, Va-t'en, et dis à monsieur le vicomte que j'aurai soin de rendre son billet.

LUBIN.

Adieu, beauté rudânière.

ACTE II, SCÈNE III.

CLAUDINE.

Le mot est amoureux.

LUBIN.

Adieu, rocher, caillou, pierre de taille, et tout ce qu'il y a de plus dur au monde.

CLAUDINE, *seule.*

Je vais remettre aux mains de ma maîtresse.... Mais la voici avec son mari : éloignons-nous et attendons qu'elle soit seule.

SCÈNE II.

GEORGE DANDIN, ANGÉLIQUE.

GEORGE DANDIN.

Non, non ; on ne m'abuse pas avec tant de facilité ; et je ne suis que trop certain que le rapport que l'on m'a fait est véritable. J'ai de meilleurs yeux qu'on ne pense, et votre galimatias ne m'a point tantôt ébloui.

SCÈNE III.

CLITANDRE, ANGÉLIQUE, GEORGE DANDIN.

CLITANDRE, *à part, dans le fond du théâtre.*

Ah! la voilà ; mais le mari est avec elle.

GEORGE DANDIN, *sans voir Clitandre.*

Au travers de toutes vos grimaces, j'ai vu la vérité de ce que l'on m'a dit, et le peu de respect que vous avez pour le nœud qui nous joint.

(*Clitandre et Angélique se saluent.*)

Mon dieu laissez là votre révérence ; ce n'est pas de ces sortes de respects dont je vous parle, et vous n'avez que faire de vous moquer.

ANGÉLIQUE.

Moi, me moquer! en aucune façon.

GEORGE DANDIN.

Je sais votre pensée, et connais...

(*Clitandre et Angélique se saluent encore.*)
Encore ! Ah ! ne raillons point davantage. Je n'ignore pas qu'à cause de votre noblesse vous me tenez fort au-dessous de vous : et le respect que je veux dire ne regarde point ma personne ; j'entends parler de celui que vous devez à des nœuds aussi vénérables que le sont ceux du mariage.

(*Angélique fait signe à Clitandre.*)

Il ne faut point lever les épaules, et je ne dis point de sottises.

ANGÉLIQUE.

Qui songe à lever les épaules ?

GEORGE DANDIN.

Mon dieu ! nous voyons clair. Je vous dis encore une fois que le mariage est une chaîne à laquelle on doit porter toutes sortes de respects ; et que c'est fort mal fait à vous d'en user comme vous faites.

(*Angélique fait signe de la tête à Clitandre.*)

Oui, oui, mal fait à vous, et vous n'avez que faire de hocher la tête et de me faire la grimace.

ANGÉLIQUE.

Moi ? je ne sais ce que vous voulez dire.

GEORGE DANDIN.

Je le sais fort bien, moi ; et vos mépris me sont connus. Si je ne suis pas né noble, au moins suis-je d'une race où il n'y a point de reproche ; et la famille des Dandins...

CLITANDRE, *derrière Angélique, sans être aperçu de George Dandin.*

Un moment d'entretien.

GEORGE DANDIN, *sans voir Clitandre.*
Hé !

ANGÉLIQUE.

Quoi ? je ne dis mot.

(George Dandin tourne autour de sa femme, et Clitandre se retire en faisant une grande révérence à George Dandin.

SCÈNE IV.

GEORGE DANDIN, ANGÉLIQUE.

GEORGE DANDIN.

Le voilà qui vient rôder autour de vous.

ANGÉLIQUE.

Hé bien ! est-ce ma faute ? que voulez-vous que j'y fasse ?

GEORGE DANDIN.

Je veux que vous y fassiez ce que fait une femme qui ne veut plaire qu'à son mari. Quoi qu'on en puisse dire, les galans n'obsèdent jamais que quand on le veut bien : il y a un certain air doucereux qui les attire, ainsi que le miel fait les mouches ; et les honnêtes femmes ont des manières qui les savent chasser d'abord.

ANGÉLIQUE.

Moi, les chasser ! et par quelle raison ? Je ne me scandalise point qu'on me trouve bien faite ; et cela me fait du plaisir.

GEORGE DANDIN.

Oui ! Mais quel personnage voulez-vous que joue un mari pendant cette galanterie ?

ANGÉLIQUE.

Le personnage d'un honnête homme, qui est bien aise de voir sa femme considérée.

GEORGE DANDIN.

Je suis votre valet. Ce n'est pas là mon compte, et les Dandins ne sont point accoutumés à cette mode-là.

ANGÉLIQUE.

Oh ! les Dandins s'y accoutumeront s'ils veulent ; car pour moi je vous déclare que mon dessein n'est pas de renoncer au monde et de m'enterrer toute vive dans un mari. Comment ! parce qu'un homme s'avise de nous épouser, il faut d'abord que toutes choses soient finies pour nous, et que nous rompions tout commerce avec les vivans ! C'est une chose merveilleuse que cette tyrannie de messieurs les maris ; et je les trouve bons de vouloir qu'on soit morte à tous les divertissemens, et qu'on ne vive que pour eux. Je me moque de cela, et ne veux point mourir si jeune.

GEORGE DANDIN.

C'est ainsi que vous satisfaites aux engagemens de la foi que vous m'avez donnée publiquement ?

ANGÉLIQUE.

Moi ? je ne vous l'ai point donnée de bon cœur, et vous me l'avez arrachée. M'avez-vous, avant le mariage, demandé mon consentement, et si je voulais bien de vous ? Vous n'avez consulté pour cela que mon père et ma mère : ce sont eux proprement qui vous ont épousé; et c'est pourquoi vous ferez bien de vous plaindre toujours à eux des torts que l'on pourra vous faire. Pour moi, qui ne vous ai point dit de vous marier avec moi, et que vous avez prise sans consulter mes sentimens, je prétends n'être point obligée à me soumettre en esclave à vos volontés ; et je veux jouir , s'il vous plaît, de quelque nombre de beaux jours que m'offre la jeunesse, prendre les douces libertés que l'âge me permet , voir un peu le beau monde, et goûter le plaisir de m'ouïr dire des douceurs. Préparez-vous-y pour votre punition, et rendez graces au ciel de ce que je ne suis pas capable de quelque chose de pis.

GEORGE DANDIN.

Oui ! c'est ainsi que vous le prenez ! Je suis votre mari, et je vous dis que je n'entends pas cela.

ANGÉLIQUE.

Moi, je suis votre femme, et je vous dis que je l'entends.

GEORGE DANDIN, *à part*.

Il me prend des tentations d'accommoder tout son visage à la compote, et le mettre en état de ne plaire de sa vie aux diseurs de fleurettes. Ah ! allons, George

Dandin; je ne pourrais me retenir, et il vaut mieux quitter la place.

SCÈNE V.
ANGÉLIQUE, CLAUDINE.

CLAUDINE.

J'AVAIS, madame, impatience qu'il s'en allât, pour vous rendre ce mot de la part que vous savez.

ANGÉLIQUE.

Voyons.

CLAUDINE, *à part.*

A ce que je puis remarquer, ce qu'on lui écrit ne lui déplaît pas trop.

ANGÉLIQUE.

Ah! Claudine, que ce billet s'explique d'une façon galante! Que dans tous leurs discours et dans toutes leurs actions les gens de cour ont un air agréable! et qu'est-ce que c'est auprès d'eux que nos gens de province?

CLAUDINE.

Je crois qu'après les avoir vus, les Dandins ne vous plaisent guère.

ANGÉLIQUE.

Demeure ici, je m'en vais faire la réponse.

CLAUDINE, *seule.*

Je n'ai pas besoin, que je pense, de lui recommanmander de la faire agréable. Mais voici...

SCÈNE VI.
CLITANDRE, LUBIN, CLAUDINE.

CLAUDINE.

VRAIMENT, monsieur, vous avez pris là un habile messager!

CLITANDRE.

Je n'ai pas osé envoyer de mes gens. Mais, ma pauvre Claudine, il faut que je te récompense des bons offices que je sais que tu m'as rendus.

(*Il fouille dans sa poche.*)

CLAUDINE.

Hé! monsieur, il n'est pas nécessaire. Non, monsieur, vous n'avez que faire de vous donner cette peine-là ; et je vous rends service parce que vous le méritez ; et je me sens au cœur de l'inclination pour vous.

CLITANDRE, *donnant de l'argent à Claudine.*

Je te suis obligé.

LUBIN, *à Claudine.*

Puisque nous serons mariés, donne-moi cela que je le mette avec le mien.

CLAUDINE.

Je te le garde aussi-bien que le baiser.

CLITANDRE, *à Claudine.*

Dis-moi, as-tu rendu mon billet à ta belle maîtresse?

CLAUDINE.

Oui ; elle est allée y répondre.

CLITANDRE.

Mais, Claudine, n'y a-t-il pas moyen que je la puisse entretenir?

CLAUDINE.

Oui ; venez avec moi, je vous ferai parler à elle.

CLITANDRE.

Mais le trouvera-t-elle bon ? et n'y a-t-il rien à risquer ?

CLAUDINE.

Non, non. Son mari n'est pas au logis : et puis, ce n'est pas lui qu'elle a le plus à ménager, c'est son père et sa mère, et pourvu qu'ils soient prévenus, tout le reste n'est point à craindre.

CLITANDRE.

Je m'abandonne à ta conduite.

LUBIN, *seul.*

Testiguienne ! que j'aurai là une habile femme ! Elle a de l'esprit comme quatre.

SCÈNE VII.
GEORGE DANDIN, LUBIN.

GEORGE DANDIN, *bas, à part.*

Voici mon homme de tantôt. Plût au ciel qu'il pût se résoudre à vouloir rendre témoignage au père et à la mère de ce qu'ils ne veulent point croire.

LUBIN.

Ah ! vous voilà, monsieur le babillard, à qui j'avais tant recommandé de ne point parler, et qui me l'aviez tant promis ! Vous êtes donc un causeur, et vous allez redire ce que l'on vous dit en secret.

GEORGE DANDIN.

Moi ?

LUBIN.

Oui ; vous avez été tout rapporter au mari, et vous êtes cause qu'il a fait du vacarme. Je suis bien aise de savoir que vous avez de la langue, et cela m'apprendra à ne vous plus rien dire.

GEORGE DANDIN.

Écoute mon ami.

LUBIN.

Si vous n'aviez point babillé, je vous aurais conté ce qui se passe à cette heure ; mais, pour votre punition, vous ne saurez rien du tout.

GEORGE DANDIN.

Comment ! qu'est-ce qui se passe ?

LUBIN.

Rien, rien. Voilà ce que c'est d'avoir causé ; vous n'en tâterez plus, et je vous laisse sur la bonne bouche.

GEORGE DANDIN.

Arrête un peu.

LUBIN.

Point.

GEORGE DANDIN.

Je ne te veux dire qu'un mot.

LUBIN.

Nennin, nennin. Vous avez envie de me tirer les vers du nez.

GEORGE DANDIN.

Non, ce n'est pas cela.

LUBIN.

Hé! quelque sot... Je vous vois venir.

GEORGE DANDIN.

C'est autre chose. Ecoute.

LUBIN.

Point d'affaire. Vous voudriez que je vous disse que monsieur le vicomte vient de donner de l'argent à Claudine, et qu'elle l'a mené chez sa maîtresse. Mais je ne suis pas si bête.

GEORGE DANDIN.

De grace.

LUBIN.

Non.

GEORGE DANDIN.

Je te donnerai...

LUBIN.

Tarare.

SCÈNE VIII.

GEORGE DANDIN.

Je n'ai pu me servir, avec cet innocent, de la pensée que j'avais. Mais le nouvel avis qui lui est échappé ferait la même chose; et, si le galant est chez moi, ce serait pour avoir raison aux yeux du père et de la mère, et les convaincre pleinement de l'effronterie de leur fille. Le mal de tout ceci, c'est que je ne sais comment faire pour profiter d'un tel avis. Si je rentre chez moi, je ferai évader le drôle; et quelque chose que je puisse voir moi-même de mon déshonneur, je n'en serai point cru à mon serment, et l'on me dira que je rêve. Si, d'autre part, je vais quérir beau-père et belle-mère sans être sûr

de trouver chez moi le galant, ce sera la même chose ; et je retomberai dans l'inconvénient de tantôt. Pourrais-je point m'éclaircir doucement s'il y est encore ?
(*après avoir été regarder par le trou de la serrure.*)
Ah ciel ! il n'en faut plus douter, et je viens de l'apercevoir par le trou de la porte. Le sort me donne ici de quoi confondre ma partie ; et, pour achever l'aventure, il fait venir à point nommé les juges dont j'avais besoin.

SCÈNE IX.

M. DE SOTENVILLE, Mme DE SOTENVILLE, GEORGE DANDIN.

GEORGE DANDIN.

Enfin, vous ne m'avez pas voulu croire tantôt, et votre fille l'a emporté sur moi : mais j'ai en main de quoi vous faire voir comme elle m'accommode ; et, dieu merci, mon déshonneur est si clair maintenant, que vous n'en pourrez plus douter.

M. DE SOTENVILLE.

Comment ! mon gendre, vous en êtes encore là-dessus ?

GEORGE DANDIN.

Oui, j'y suis, et jamais je n'eus tant de sujet d'y être.

MADAME DE SOTENVILLE.

Vous nous venez encore étourdir la tête ?

GEORGE DANDIN.

Oui, madame ; et l'on fait bien pis à la mienne.

M. DE SOTENVILLE.

Ne vous lassez-vous point de vous rendre importun ?

GEORGE DANDIN.

Non ; mais je me lasse fort d'être pris pour dupe.

MADAME DE SOTENVILLE.

Ne voulez-vous point vous défaire de vos pensées extravagantes ?

GEORGE DANDIN.
Non, madame ; mais je voudrais bien me défaire d'une femme qui me déshonore.
MADAME DE SOTENVILLE.
Jour de dieu ! notre gendre, apprenez à parler.
M. DE SOTENVILLE.
Corbleu ! Cherchez des termes moins offensans que ceux-là.
GEORGE DANDIN.
Marchand qui perd ne peut rire.
MADAME DE SOTENVILLE.
Souvenez-vous que vous avez épousé une demoiselle.
GEORGE DANDIN.
Je m'en souviens assez, et ne m'en souviendrai que trop.
M. DE SOTENVILLE.
Si vous vous en souvenez, songez donc à parler d'elle avec plus de respect.
GEORGE DANDIN.
Mais que ne songe-t-elle plutôt à me traiter plus honnêtement ? Quoi ! parce qu'elle est demoiselle, il faut qu'elle ait la liberté de me faire ce qui lui plaît, sans que j'ose souffler ?
M. DE SOTENVILLE.
Qu'avez-vous donc et que pouvez-vous dire ? N'avez-vous pas vu ce matin qu'elle s'est défendue de connaître celui dont vous m'étiez venu parler ?
GEORGE DANDIN.
Oui ; mais, vous, que pourrez-vous dire si je vous fais voir maintenant que le galant est avec elle ?
MADAME DE SOTENVILLE.
Avec elle ?
GEORGE DANDIN.
Oui, avec elle, et dans ma maison.

ACTE II, SCÈNE X.

M. DE SOTENVILLE.

Dans votre maison ?

GEORGE DANDIN.

Oui, dans ma propre maison.

MADAME DE SOTENVILLE.

Si cela est, nous serons pour vous contre elle.

M. DE SOTENVILLE.

Oui, l'honneur de notre famille nous est plus cher que toute chose ; et, si vous dites vrai, nous la renoncerons pour notre sang, et l'abandonnerons à votre colère.

GEORGE DANDIN.

Vous n'avez qu'à me suivre.

MADAME DE SOTENVILLE.

Gardez de vous tromper.

M. DE SOTENVILLE.

N'allez pas faire comme tantôt.

GEORGE DANDIN.

Mon dieu ! vous allez voir (*montrant Clitandre qui sort avec Angélique.*) Tenez, ai-je menti ?

SCÈNE X.

ANGÉLIQUE, CLITANDRE, CLAUDINE, M. DE SOTENVILLE et Mme DE SOTENVILLE avec GEORGE DANDIN, *dans le fond du théâtre.*

ANGÉLIQUE, *à Clitandre.*

Adieu ; j'ai peur qu'on vous surprenne ici, et j'ai quelques mesures à garder.

CLITANDRE.

Promettez-moi donc, madame, que je pourrai vous parler cette nuit.

ANGÉLIQUE.

J'y ferai mes efforts.

GEORGE DANDIN, *à monsieur et à madame de Sotenville.*

Approchons doucement par derrière, et tâchons de n'être point vus.

CLAUDINE.

Ah ! madame, tout est perdu ! Voilà votre père et votre mère accompagnés de votre mari.

CLITANDRE.

Ah ciel !

ANGÉLIQUE, *bas, à Claudine et à Clitandre.*

Ne faites pas semblant de rien, et me laissez faire tous deux. (*haut, à Clitandre.*) Quoi ! vous osez en user de la sorte, après l'affaire de tantôt, et c'est ainsi que vous dissimulez vos sentimens ! On me vient rapporter que vous avez de l'amour pour moi, et que vous faites des desseins de me solliciter ; j'en témoigne mon dépit, et m'explique à vous clairement en présence de tout le monde ; vous niez hautement la chose, et me donnez parole de n'avoir aucune pensée de m'offenser : et cependant le même jour vous prenez la hardiesse de venir chez moi me rendre visite, de me dire que vous m'aimez, de me faire cent sots contes, pour me persuader de répondre à vos extravagances, comme si j'étais femme à violer la foi que j'ai donnée à un mari, et m'éloigner jamais de la vertu que mes parens m'ont enseignée ! Si mon père savait cela, il vous apprendrait bien à tenter de ces entreprises ! Mais une honnête femme n'aime point les éclats ; je n'ai garde de lui en rien dire ;

(*après avoir fait signe à Claudine d'apporter un bâton.*)

et je veux vous montrer que, toute femme que je suis, j'ai assez de courage pour me venger moi-même des offenses que l'on me fait. L'action que vous avez faite n'est pas d'un gentilhomme, et ce n'est pas en gentilhomme aussi que je veux vous traiter.

Angélique prend le bâton et le lève sur Clitandre, qui

se range de façon que les coups tombent sur George Dandin.)

CLITANDRE, *criant comme s'il avait été frappé.*
Ah ! ah ! ah ! ah ! ah ! doucement !

SCÈNE XI.

M. DE SOTENVILLE, Mme DE SOTENVILLE, ANGÉLIQUE, GEORGE DANDIN, CLAUDINE.

CLAUDINE.

Fort ! madame, frappez comme il faut.

ANGÉLIQUE, *faisant semblant de parler à Clitandre.*

S'il vous demeure quelque chose sur le cœur, je suis pour vous répondre.

CLAUDINE.

Apprenez à qui vous vous jouez.

ANGÉLIQUE, *faisant l'étonnée.*

Ah ! mon père, vous êtes là !

M. DE SOTENVILLE.

Oui, ma fille ; et je vois qu'en sagesse et en courage tu te montres un digne rejeton de la maison de Sotenville. Viens çà, approche-toi que je t'embrasse.

MADAME DE SOTENVILLE.

Embrasse-moi aussi, ma fille. Las ! je pleure de joie, et reconnais mon sang aux choses que tu viens de faire.

M. DE SOTENVILLE.

Mon gendre, que vous devez être ravi ! et que cette aventure est pour vous pleine de douceurs ! Vous aviez un juste sujet de vous alarmer ; mais vos soupçons se trouvent dissipés le plus avantageusement du monde.

MADAME DE SOTENVILLE.

Sans doute, notre gendre, et vous devez maintenant être le plus content des hommes.

CLAUDINE.

Assurément. Voilà une femme, celle-là ! vous êtes trop heureux de l'avoir, et vous devriez baiser les pas où elle passe.

GEORGE DANDIN, *à part*.

Hé ! traîtresse !

M. DE SOTENVILLE.

Qu'est-ce, mon gendre ? Que ne remerciez-vous un peu votre femme de l'amitié que vous voyez qu'elle montre pour vous ?

ANGÉLIQUE.

Non, non, mon père, il n'est pas nécessaire : il ne m'a aucune obligation de ce qu'il vient de voir, et tout ce que j'en fais n'est que pour l'amour de moi-même.

M. DE SOTENVILLE.

Où allez-vous, ma fille ?

ANGÉLIQUE.

Je me retire, mon père, pour ne me voir point obligée à recevoir ses complimens.

CLAUDINE, *à George Dandin*.

Elle a raison d'être en colère. C'est une femme qui mérite d'être adorée, et vous ne la traitez pas comme vous devriez.

GEORGE DANDIN, *à part*.

Scélérate !

SCÈNE XII.

M. DE SOTENVILLE, Mme DE SOTENVILLE, GEORGE DANDIN.

M. DE SOTENVILLE.

C'est un petit ressentiment de l'affaire de tantôt, et cela se passera avec un peu de caresses que vous lui ferez. Adieu, mon gendre ; vous voilà en état de ne vous plus inquiéter. Allez-vous-en faire la paix ensemble, et tâchez de l'appaiser par des excuses de votre emportement.

MADAME DE SOTENVILLE.

Vous devez considérer que c'est une jeune fille élevée à la vertu, et qui n'est point accoutumée à se voir soupçonner d'une vilaine action. Adieu. Je suis ravie de voir vos désordres finis, et des transports de joie que vous doit donner sa conduite.

SCÈNE XIII.
GEORGE DANDIN.

Je ne dis mot, car je ne gagnerais rien à parler : et jamais il ne s'est rien vu d'égal à ma disgrace Oui, j'admire mon malheur, et la subtile adresse de ma carogne de femme pour se donner toujours raison et me faire avoir tort. Est-il possible que toujours j'aurai du dessous avec elle, que les apparences toujours tourneront contre moi, et que je ne parviendrai point à convaincre mon effrontée? O ciel, seconde mes desseins, et m'accorde la grace de faire voir aux gens que l'on me déshonore !

FIN DU SECOND ACTE.

ACTE TROISIÈME.

SCÈNE I.
CLITANDRE, LUBIN,

CLITANDRE.

La nuit est avancée, et j'ai peur qu'il ne soit trop tard. Je ne vois point à me conduire, Lubin.

LUBIN.

Monsieur ?

CLITANDRE.

Est-ce par ici ?

LUBIN.

Je pense que oui. Morgué! voilà une sotte nuit, d'être si noire que cela !

CLITANDRE.

Elle a tort assurément ; mais, si d'un côté elle nous empêche de voir, elle empêche de l'autre que nous ne soyons vus.

LUBIN.

Vous avez raison, elle n'a pas tant de tort. Je voudrais bien savoir, monsieur, vous qui êtes savant, pourquoi il ne fait point jour la nuit.

CLITANDRE.

C'est une grande question, et qui est difficile. Tu es curieux, Lubin.

LUBIN.

Oui. Si j'avais étudié, j'aurais été songer à des choses où on n'a jamais songé.

CLITANDRE.

Je le crois. Tu as la mine d'avoir l'esprit subtil et pénétrant.

LUBIN.

Cela est vrai. Tenez, j'explique du latin, quoique

jamais je ne l'aie appris, et voyant l'autre jour écrit sur une grande porte, *collegium*, je devinais que cela voulait dire collége.

CLITANDRE.

Cela est admirable. Tu sais donc lire, Lubin ?

LUBIN.

Oui, je sais lire la lettre moulée, mais je n'ai jamais su apprendre à lire l'écriture.

CLITANDRE.

Nous voici contre la maison. (*après avoir frappé dans ses mains.*) C'est le signal que m'a donné Claudine.

LUBIN.

Par ma foi, c'est une fille qui vaut de l'argent, et je l'aime de tout mon cœur.

CLITANDRE.

Aussi t'ai-je amené avec moi pour l'entretenir.

LUBIN.

Monsieur, je vous suis...

CLITANDRE.

Chut. J'entends quelque bruit..

SCÈNE II.

ANGÉLIQUE, CLAUDINE, CLITANDRE, LUBIN.

ANGÉLIQUE.

Claudine

CLAUDINE.

Hé bien ?

ANGÉLIQUE.

Laisse la porte entr'ouverte.

CLAUDINE.

Voilà qui est fait.
(*Scène de nuit. Les acteurs se cherchent les uns les autres dans l'obscurité.*)

CLITANDRE, *à Lubin.*

Ce sont elles. St.

ANGÉLIQUE.

St.

LUBIN.

St.

CLAUDINE.

St.

CLITANDRE, *à Claudine, qu'il prend pour Angélique.*

Madame.

ANGÉLIQUE, *à Lubin, qu'elle prend pour Clitandre.*

Quoi ?

LUBIN, *à Angélique qu'il prend pour Claudine.*

Claudine.

CLAUDINE, *à Clitandre, qu'elle prend pour Lubin.*

Qu'est-ce ?

CLITANDRE, *à Claudine, croyant parler à Angélique.*

Ah ! madame, que j'ai de joie !

LUBIN, *à Angélique, croyant parler à Claudine.*

Claudine ! ma pauvre Claudine !

CLAUDINE, *à Clitandre.*

Doucement, monsieur,

ANGÉLIQUE, *à Lubin.*

Tout beau, Lubin.

CLITANDRE.

Est-ce toi, Claudine.

CLAUDINE.

Oui.

LUBIN.

Est-ce vous, madame ?

ANGÉLIQUE.

Oui.

CLAUDINE, *à Clitandre.*

Vous avez pris l'une pour l'autre.

LUBIN, *à Angélique.*

Ma foi, on n'y voit goutte.

ANGÉLIQUE.

Est-ce pas vous, Clitandre ?

CLITANDRE.

Oui, madame.

ANGÉLIQUE.

Mon mari ronfle comme il faut, et j'ai pris ce temps pour nous entretenir ici.

CLITANDRE.

Cherchons quelque lieu pour nous asseoir.

CLAUDINE.

C'est fort bien avisé.

(Angélique, Clitandre et Claudine vont s'asseoir dans le font du théâtre.)

LUBIN, *cherchant Claudine.*

Claudine, où est-ce que tu es ?

SCÈNE III.

ANGÉLIQUE, CLITANDRE ET CLAUDINE, *assis au fond du théâtre* ; GEORGE DANDIN, *à moitié déshabillé* ; LUBIN.

GEORGE DANDIN, *à part.*

J'AI entendu descendre ma femme, et je me suis vite habillé pour descendre après elle. Où peut-elle être allée ? Serait-elle sortie ?

LUBIN *cherchant Claudine.*

Où es-tu donc, Claudine ? (*prenant George Dandin pour Claudine.*) Ah ! te voilà. Par ma foi, ton maître est plaisamment attrapé, et je trouve ceci aussi drôle que les coups de bâton de tantôt, dont on m'a fait récit. Ta maîtresse dit qu'il ronfle à cette heure comme tous les diantres; et il ne sait pas que monsieur le vicomte et elle sont ensemble pendant qu'il dort. Je voudrais bien savoir quel songe il fait maintenant. Cela est tout-à-fait risible.

De quoi s'avise-t-il aussi d'être jaloux de sa femme, et de vouloir qu'elle soit à lui tout seul ? C'est un impertinent, et monsieur le vicomte lui fait trop d'honneur. Tu ne dis mot, Claudine ! Allons, suivons-les, et me donne ta petite menotte, que je la baise. Ah ! que cela est doux, il me semble que je mange des confitures.
(*à George Dandin qu'il prend toujours pour Claudine, et qui le repousse rudement.*
Tubleu ! comme vous y allez ! Voila une petite menotte qui est un peu bien rude.

GEORGE DANDIN.

Qui va là ?

LUBIN.

Personne.

GEORGE DANDIN.

Il fuit, et me laisse informé de la nouvelle perfidie de ma coquine. Allons, il faut que, sans tarder, j'envoie appeler son père et sa mère, et que cette aventure me serve à me faire séparer d'elle. Holà ! Colin, Colin !

SCÈNE IV.

ANGÉLIQUE et CLITANDRE avec CLAUDINE et LUBIN, *assis au fond du théâtre;* GEORGE DANDIN, COLIN.

COLIN, *à la fenêtre.*

Monsieur ?

GEORGE DANDIN.

Allons, vite, ici bas.

COLIN, *sautant par la fenêtre.*

M'y voilà, on ne peut pas plus vite.

GEORGE DANDIN.

Tu es là ?

COLIN.

Oui, monsieur.
(Pendant que George Dandin va chercher Colin du côté où il a entendu sa voix, Colin passe de l'autre, et s'endort.)

ACTE III, SCÈNE IV.

GEORGE DANDIN, *se tournant du côté où il croit qu'est Colin.*

Doucement, parle bas. Ecoute. Va-t'en chez mon beau-père et ma belle-mère, et leur dis que je les prie très-instamment de venir tout à l'heure ici. Entends-tu? Hé! Colin, Colin!

COLIN, *de l'autre côté, se réveillant.*

Monsieur?

GEORGE DANDIN.

Où diable es-tu?

COLIN.

Ici.

GEORGE DANDIN.

Peste soit du maroufle qui s'éloigne de moi! (Pendant que George Dandin retourne du côté où il croit que Colin est resté, Colin, à moitié endormi, passe de l'autre côté, et se rendort.) Je te dis que tu ailles de ce pas trouver mon beau-père et ma belle-mère, et leur dire que je les conjure de se rendre ici tout à l'heure. M'entends-tu bien? Réponds. Colin, Colin!

COLIN, *de l'autre côté, se réveillant.*

Monsieur?

GEORGE DANDIN.

Voilà un pendard qui me fera enrager. Viens-t'en à moi.

(*Ils se rencontrent, et tombent tous deux.*)

Ah! le traître! il m'a estropié. Où est-ce que tu es? Approche, que je te donne mille coups. Je pense qu'il me fuit.

COLIN.

Assurément.

GEORGE DANDIN.

Veux-tu venir?

COLIN.

Nenni, ma foi.

GEORGE DANDIN.
Viens, te dis-je.

COLIN.
Point, vous me voulez battre.

GEORGE DANDIN.
Hé bien ! non. Je ne te ferai rien.

COLIN.
Assurément ?

GEORGE DANDIN.
Oui. Approche. Bon. (*à Colin, qu'il tient par le bras.*) Tu es bienheureux de ce que j'ai besoin de toi. Va-t'en vite, de ma part, prier mon beau-père et ma belle-mère de se rendre ici le plus tôt qu'ils pourront, et leur dis que c'est pour une affaire de la dernière conséquence ; et, s'ils faisaient quelque difficulté à cause de l'heure, ne manque pas de les presser, et de leur bien faire entendre qu'il est très-important qu'ils viennent, en quelque état qu'ils soient. Tu m'entends bien maintenant ?

COLIN.
Oui, monsieur.

GEORGE DANDIN.
Va vite, et reviens de même. (*se croyant seul.*) Et moi, je vais rentrer dans ma maison, attendant que.... Mais j'entends quelqu'un. Ne serait-ce point ma femme ? Il faut que j'écoute, et me serve de l'obscurité qu'il fait. (George Dandin se range près la porte de sa maison.)

SCÈNE V.

ANGÉLIQUE, CLITANDRE, CLAUDINE, LUBIN, GEORGE DANDIN.

ANGÉLIQUE, *à Clitandre.*
Adieu, il est temps de se retirer.

CLITANDRE.
Quoi ! sitôt ?

ACTE III, SCÈNE V.

ANGÉLIQUE.

Nous nous sommes assez entretenu.

CLITANDRE.

Ah ! madame, puis-je assez vous entretenir, et trouver en si peu de temps, toutes les paroles dont j'ai besoin ? Il me faudrait des journées entières pour me bien expliquer à vous de tout ce que je sens ; et je ne vous ai pas dit encore la moindre partie de ce que j'avais à vous dire.

ANGÉLIQUE.

Nous en écouterons une autre fois davantage.

CLITANDRE.

Hélas ! de quel coup me percez-vous l'ame, lorsque vous parlez de vous retirer ! et avec combien de chagrins m'allez-vous laisser maintenant !

ANGÉLIQUE.

Nous trouverons moyen de nous revoir.

CLITANDRE.

Oui; mais je songe qu'en me quittant vous allez trouver un mari. Cette pensée m'assassine, et les priviléges qu'ont les maris sont des choses cruelles pour un amant qui aime bien.

ANGÉLIQUE.

Serez-vous assez faible pour avoir cette inquiétude ? et pensez-vous qu'on soit capable d'aimer de certains maris qu'il y a ? On les prend parce qu'on ne s'en peut défendre, et que l'on dépend de parens qui n'ont des yeux que pour le bien ; mais on sait leur rendre justice, et l'on se moque fort de les considérer au-delà de ce qu'ils méritent.

GEORGE DANDIN, *à part.*

Voilà nos carognes de femmes !

CLITANDRE.

Ah ! qu'il faut avouer que celui qu'on vous a donné était peu digne de l'honneur qu'il a reçu ! et que c'est une étrange chose que l'assemblage qu'on a fait d'une personne comme vous avec un homme comme lui !

GEORGE DANDIN, *à part.*

Pauvres maris, voilà comme on vous traite !

CLITANDRE.

Vous méritez, sans doute, une tout autre destinée, et le ciel ne vous a point faite pour être la femme d'un paysan.

GEORGE DANDIN.

Plût au ciel fût-elle la tienne ! tu changerais bien de langage. Rentrons, c'en est assez.

(George Dandin, étant rentré, ferme la porte en dedans.)

SCÈNE VI.
ANGÉLIQUE, CLITANDRE, CLAUDINE, LUBIN.

CLAUDINE.

Madame, si vous avez du mal à dire de votre mari, dépêchez vite, car il est tard.

CLITANDRE.

Ah ! Claudine, que tu es cruelle !

ANGÉLIQUE, *à Clitandre.*

Elle a raison, séparons-nous.

CLITANDRE.

Il faut donc s'y résoudre, puisque vous le voulez ; mais au moins je vous conjure de me plaindre un peu des méchans momens que je vais passer.

ANGELIQUE.

Adieu.

LUBIN.

Où es-tu, Claudine ? que je te donne le bon soir.

CLAUDINE.

Va, va, je le reçois de loin, et je t'en renvoie autant.

SCÈNE VII.
ANGÉLIQUE, CLAUDINE.

ANGÉLIQUE.

Rentrons sau faire de bruit.

ACTE III, SCÈNE VII.

CLAUDINE.

La porte s'est fermée.

ANGÉLIQUE.

J'ai le passe-partout.

CLAUDINE.

Ouvrez donc doucement.

ANGÉLIQUE.

On a fermé en dedans ; et je ne sais comment nous ferons.

CLAUDINE.

Appelez le garçon qui couche là.

ANGÉLIQUE.

Colin ! Colin ! Colin !

SCÈNE VIII.

GEORGE DANDIN, ANGÉLIQUE, CLAUDINE.

GEORGE DANDIN, *à la fenêtre.*

Colin ! Colin ! Ah ! je vous y prends donc, madame ma femme ; et vous faites des *escampativos* pendant que je dors ! Je suis bien aise de cela, et de vous voir dehors à l'heure qu'il est.

ANGÉLIQUE.

Hé bien ! quel grand mal est-ce qu'il y a à prendre le frais de la nuit.

GEORGE DANDIN.

Oui, oui, l'heure est bonne à prendre le frais. C'est bien plutôt le chaud, madame la coquine ; et nous savons toute l'intrigue du rendez-vous et du damoiseau. Nous avons entendu votre galant entretien, et les beaux vers à ma louange que vous avez dits l'un et l'autre. Mais ma consolation, c'est que je vais être vengé, et que votre père et votre mère seront convaincus maintenant de la justice de mes plaintes, et du déréglement de votre conduite. Je les ai envoyés querir, et ils vont être ici dans un moment.

ANGÉLIQUE, *à part.*

Ah ciel !

CLAUDINE.

Madame !

GEORGE DANDIN.

Voilà un coup sans doute où vous ne vous attendiez pas. C'est maintenant que je triomphe, et j'ai de quoi mettre à bas votre orgueil et détruire vos artifices. Jusqu'ici vous avez joué mes accusations, ébloui vos parens, et plâtré vos malversations. J'ai eu beau voir et beau dire, votre adresse toujours l'a emporté sur mon bon droit, et toujours vous avez trouvé moyen d'avoir raison; mais à cette fois, dieu merci, les choses vont être éclaircies, et votre effronterie sera pleinement confondue.

ANGÉLIQUE.

Hé ! je vous prie, faites-moi ouvrir la porte.

GEORGE DANDIN.

Non, non; il faut attendre la venue de ceux que j'ai mandés, et je veux qu'ils vous trouvent dehors à la belle heure qu'il est. En attendant qu'ils viennent, songez, si vous voulez, à chercher dans votre tête quelque nouveau détour pour vous tirer de cette affaire ; à inventer quelque moyen de rhabiller votre escapade ; à trouver quelque belle ruse pour éluder ici les gens et paraître innocente ; quelque prétexte spécieux de pélérinage nocturne, ou d'amie en travail d'enfant que vous veniez de secourir.

ANGÉLIQUE.

Non, mon intention n'est pas de vous rien déguiser. Je ne prétends point me défendre, ni vous nier les choses, puisque vous les savez.

GEORGE DANDIN.

C'est que vous voyez bien que tous les moyens vous en sont fermés, et que dans cette affaire vous ne sauriez inventer d'excuse qu'il ne me soit facile de convaincre de fausseté.

ANGÉLIQUE.

Oui, je confesse que j'ai tort, et que vous avez sujet

ACTE III, SCÈNE VIII.

de vous plaindre ; mais je vous demande par grace de ne m'exposer point maintenant à la mauvaise humeur de mes parens, et de me faire promptement ouvrir.

GEORGE DANDIN.

Je vous baise les mains.

ANGÉLIQUE.

Hé ! mon pauvre petit mari, je vous en conjure.

GEORGE DANDIN.

Ah ! mon pauvre petit mari ? Je suis votre petit mari maintenant parceque vous vous sentez prise. Je suis bien aise de cela ; et vous ne vous étiez jamais avisée de me dire de ces douceurs.

ANGÉLIQUE.

Tenez, je vous promets de ne vous plus donner aucun sujet de déplaisir, et de me...

GEORGE DANDIN.

Tout cela n'est rien. Je ne veux point perdre cette aventure, et il m'importe qu'on soit une fois éclairci à fond de vos déportemens.

ANGÉLIQUE.

De grace, laissez-moi vous dire. Je vous demande un moment d'audience.

GEORGE DANDIN.

Hé bien ? quoi !

ANGÉLIQUE.

Il est vrai que j'ai failli, je vous l'avoue encore une fois, et que votre ressentiment est juste ; que j'ai pris le temps de sortir pendant que vous dormiez ; et que cette sortie est un rendez-vous que j'avais donné à la personne que vous dites : mais enfin, ce sont des actions que vous devez pardonner à mon âge, des emportemens de jeune personne qui n'a encore rien vu, et ne fait que d'entrer au monde ; des libertés où l'on s'abandonne sans y penser de mal, et qui, sans doute, dans le fond n'ont rien de...

GEORGE DANDIN.

Oui, vous le dites, et ce sont de ces choses qui ont besoin qu'on les croie pieusement.

ANGÉLIQUE.

Je ne veux point m'excuser par-là d'être coupable envers vous, et je vous prie seulement d'oublier une offense dont je vous demande pardon de tout mon cœur, et de m'épargner en cette rencontre le déplaisir que me pourraient causer les reproches fâcheux de mon père et de ma mère. Si vous m'accordez généreusement la grace que je vous demande, ce procédé obligeant, cette bonté que vous me ferez voir me gagnera entièrement ; elle touchera tout-à-fait mon cœur, et y fera naître pour vous ce que tout le pouvoir de mes parens et les liens du mariage n'avaient pu y jeter ; en un mot, elle sera cause que je renoncerai à toutes les galanteries, et n'aurai de l'attachement que pour vous. Oui, je vous donne ma parole que vous m'allez voir désormais la meilleure femme du monde, et que je vous témoignerai tant d'amitié, tant d'amitié, que vous en serez satisfait.

GEORGE DANDIN.

Ah ! crocodile, qui flatte les gens pour les étrangler !

ANGÉLIQUE.

Accordez-moi cette faveur.

GEORGE DANDIN.

Point d'affaire, je suis inexorable.

ANGÉLIQUE.

Montrez-vous généreux.

GEORGE DANDIN.

Non.

ANGÉLIQUE.

De grace.

GEORGE DANDIN.

Point.

ANGÉLIQUE.

Je vous conjure de tout mon cœur.

ACTE III, SCÈNE VIII.

GEORGE DANDIN.

Non, non, non. Je veux qu'on soit détrompé de vous, et que votre confusion éclate.

ANGÉLIQUE.

Hé bien ! si vous me réduisez au désespoir, je vous avertis qu'une femme en cet état est capable de tout, et que je ferai quelque chose ici dont vous vous repentirez.

GEORGE DANDIN.

Et que ferez-vous, s'il vous plaît ?

ANGÉLIQUE.

Mon cœur se portera jusqu'aux extrêmes résolutions, et, de ce couteau que voici, je me tuerai sur la place.

GEORGE DANDIN.

Ah ! ah ! à la bonne heure.

ANGÉLIQUE.

Pas tant à la bonne heure pour vous que vous vous imaginez. On sait de tous côtés nos différens et les chagrins perpétuels que vous concevez contre moi. Lorsqu'on me trouvera morte, il n'y aura personne qui mette en doute que ce ne soit vous qui m'aurez tuée ; et mes parens ne sont pas gens assurément à laisser cette mort impunie, et ils en feront sur votre personne toute la punition que leur pourront offrir et les poursuites de la justice et la chaleur de leur ressentiment. C'est par-là que je trouverai moyen de me venger de vous ; et je ne suis pas la première qui ait su recourir à de pareilles vengeances, qui n'ait pas fait difficulté de se donner la mort pour perdre ceux qui ont la cruauté de nous pousser à la dernière extrémité.

GEORGE DANDIN.

Je suis votre valet. On ne s'avise plus de se tuer soi-même ; et la mode en est passée il y a long-temps.

ANGÉLIQUE.

C'est une chose dont vous pouvez vous tenir sûr ; et, si vous persistez dans votre refus, si vous ne me faites ouvrir, je vous jure que tout à l'heure je vais vous faire voir jusqu'où peut aller la résolution d'une personne qu'on met au désespoir.

GEORGE DANDIN.

Bagatelles! bagatelles! c'est pour me faire peur.

ANGÉLIQUE.

Hé bien! puisqu'il le faut, voici qui nous contentera tous deux, et montrera si je me moque. (*après avoir fait semblant de se tuer.*) Ah! c'en est fait! fasse le ciel que ma mort soit vengée comme je le souhaite, et que celui qui en est cause reçoive un juste châtiment de la dureté qu'il a eue pour moi!

GEORGE DANDIN.

Ouais! serait-elle bien si malicieuse que de s'être tuée pour me faire pendre? Prenons un bout de chandelle pour aller voir.

SCÈNE IX.
ANGÉLIQUE, CLAUDINE.

ANGÉLIQUE, *à Claudine.*

St! Paix! Rangeons-nous chacune immédiatement contre un des côtés de la porte.

SCÈNE X.

ANGÉLIQUE et CLAUDINE, *entrant dans la maison au moment que George Dandin en sort, et fermant la porte en dedans;* GEORGE DANDIN, *une chandelle à la main.*

GEORGE DANDIN.

La méchanceté d'une femme irait-elle bien jusque-là? (*seul, après avoir regardé partout.*) Il n'y a personne. Hé! je m'en étais bien douté; et la pendarde s'est retirée, voyant qu'elle ne gagnait rien après moi, ni par prières, ni par menaces. Tant mieux, cela rendra ses affaires encore plus mauvaises; et le père et la mère, qui vont venir, en verront mieux son crime. (*après avoir été à la porte de sa maison pour rentrer.*) Ah! ah! la porte s'est fermée! Holà! oh! quelqu'un! qu'on m'ouvre promptement.

SCÈNE XI.
ANGÉLIQUE ET CLAUDINE, *à la fenêtre*, GEORGE DANDIN.

ANGÉLIQUE.
Comment ! c'est toi ! D'où viens-tu, bon pendard ? Est-il l'heure de revenir chez soi, quand le jour est près de paraître ! et cette manière de vie est-elle celle que doit suivre un honnête mari ?

CLAUDINE.
Cela est-il beau d'aller ivrogner toute la nuit, et de laisser ainsi toute seule une pauvre jeune femme dans la maison ?

GEORGE DANDIN.
Comment ! vous avez....

ANGÉLIQUE.
Va, va, traître, je suis lasse de tes déportemens, et je m'en veux plaindre sans plus tarder à mon père et à ma mère.

GEORGE DANDIN.
Quoi ! c'est ainsi que vous osez...

SCÈNE XII.
M. DE SOTENVILLE ET Mme DE SOTENVILLE, *en déshabillé de nuit*; COLIN, *portant une lanterne*; ANGÉLIQUE ET CLAUDINE, *à la fetre*; GEORGE DANDIN.

ANGÉLIQUE, *à M. et à madame de Sotenville.*
Approchez, de grace ; et venez me faire raison de l'insolence la plus grande du monde, d'un mari à qui le vin et la jalousie ont troublé de telle sorte la cervelle, qu'il ne sait plus ce qu'il dit ni ce qu'il fait, et vous a lui-même envoyé quérir pour vous faire témoins de l'extravagance la plus étrange dont on ait jamais ouï parler. Le voilà qui revient, comme vous voyez, après s'être fait attendre toute la nuit : et, si vous voulez l'écouter, il vous dira qu'il a les plus grandes plaintes du

monde à vous faire de moi ; que, durant qu'il dormait, je me suis dérobée d'auprès de lui pour m'en aller courir, et cent autres contes de même nature qu'il est allé rêver.

GEORGE DANDIN, *à part.*

Voilà une méchante carogne !

CLAUDINE.

Oui, il nous a voulu faire accroire qu'il était dans la maison ; et que nous en étions dehors ; et c'est une folie qu'il n'y a pas moyen de lui ôter de la tête.

M. DE SOTENVILLE.

Comment qu'est-ce à dire cela ?

MADAME DE SOTENVILLE.

Voilà une furieuse impudence que de nous envoyer querir !

GEORGE DANDIN.

Jamais....

ANGÉLIQUE.

Non, mon père, je ne puis souffrir un mari de la sorte ; ma patience est poussée à bout : et il vient de me dire cent paroles injurieuses.

M. DE SOTENVILLE, *à George Dandin.*

Corbleu ! vous êtes un malhonnête homme !

CLAUDINE.

C'est une conscience de voir une pauvre jeune femme traitée de la façon, et cela crie vengeance au ciel.

GEORGE DANDIN.

Peut-on...?

M. DE SOTENVILLE.

Allez, vous devriez mourir de honte.

GEORGE DANDIN.

Laissez-moi vous dire deux mots.

ANGÉLIQUE.

Vous n'avez qu'à l'écouter, il va vous en conter de belles.

GEORGE DANDIN, *à part.*

Je désespère.

ACTE III, SCÈNE XIII.

CLAUDINE.

Il a tant bu, que je ne pense pas qu'on puisse durer contre lui; et l'odeur du vin qu'il souffle est montée jusqu'à nous.

GEORGE DANDIN.

Monsieur mon beau-père, je vous conjure.

M. DE SOTENVILLE.

Retirez-vous, vous puez le vin à pleine bouche.

GEORGE DANDIN.

Madame, je vous prie...

MADAME DE SOTENVILLE.

Fi! ne m'approchez pas, votre haleine est empestée.

GEORGE DANDIN, *à monsieur de Sotenville.*

Souffrez que je vous...

M. DE SOTENVILLE.

Retirez-vous, vous dis-je : on ne peut vous souffrir.

GEORGE DANDIN, *à madame de Sotenville.*

Permettez, de grace, que..

MADAME DE SOTENVILLE.

Pouah! vous m'engloutissez le cœur. Parlez de loin, si vous voulez.

GEORGE DANDIN.

Hé bien! oui, je parle de loin. Je vous jure que je n'ai bougé de chez moi, et que c'est elle qui est sortie.

ANGÉLIQUE.

Ne voilà pas ce que je vous ai dit?

CLAUDINE.

Vous voyez quelle apparence il y a.

M. DE SOTENVILLE, *à George Dandin.*

Allez, vous vous moquez des gens. Descendez, ma fille, et venez ici.

SCÈNE XIII.

M. DE SOTENVILLE, Mme DE SOTENVILLE, GEORGE DANDIN, COLIN.

GEORGE DANDIN.

J'atteste le ciel que j'étais dans la maison, et que....

M. DE SOTENVILLE.

Taisez-vous, c'est une extravagance qui n'est pas supportable.

GEORGE DANDIN.

Que la foudre m'écrase tout à l'heure, si...

M. DE SOTENVILLE.

Ne nous rompez pas davantage la tête, et songez à demander pardon à votre femme.

GEORGE DANDIN.

Moi ! demander pardon ?

M. DE SOTENVILLE.

Oui, pardon, et sur-le-champ.

GEORGE DANDIN.

Quoi ! je...

M. DE SOTENVILLE.

Corbleu ! si vous me répliquez, je vous apprendrai ce que c'est que de vous jouer à nous.

GEORGE DANDIN.

Ah ! George Dandin !

SCÈNE XIV.

M. DE SOTENVILLE, Mme DE SOTENVILLE, ANGÉLIQUE, GEORGE DANDIN, CLAUDINE, COLIN.

M. DE SOTENVILLE.

Allons, venez, ma fille, que votre mari vous demande pardon.

ANGÉLIQUE.

Moi ! lui pardonner tout ce qu'il m'a dit ? Non, non, mon père, il m'est impossible de m'y résoudre ; et je vous prie de me séparer d'un mari avec lequel je ne saurais plus vivre.

CLAUDINE.

Le moyen d'y résister !

M. DE SOTENVILLE.

Ma fille, de semblables séparations ne se font point

ACTE III, SCÈNE XIV.

sans grand scandale ; et vous devez vous montrer plus sage que lui, et patienter encore cette fois.

ANGÉLIQUE.

Comment ! patienter, après de telles indignités ? Non, mon père, c'est une chose où je ne puis consentir.

M. DE SOTENVILLE.

Il le faut, ma fille ; et c'est moi qui vous le commande.

ANGÉLIQUE.

Ce mot me ferme la bouche ; et vous avez sur moi une puissance absolue.

CLAUDINE.

Quelle douceur !

ANGÉLIQUE.

Il est fâcheux d'être contrainte d'oublier de telles injures ; mais, quelque violence que je me fasse, c'est à moi de vous obéir.

CLAUDINE.

Pauvre mouton !

M. DE SOTENVILLE, *à Angélique.*

Aprochez.

ANGÉLIQUE.

Tout ce que vous me faites faire ne servira de rien ; et vous verrez que ce sera dès demain à recommencer.

M. DE SOTENVILLE.

Nous y donnerons ordre. (*à George Dandin.*) Allons, mettez-vous à genoux.

GEORGE DANDIN.

A genoux ?

M. DE SOTENVILLE.

Oui ; à genoux, et sans tarder.

GEORGE DANDIN, *à genoux, une chandelle à la main.*

(*à part.*) (*à M. de Sotenville.*)
O ciel ! Que faut-il dire ?

M. DE SOTENVILLE.
Madame, je vous prie de me pardonner...
GEORGE DANDIN.
Madame, je vous prie de me pardonner...
M. DE SOTENVILLE.
L'extravagance que j'ai faite...
GEORGE DANDIN.
L'extravagance que j'ai faite... (*à part*) de vous épouser.
M. DE SOTENVILLE.
Et je vous promets de mieux vivre à l'avenir.
GEORGE DANDIN.
Et je vous promets de mieux vivre à l'avenir.
M DE SOTENVILLE, *à George Dandin*.
Prenez-y garde, et sachez que c'est ici la dernière de vos impertinences que nous souffrirons.
MADAME DE SOTENVILLE.
Jour de dieu! si vous y retournez, on vous apprendra le respect que vous devez à votre femme, et à ceux de qui elle sort.
M. DE SOTENVILLE.
Voilà le jour qui va paraître. Adieu.
(*à George Dandin.*)
Rentrez chez vous, et songez bien à être sage.
(*à madame de Sotenville.*)
Et nous, m'amour, allons nous mettre au lit.

SCÈNE XV.

GEORGE DANDIN.

Ah! je le quitte maintenant, et je n'y vois plus de remède. Lorsqu'on a, comme moi, épousé une méchante femme, le meilleur parti qu'on puisse prendre, c'est de s'aller jeter dans l'eau la tête la première.

FIN DE LA COMÉDIE.

INTERMÉDES
DE
GEORGE DANDIN.

PERSONNAGES.

GEORGE DANDIN.
BERGERS dansans, déguisés en valets de fête.
BERGERS jouant de la flûte.
CLIMÈNE, bergère chantante.
CHLORIS, bergère chantante.
TIRCIS, berger chantant, amant de Climène.
PHILÈNE, berger chantant, amant de Chloris.
UNE BERGÈRE.
BATELIERS dansans.
UN PAYSAN, ami de George Dandin.
CHOEURS DE BERGERS chantans.
BERGERS ET BERGÈRES dansans.
UN SATYRE chantant.
UN SUIVANT DE BACCHUS, chantant.
CHOEUR DE SUIVANS DE BACCHUS, chantans.
CHOEUR DE SUIVANS DE L'AMOUR, chantans.
UN BERGER chantant.
SUIVANS DE BACCHUS ET BACCHANTES, dansans.
SUIVANS DE L'AMOUR, dansans.

PREMIER INTERMÈDE.

SCÈNE I.

GEORGE DANDIN, BERGERS, *déguisés en valets de fête*, BERGERS *jouant de la flûte*.

PREMIÈRE ENTRÉE.

Quatre bergers déguisés en valets de fête, accompagnés de quatre bergers jouant de la flûte, entrent en dansant, et obligent George Dandin de danser avec eux.

George Dandin, mal satisfait de son mariage, et n'ayant l'esprit rempli que de fâcheuses pensées, quitte bientôt les bergers, avec lesquels il n'a demeuré que par contrainte.

SCÈNE II.

CLIMÈNE, CHLORIS.

CLIMÈNE.

L'autre jour d'Anette
J'entendis la voix,
Qui sur sa musette
Chantait dans nos bois :
Amour, que sous ton empire
On souffre des maux cuisans !
Je le puis bien dire,
Puisque je le sens.

CHLORIS.
La jeune Lisette
Au même moment,
Sur le ton d'Anette
Reprit tendrement :
Amour, si sous ton empire
Je souffre des maux cuisans,
C'est de n'oser dire
Tout ce que je sens.

SCÈNE III.
TIRCIS, PHILÈNE, CLIMÈNE, CHLORIS.

CHLORIS.
Laisse-nous en repos, Philène.
CLIMÈNE.
Tircis, ne viens point m'arrêter.
TIRCIS ET PHILÈNE ENSEMBLE.
Ah ! belle inhumaine,
Daigne un moment m'écouter.
CLIMÈNE ET CHLORIS ENSEMBLE.
Mais que me veux-tu conter ?
TIRCIS ET PHILÈNE ENSEMBLE.
Que d'une flamme immortelle
Mon cœur brûle sous tes lois.
CLIMÈNE ET CHLORIS ENSEMBLE.
Ce n'est pas une nouvelle,
Tu me l'as dit mille fois.
PHILÈNE, *à Chloris.*
Quoi ! veux-tu, toute ma vie,
Que j'aime et n'obtienne rien ?
CHLORIS.
Non, ce n'est pas mon envie ;
N'aime plus, je le veux bien.
TIRCIS, *à Climène.*
Le ciel me force à l'hommage
Dont tous ces bois sont témoins.

PREMIER INTERMÈDE.

CLIMÈNE.
C'est au ciel, puisqu'il t'engage,
A te payer de tes soins.
PHILÈNE, *à Chloris.*
C'est par ton mérite extrême
Que tu captives mes vœux.
CHLORIS.
Si je mérite qu'on m'aime,
Je ne dois rien à tes feux.
TIRCIS ET PHILÈNE ENSEMBLE.
L'éclat de tes yeux me tue.
CLIMÈNE ET CHLORIS ENSEMBLE.
Détourne de moi tes pas.
TIRCIS ET PHILÈNE ENSEMBLE.
Je me plais dans cette vue.
CLIMÈNE ET CHLORIS ENSEMBLE.
Berger, ne t'en plains donc pas.
PHILÈNE.
Ah! belle Climène!
TIRCIS.
Ah! belle Chloris!
PHILÈNE, *à Climène.*
Rends-la pour moi plus humaine.
TIRCIS, *à Chloris.*
Dompte pour moi ses mépris.
CLIMÈNE, *à Chloris.*
Sois sensible à l'amour que te porte Philène.
CHLORIS, *à Climène.*
Sois sensible à l'ardeur dont Tircis est épris.
CLIMÈNE, *à Chloris.*
Si tu veux me donner ton exemple, bergère,
Peut-être je le recevrai.
CHLORIS, *à Climène.*
Si tu veux te résoudre à marcher la première,
Possible que je te suivrai.

CLIMÈNE ET CHLORIS ENSEMBLE.
Adieu, berger.
CLIMÈNE, *à Philène.*
Attends un favorable sort.
CHLORIS, *à Tircis.*
Attends un doux succès du mal qui te possède.
TIRCIS.
Je n'attends aucun remède.
PHILÈNE.
Je n'attends que la mort.
TIRCIS ET PHILÈNE ENSEMBLE.
Puisqu'il nous faut languir en de tels déplaisirs,
Mettons fin, en mourant, à nos tristes soupirs.

FIN DU PREMIER INTERMÈDE.

ACTE PREMIER.

SECOND INTERMÈDE.

SCÈNE I.

GEORGE DANDIN, UNE BERGÈRE.

La bergère vient apprendre à George Dandin le désespoir de Tircis et de Philène, qui se sont précipités dans les eaux. George Dandin, agité d'autres inquiétudes, la quitte en colère.

SCÈNE II.

CHLORIS.

Ah! mortelles douleurs!
Qu'ai-je plus à prétendre?
Coulez, coulez, mes pleurs:
Je n'en puis trop répandre.
Pourquoi faut-il qu'un tyrannique honneur
Tienne notre ame en esclave asservie?
Hélas! pour contenter sa barbare rigueur,
J'ai réduit mon amant à sortir de la vie!
Ah! mortelles douleurs!
Qu'ai-je plus à prétendre?
Coulez, coulez, mes pleurs:
Je n'en puis trop répandre.
Me puis-je pardonner dans ce funeste sort
Les sévères froideurs dont je m'étais armée:

Quoi donc! mon cher amant, je t'ai donné la mort!
Est-ce le prix, hélas! de m'avoir tant aimée?
  Ah! mortelles douleurs!
  Qu'ai-je plus à prétendre?
  Coulez, coulez, mes pleurs :
  Je n'en puis trop répandre.

FIN DU SECOND INTERMÈDE.

ACTE SECOND.

TROISIÈME INTERMÈDE.

SCÈNE I.

GEORGE DANDIN, UNE BERGÈRE, BATELIERS.

La bergère qui avait annoncé à George Dandin le malheur de Tircis et de Philène lui vient dire que ces bergers ne sont point morts, et lui montre les bateliers qui les ont sauvés. George Dandin n'écoute pas plus tranquillement le second récit de la bergère qu'il n'avait fait le premier, et se retire.

SCÈNE II.

ENTRÉE DE BALLET.

Les bateliers qui ont sauvé Tircis et Philène, ravis de la récompense qu'ils ont reçue, expriment leur joie en dansant, et font une manière de jeu avec leurs crocs.

FIN DU TROISIÈME INTERMÈDE.

ACTE TROISIÈME.
QUATRIÈME INTERMÈDE.

SCÈNE I.

GEORGE DANDIN, UN PAYSAN.

Ce paysan, ami de George Dandin, lui conseille de noyer dans le vin toutes ses inquiétudes, et l'emmène pour joindre sa troupe, voyant venir toute la foule des bergers amoureux, qui commencent à célébrer par des chants et des danses le pouvoir de l'Amour.

SCÈNE II.

Le théâtre change, et représente de grandes roches entremêlées d'arbres où l'on voit plusieurs bergers qui jouent des instrumens.

CHLORIS, CLIMÈNE, TIRCIS, PHILÈNE, CHOEUR DE BERGERS chantans; BERGERS et BERGÈRES dansans.

CHLORIS.

Ici l'ombre des ormeaux
Donne un teint frais aux herbettes,
Et les bords de ces ruisseaux
Brillent de mille fleurettes
Qui se mirent dans les eaux.
Prenez, bergers, vos musettes,
Ajustez vos chalumeaux,
Et mêlons nos chansonnettes

Aux chants des petits oiseaux.
Le zéphir entre ces eaux
Fait milles courses secrètes ;
Et les rossignols nouveaux
De leurs douces amourettes
Parlent aux tendres rameaux.
Prenez, bergers, vos musettes,
Ajustez vos chalumeaux,
Et mêlons nos chansonnettes
Aux chants des petits oiseaux.

PREMIÈRE ENTRÉE DE BALLET.

Bergers et bergères dansans.

CLIMÈNE.

Ah ! qu'il est doux, belle Sylvie,
Ah ! qu'il est doux de s'enflammer !
Il faut retrancher de la vie
Ce qu'on en passe sans aimer.

CHLORIS.

Ah ! les beaux jours qu'Amour nous donne,
Lorsque sa flamme unit les cœurs !
Est-il ni gloire ni couronne
Qui vaille ses moindres douceurs ?

TIRCIS.

Qu'avec peu de raison on se plaint d'un martyre
Que suivent de si doux plaisirs !

PHILÈNE.

Un moment de bonheur dans l'amoureux empire
Répare dix ans de soupirs.

TOUS ENSEMBLE.

Chantons tous de l'Amour le pouvoir adorable ;
Chantons tous dans ces lieux
Ses attraits glorieux :
Il est le plus aimable
Et le plus grand des dieux.

PREMIER INTERMÈDE.
SCÈNE III.

Un grand rocher couvert d'arbres, sur lequel est assise toute la troupe de Bacchus, s'avance sur le bord du théâtre.

UN SATYRE, UN SUIVANT DE BACCHUS, CHOEUR DE SATYRES CHANTANS; SUIVANS DE BACCHUS ET BACCHANTES DANSANS; CHLORIS, CLIMÈNE, TIRCIS, PHILÈNE, CHOEURS DE BERGERS CHANTANS; BERGERS ET BERGÈRES DANSANS.

LE SATYRE.

Arrêtez, c'est trop entreprendre;
Un autre dieu, dont nous suivons les lois,
S'oppose à cet honneur qu'à l'Amour osent rendre
    Vos musettes et vos voix;
A des titres si beaux Bacchus seul peut prétendre,
Et nous sommes ici pour défendre ses droits.

CHOEUR DE SATYRES.

Nous suivons de Bacchus le pouvoir adorable;
    Nous suivons en tous lieux
    Ses attraits glorieux;
    Il est le plus aimable
    Et le plus grand des dieux.

DEUXIÈME ENTRÉE DE BALLET.

Suivans de Bacchus et Bacchantes dansans.

CHLORIS.

C'est le printemps qui rend l'ame
A nos champs semés de fleurs;
Mais c'est l'amour et sa flamme
Qui font revivre nos cœurs.

UN SUIVANT DE BACCHUS.

Le soleil chasse les ombres
Dont le ciel est obscurci;
Et des ames les plus sombres
Bacchus chasse le souci.

COEUR DES SUIVANS DE BACCHUS.
Bacchus est révéré sur la terre et sur l'onde.
CHOEUR DES SUIVANS DE L'AMOUR.
Et l'Amour est un dieu qu'on adore en tous lieux.
CHOEUR DES SUIVANS DE BACCHUS.
Bacchus à son pouvoir a soumis tout le monde.
CHOEUR DES SUIVANS DE L'AMOUR.
Et l'Amour a domté les hommes et les dieux.
CHOEUR DES SUIVANS DE BACCHUS.
Rien peut-il égaler sa douceur sans seconde ?
CHOEUR DES SUIVANS DE L'AMOUR.
Rien peut-il égaler ses charmes précieux ?
CHOEUR DES SUIVANS DE BACCHUS.
Fi de l'Amour et de ses feux !
CHOEUR DES SUIVANS DE L'AMOUR.
Ah ! quel plaisir d'aimer !
CROEUR DES SUIVANS DE BACCHUS.
Ah ! quel plaisir de boire !
CHOEUR DES SUIVANS DE L'AMOUR.
A qui vit sans amour la vie est sans appas.
CHOEUR DES SUIVANS DE BACCHUS.
C'est mourir que de vivre et de ne boire pas.
CHOEUR DES SUIVANS DE L'AMOUR.
Aimables fers !
CHOEUR DES SUIVANS DE BACCHUS.
Douce victoire !
CHOEUR DES SUIVANS DE L'AMOUR.
Ah ! quel plaisir d'aimer !
CHOEUR DES SUIVANS DE BACCHUS
Ah ! quel plaisir de boire !
TOUS ENSEMBLE.
Non non, c'est un abus :
Le plus grand dieu de tous ,
CHOEUR DES SUIVANS DE L'AMOUR.
C'est l'Amour.

CHOEUR DES SUIVANS DE BACCHUS.

C'est Bacchus.

SCÈNE IV.

UN BERGER, ET LES MÊMES ACTEURS.

LE BERGER.

C'est trop, c'est trop, bergers. Hé! pourquoi ces débats?
Souffrons qu'en un parti la raison nous assemble.
L'Amour a des douceurs, Bacchus a des appas;
Ce sont deux déités qui sont fort bien ensemble;
  Ne les séparons pas.

LES DEUX COEURS.

 Mêlons donc leurs douceurs aimables.
 Mêlons nos voix dans ces lieux agréables,
Et faisons répéter aux échos d'alentour
Qu'il n'est rien de plus doux que Bacchus et l'Amour.

TROISIÈME ENTRÉE DE BALLET.

Les bergers et bergères se mêlent avec les suivans de Bacchus et les bacchantes. Les suivans de Bacchus frappent avec les thyrses les espèces de tambours de Basques que portent les bacchantes, pour représenter ces cribles qu'elles portaient anciennement aux fêtes de Bacchus; les uns et les autres font différentes postures, pendant que les bergers et les bergères dansent plus sérieusement.

FIN DES INTERMÈDES DE GEORGE DANDIN.

L'AVARE,

COMÉDIE EN CINQ ACTES,

Représentée sur le théâtre du Palais-Royal,
le 9 septembre 1668.

PERSONNAGES.

HARPAGON, père de Cléante, et d'Élise, et amoureux de Mariane.
ANSELME, père de Valère et de Mariane.
CLÉANTE, fils d'Harpagon, amant de Mariane.
ÉLISE, fille d'Harpagon.
VALÈRE, fils d'Anselme, et amant d'Élise.
MARIANE, fille d'Anselme.
FROSINE, femme d'intrigue.
MAITRE SIMON, courtier.
MAITRE JACQUES, cuisinier et cocher d'Harpagnon.
LA FLÈCHE, valet de Cléante.
DAME CLAUDE, servante d'Harpagon.
BRINDAVOINE, } laquais d'Harpagon.
LA MERLUCHE, }
UN COMMISSAIRE.

La scène est à Paris, dans la maison d'Harpagon.

L'AVARE.

ACTE PREMIER.

SCÈNE I.

VALÈRE, ÉLISE.

VALÈRE.

Hé quoi ! charmante Élise, vous devenez mélancolique après les obligeantes assurances que vous avez eu la bonté de me donner de votre foi ! je vous vois soupirer, hélas ! au milieu de ma joie ! Est-ce du regret, dites-moi, de m'avoir fait heureux ? Et vous repentez-vous de cet engagement où mes feux ont pu vous contraindre.

ÉLISE.

Non, Valère, je ne puis pas me repentir de tout ce que je fais pour vous ; je m'y sens entraîner par une trop douce puissance : et je n'ai pas même la force de souhaiter que les choses ne fussent pas. Mais, à vous dire vrai, le succès me donne de l'inquiétude ; et je crains fort de vous aimer un peu plus que je ne devrais.

VALÈRE.

Hé ! que pouvez-vous craindre, Élise, dans les bontés que vous avez pour moi ?

ÉLISE.

Hélas ! cent choses à la fois : l'emportement d'un père, les reproches d'une famille, les censures du monde, mais, plus que tout, Valère, le changement de votre cœur, et cette froideur criminelle dont ceux de votre sexe paient le plus souvent les témoignages trop ardens d'un innocent amour.

VALÈRE.

Ah ! ne me faites pas ce tort de juger de moi par les autres : soupçonnez-moi de tout, Elise, plutôt que de manquer à ce que je vous dois. Je vous aime trop pour cela; et mon amour pour vous durera autant que ma vie.

ÉLISE.

Ah ! Valère, chacun tient les mêmes discours. Tous les hommes sont semblables par les paroles, et ce n'est que les actions qui les découvrent différens.

VALÈRE.

Puisque les seules actions font connaître ce que nous sommes, attendez donc, au moins, à juger de mon cœur par elles ; et ne me cherchez point des crimes dans les injustes craintes d'une fâcheuse prévoyance. Ne m'assassinez point, je vous prie, par les sensibles coups d'un soupçon outrageux ; et donnez-moi le temps de vous convaincre, par mille et mille preuves, de l'honnêteté de mes feux.

ÉLISE.

Hélas ! qu'avec facilité on se laisse persuader par les personnes que l'on aime ! Oui, Valère, je tiens votre cœur incapable de m'abuser. Je crois que vous m'aimez d'un véritable amour, et que vous me serez fidèle ; je n'en veux point du tout douter, et je retranche mon chagrin aux appréhensions du blâme qu'on pourra me donner.

VALÈRE.

Mais pourquoi cette inquiétude ?

ÉLISE.

Je n'aurais rien à craindre si tout le monde vous voyait des yeux dont je vous vois; et je trouve en votre personne de quoi avoir raison aux choses que je fais pour vous. Mon cœur, pour sa défense, a tout votre mérite, appuyé du secours d'une reconnaissance où le ciel m'engage envers vous. Je me représente, à toute heure, ce péril étonnant qui commença de nous offrir aux regards l'un de l'autre, cette générosité surprenante qui vous fit risquer votre vie pour dérober la mienne à la fureur des ondes, ces soins pleins de tendresse que vous me fîtes éclater après m'avoir tirée de l'eau, et les hommages assidus de cet ardent amour que ni le temps ni les difficultés n'ont rebuté, et qui, vous faisant négliger et parens et patrie, arrête vos pas en ces lieux, y tient en ma faveur votre fortune déguisée, et vous a réduit, pour me voir, à vous revêtir de l'emploi de domestique de mon père. Tout cela fait chez moi, sans doute, un merveilleux effet; et c'en est assez, à mes yeux, pour me justifier l'engagement où j'ai pu consentir : mais ce n'est pas assez, peut-être, pour le justifier aux autres, et je ne suis pas sûre qu'on entre dans mes sentimens.

VALÈRE.

De tout ce que vous avez dit, ce n'est que par mon seul amour que je prétends, auprès de vous, mériter quelque chose : et, quant aux scrupules que vous avez, votre père lui-même ne prend que trop de soin de vous justifier à tout le monde; et l'excès de son avarice, et la manière austère dont il vit avec ses enfans, pourraient autoriser des choses plus étranges. Pardonnez-moi, charmante Elise, si j'en parle ainsi devant vous. Vous savez que, sur ce chapitre, on n'en peut pas dire de bien. Mais enfin si je puis, comme je l'espère, retrouver mes parens, nous n'aurons pas beaucoup de peine à nous le rendre favorable. J'en attends des nouvelles avec impatience; et j'en irai chercher moi-même si elles tardent à venir.

ÉLISE.

Ah! Valère, ne bougez pas d'ici, je vous prie, et songez seulement à vous bien mettre dans l'esprit de mon père.

VALÈRE.

Vous voyez comme je m'y prends, et les adroites

complaisances qu'il m'a fallu mettre en usage pour m'introduire à son service, sous quel masque de sympathie et de rapports de sentimens je me déguise pour lui plaire, et quel personnage je joue tous les jours avec lui afin d'acquérir sa tendresse. J'y fais des progrès admirables; et j'éprouve que pour gagner les hommes, il n'est point de meilleure voie que de se parer à leurs yeux de leurs inclinations, que de donner dans leurs maximes, encenser leurs défauts, et applaudir à ce qu'ils font. On n'a que faire d'avoir peur de trop charger la complaisance; et la manière dont on les joue a beau être visible, les plus fins sont toujours de grandes dupes du côté de la flatterie; et il n'y a rien de si impertinent et de si ridicule qu'on ne fasse avaler, lorsqu'on l'assaisonne en louanges. La sincérité souffre un peu au métier que je fais : mais quand on a besoin des hommes, il faut bien s'ajuster à eux; et puisqu'on ne saurait les gagner que par-là, ce n'est pas la faute de ceux qui flattent, mais de ceux qui veulent être flattés.

ÉLISE.

Mais que ne tâchez-vous aussi à gagner l'appui de mon frère, en cas que la servante s'avisât de révéler notre secret?

VALÈRE.

On ne peut pas ménager l'un et l'autre; et l'esprit du père est celui du fils sont des choses si opposées, qu'il est difficile d'accommoder ces deux confidences ensemble. Mais vous, de votre part, agissez auprès de votre frère, et servez-vous de l'amitié qui est entre vous deux, pour le jeter dans nos intérêts. Il vient. Je me retire. Prenez ce temps pour lui parler, et ne lui découvrez de notre affaire que ce que vous jugerez à propos.

ÉLISE.

Je ne sais si j'aurai la force de lui faire cette confidence.

SCÈNE II.
CLÉANTE, ÉLISE.

CLÉANTE.

Je suis bien aise de vous trouver seul, ma sœur, et je brûlais de vous parler, pour m'ouvrir à vous d'un secret.

ÉLISE.

Me voilà prête à vous ouïr, mon frère. Qu'avez-vous à me dire ?

CLÉANTE.

Bien des choses, ma sœur, enveloppées dans un mot. J'aime.

ÉLISE.

Vous aimez ?

CLÉANTE.

Oui, j'aime. Mais avant que d'aller plus loin, je sais que je dépens d'un père, et que le nom de fils me soumet à ses volontés ; que nous ne devons point engager notre foi sans le consentement de ceux dont nous tenons le jour ; que le ciel les a fait les maîtres de nos vœux, et qu'il nous est enjoint de n'en disposer que par leur conduite ; que, n'étant prévenus d'aucune folle ardeur, ils sont en état de se tromper bien moins que nous ; et de voir beaucoup mieux ce qui nous est propre : qu'il en faut plutôt croire les lumières de leur prudence que l'aveuglement de notre passion ; et que l'emportement de la jeunesse nous entraîne le plus souvent dans des précipices fâcheux. Je vous dis tout cela, ma sœur, afin que vous ne vous donniez pas la peine de me le dire ; car enfin mon amour ne veut rien écouter ; et je vous prie de ne me point faire de remontrances.

ÉLISE.

Vous êtes-vous engagé, mon frère, avec celle que vous aimez ?

CLÉANTE.

Non ; mais j'y suis résolu ; et je vous conjure, encore

une fois, de ne me point apporter de raisons pour m'en dissuader.

ÉLISE.

Suis-je, mon frère, une si étrange personne ?

CLÉANTE.

Non, ma sœur; mais vous n'aimez pas. Vous ignorez la douce violence qu'un tendre amour fait sur les cœurs, et j'appréhende votre sagesse.

ÉLISE.

Hélas ! mon frère, ne parlons point de ma sagesse. Il n'est personne qui n'en manque, du moins une fois en sa vie ; et, si je vous ouvre mon cœur, peut-être serai-je à vos yeux bien moins sage que vous.

CLÉANTE.

Ah ! plût au ciel que votre ame, comme la mienne...

ÉLISE.

Finissons auparavant votre affaire, et me dites qui est celle que vous aimez.

CLÉANTE.

Une jeune personne qui loge depuis peu en ces quartiers, et qui semble être faite pour donner de l'amour à tous ceux qui la voient. La nature, ma sœur, n'a rien formé de plus aimable ; et je me sentis transporté dès le moment que je la vis. Elle se nomme Mariane, et vit sous la conduite d'une bonne femme de mère qui est presque toujours malade, et pour qui cette aimable fille a des sentimens d'amitié qui ne sont pas imaginables. Elle la sert, la plaint, et la console, avec une tendresse qui vous toucherait l'ame. Elle se prend d'un air le plus charmant du monde aux choses qu'elle fait ; et l'on voit briller mille graces en toutes ses actions, une douceur pleine d'attraits, une bonté tout engageante, une honnêteté adorable, une... Ah ! ma sœur, je voudrais que vous l'eussiez vue !

ÉLISE.

J'en vois beaucoup, mon frère, dans les choses que

vous me dites; et, pour comprendre ce qu'elle est, il me suffit que vous l'aimez.

CLÉANTE.

J'ai découvert, sous main, qu'elles ne sont pas fort accommodées, et que leur discrète conduite a de la peine à étendre à tous leurs besoins le bien qu'elles peuvent avoir. Figurez-vous, ma sœur, quelle joie ce peut être que de relever la fortune d'une personne que l'on aime, que de donner adroitement quelques petits secours aux modestes nécessités d'une vertueuse famille; et concevez quel déplaisir ce m'est de voir que, par l'avarice d'un père, je sois dans l'impuissance de goûter cette joie et de faire éclater à cette belle aucun témoignage de mon amour.

ÉLISE.

Oui, je conçois assez, mon frère, quel doit être votre chagrin.

CLÉANTE.

Ah! ma sœur, il est plus grand qu'on ne peut croire. Car enfin peut-on rien voir de plus cruel que cette rigoureuse épargne qu'on exerce sur nous, que cette sécheresse étrange où l'on nous fait languir? Hé! que nous servira d'avoir du bien, s'il ne nous vient que dans le temps que nous ne serons plus dans le bel âge d'en jouir; et si, pour m'entretenir même, il faut que maintenant je m'engage de tous côtés; si je suis réduit avec vous à chercher tous les jours le secours des marchands pour avoir moyen de porter des habits raisonnables? enfin, j'ai voulu vous parler pour m'aider à sonder mon père sur les sentimens où je suis; et, si je l'y trouve contraire, j'ai résolu d'aller en d'autres lieux, avec cette aimable personne, jouir de la fortune que le ciel voudra nous offrir. Je fais chercher partout, pour ce dessein, de l'argent à emprunter : et, si vos affaires, ma sœur, sont semblables aux miennes, et qu'il faille que notre père s'oppose à nos désirs, nous le quitterons là tous deux, et nous affranchirons de cette tyrannie où nous tient, depuis si long-temps, son avarice insupportable.

ÉLISE.

Il est bien vrai que tous les jours il nous donnne de plus en plus sujet de regretter la mort de notre mère, et que...

CLÉANTE.

J'entends sa voix. Éloignons-nous un peu pour achever notre confidence ; et nous joindrons, après, nos forces pour venir attaquer la dureté de son humeur.

SCÈNE III.

HARPAGON, LA FLÈCHE.

HARPAGON.

Hors d'ici tout à l'heure, et qu'on ne réplique pas. Allons, que l'on détale de chez moi, maître juré filou, vrai gibier de potence.

LA FLÈCHE, *à part.*

Je n'ai jamais rien vu de si méchant que ce maudit vieillard ; et je pense, sauf correction, qu'il a le diable au corps.

HARPAGON.

Tu murmures entre tes dents ?

LA FLÈCHE.

Pourquoi me chassez-vous ?

HARPAGON.

C'est bien à toi, pendard, à me demander des raisons ! Sors vite, que je ne t'assomme.

LA FLÈCHE.

Qu'est-ce que je vous ai fait ?

HARPAGON.

Tu m'as fait, que je veux que tu sortes.

LA FLÈCHE.

Mon maître, votre fils, m'a donné ordre de l'attendre.

HARPAGON.

Va-t-en l'attendre dans la rue, et ne sois point dans ma maison planté tout droit comme un piquet, à observer ce qui se passe, et faire ton profit de tout. Je ne veux

ACTE I, SCÈNE III.

point avoir sans cesse devant moi un espion de mes affaires, un traître dont les yeux maudits assiègent toutes mes actions, dévorent ce que je possède, et furètent de tous côtés pour voir s'il n'y a rien à voler.

LA FLÈCHE.

Comment diantre voulez-vous qu'on fasse pour vous voler ? Etes-vous un homme volable, quand vous renfermez toutes choses, et faites sentinelle jour et nuit ?

HARPAGON.

Je veux renfermer ce que bon me semble, et faire sentinelle comme il me plaît. Ne voilà pas de mes mouchards qui prennent garde à ce qu'on fait ! (*bas, à part.*) Je tremble qu'il n'ait soupçonné quelque chose de mon argent. (*haut.*) Ne serais tu point homme à faire courir le bruit que j'ai chez moi de l'argent caché ?

LA FLÈCHE.

Vous avez de l'argent caché ?

HARPAGON.

Non, coquin, je ne dis pas cela. (*bas.*) J'enrage ! (*haut.*) Je demande si malicieusement tu n'irais point faire courir le bruit que j'en ai.

LA FLÈCHE.

Hé ! que nous importe que vous en ayez ou que vous n'en ayez pas, si c'est pour nous la même chose ?

HARPAGON, *levant la main pour donner un soufflet à La Flèche.*

Tu fais le raisonneur ! Je te baillerai de ce raisonnement-ci par les oreilles. Sors d'ici, encore une fois.

LA FLÈCHE.

Hé bien ! je sors.

HARPAGON.

Attends. Ne m'emportes-tu rien ?

LA FLÈCHE.

Que vous emporterais-je ?

HARPAGON.

Viens çà que je voie. Montre moi tes mains.

LA FLÈCHE.

Les voilà.

HARPAGON.

Les autres.

LA FLÈCHE.

Les autres ?

HARPAGON.

Oui.

LA FLÈCHE.

Les voilà.

HARPAGON, *montrant le haut-de-chausse de La Flèche.*

N'as-tu rien mis ici dedans ?

LA FLÈCHE.

Voyez vous-même.

HARPAGON, *tâtant le bas des hauts-de-chausses de La Flèche.*

Ces grands hauts-de-chausses sont propres à devenir les recéleurs des choses qu'on dérobe, et je voudrais qu'on en eût fait pendre quelqu'un.

LA FLÈCHE, *à part.*

Ah ! qu'un homme comme cela mériterait bien ce qu'il craint ! et que j'aurais de joie à le voler !

HARPAGON.

Hé ?

LA FLÈCHE.

Quoi ?

HARPAGON.

Qu'est-ce que tu parles de voler ?

LA FLÈCHE.

Je dis que vous fouilliez bien partout pour voir si je vous ai volé.

HARPAGON.

C'est ce que je veux faire.

(*Harpagon fouille dans les poches de La Flèche.*)

ACTE I, SCÈNE III.

LA FLÈCHE, *à part.*

La peste soit de l'avarice et des avaricieux!

HARPAGON.

Comment ? que dis-tu ?

LA FLÈCHE.

Ce que je dis ?

HARPAGON.

Oui. Qu'est-ce que tu dis d'avarice et d'avaricieux?

LA FLÈCHE.

Je dis que la peste soit de l'avarice et des avaricieux.

HARAPGON.

De qui veux-tu parler?

LA FLÈCHE.

Des avaricieux.

HARPAGON.

Et qui sont-ils, ces avaricieux ?

LA FLÈCHE.

Des vilains et des ladres.

HARPAGON.

Mais qui est-ce que tu entends par-là ?

LA FLÈCHE.

De quoi vous mettez-vous en peine ?

HARPAGON.

Je me mets en peine de ce qu'il faut.

LA FLÈCHE.

Est-ce que vous croyez que je veux parler de vous ?

HARPAGON.

Je crois ce que je crois ; mais je veux que tu me dises à qui tu parles quand tu dis cela.

LA FLÈCHE.

Je parle... Je parle à mon bonnet.

HARPAGON.

Et moi, je pourrais bien parler à ta barrette.

LA FLÈCHE.

M'empêcherez-vous de maudire les avaricieux.

HARPAGON.

Non ; mais je t'empêcherai de jaser et d'être insolent : tais-toi.

LA FLÈCHE.

Je ne nomme personne.

HARPAGON.

Je te rosserai, si tu parles.

LA FLÈCHE.

Qui se sent morveux, qu'il se mouche.

HARPAGON.

Te tairas-tu ?

LA FLÈCHE.

Oui, malgré moi.

HARPAGON.

Ah ! ah !

LA FLÈCHE, *montrant à Harpagon une poche de son justaucorps.*

Tenez, voilà encore une poche. Êtes-vous satisfait ?

HARPAGON.

Allons, rends-le moi sans te fouiller.

LA FLÈCHE.

Quoi ?

HARPAGON.

Ce que tu m'as pris.

LA FLÈCHE.

Je ne vous ai rien pris du tout.

HARPAGON.

Assurément ?

LA FLÈCHE.

Assurément.

HARPAGON.

Adieu. Va-t-en à tous les diables.

LA FLÈCHE, *à part.*

Me voilà fort bien congédié !

HARPAGON.

Je te le mets sur ta conscience au moins.

SCÈNE IV.

HARPAGON.

Voila un pendard de valet qui m'incommode fort; et je ne me plais point à voir ce chien de boiteux-là. Certes, ce n'est pas une petite peine que de garder chez soi une grande somme d'argent; et bien heureux qui a tout son fait bien placé, et ne conserve seulement que ce qu'il faut pour sa dépense. On n'est pas peu embarrassé à inventer dans toute une maison une cache fidèle; car, pour moi, les coffres-forts me sont suspects, et je ne veux jamais m'y fier; je les tiens justement une franche amorce à voleurs; et c'est toujours la première chose que l'on va attaquer.

SCÈNE V.

HARPAGON, ÉLISE et CLÉANTE, *partant ensemble, et restant dans le fond du théâtre.*

HARPAGON, *se croyant seul.*

Cependant, je ne sais si j'aurai bien fait d'avoir enterré dans mon jardin dix mille écus qu'on me rendit hier. Dix mille écus en or, chez soi, est une somme assez.. (*à part, apercevant Élise et Cléante.*) O ciel! je me serai trahi moi-même; la chaleur m'aura emporté; et je crois que j'ai parlé haut, en raisonnant tout seul. (*à Cléante et à Élise.*) Qu'est-ce ?

CLÉANTE.

Rien, mon père.

HARPAGON.

Y a-t-il long-temps que vous êtes là ?

ÉLISE.

Nous ne venons que d'arriver.

HARPAGON.

Vous avez entendu...

CLÉANTE.

Quoi, mon père ?

HARPAGON.
Là...
ÉLISE.
Quoi ?
HARPAGON.
Ce que je viens de dire.
CLÉANTE.
Non.
HARPAGON.
Si fait, si fait.
ÉLISE.
Pardonnez-moi.
HARPAGON.
Je vois bien que vous en avez ouï quelques mots. C'est que je m'entretenais en moi-même de la peine qu'il y a aujourd'hui à trouver de l'argent, et je disais qu'il est bien heureux qui peut avoir dix mille écus chez soi.
CLÉANTE.
Nous feignons à vous aborder, de peur de vous interrompre.
HARPAGON.
Je suis bien aise de vous dire cela, afin que vous n'alliez pas prendre les choses de travers, et vous imaginer que je dise que c'est moi qui ai dix mille écus.
CLÉANTE.
Nous n'entrons point dans vos affaires.
HARPAGON.
Plût à Dieu que je les eusse, les dix mille écus !
CLÉANTE.
Je ne le crois pas...
HARPAGON.
Ce serait une bonne affaire pour moi.
ÉLISE.
Ce sont des choses...
HARPAGON.
J'en aurais bon besoin.

ACTE I, SCÈNE V.

CLÉANTE.

Je pense que...

HARPAGON.

Cela m'accommoderait fort.

ÉLISE.

Vous êtes...

HARPAGON.

Et je ne me plaindrais pas, comme je fais, que le temps est misérable.

CLÉANTE.

Mon dieu ! mon père, vous n'avez pas lieu de vous plaindre, et l'on sait que vous avez assez de bien.

HARPAGON.

Comment ! j'ai assez de bien ! Ceux qui le disent en ont menti. Il n'y a rien de plus faux ; et ce sont des coquins qui font courir tous ces bruits-là.

ÉLISE.

Ne vous mettez point en colère.

HARPAGON.

Cela est étrange, que mes propres enfans me trahissent, et deviennent mes ennemis ?

CLÉANTE.

Est-ce être votre ennemi, que de dire que vous avez du bien !

HARPAGON.

Oui. De pareils discours, et les dépenses que vous faites, seront cause qu'un de ces jours on me viendra chez moi couper la gorge, dans la pensée que je suis tout cousu de pistoles.

CLÉANTE.

Quelle grande dépense est-ce que je fais ?

HARPAGON.

Quelle ? Est-il rien de plus scandaleux que ce somptueux équipage que vous promenez par la ville ? Je querellais hier votre sœur ; mais c'est encore pis. Voilà qui crie vengeance au ciel ; et, à vous prendre depuis les pieds jusqu'à la tête, il y aurait là de quoi faire une bonne constitution. Je vous l'ai dit vingt fois, mon fils : toutes vos manières me déplaisent fort, vous donnez furieusement dans le marquis ; et, pour aller ainsi vêtu, il faut bien que vous me dérobiez.

CLÉANTE.

Hé ! comment vous dérober ?

HARPAGON.

Que sais-je, moi ? Où pouvez-vous donc prendre de quoi entretenir l'état que vous portez ?

CLÉANTE.

Moi, mon père ? c'est que je joue ; et, comme je suis fort heureux, je mets sur moi tout l'argent que je gagne.

HARPAGON.

C'est fort mal fait. Si vous êtes heureux au jeu, vous en devriez profiter, et mettre à honnête intérêt l'argent que vous gagnez, afin de le trouver un jour. Je voudrais bien savoir, sans parler du reste, à quoi servent tous ces rubans dont vous voilà lardé depuis les pieds jusqu'à la tête, et si une demi-douzaine d'aiguillettes ne suffit pas pour attacher un haut-de-chausses. Il est bien nécessaire d'employer de l'argent à des perruques, lorsque l'on peut porter des cheveux de son cru, qui ne coûtent rien ! Je vais gager qu'en perruques et rubans il y a du moins vingt pistoles ; et vingt pistoles rapportent par année dix-huit livres six sous huit deniers, à ne les placer qu'au denier douze.

CLÉANTE.

Vous avez raison.

HARPAGON.

Laissons cela, et parlons d'autres affaires. (*apercevant Cléante et Élise qui se font des signes.*) Hé ! (*bas, à part.*) Je crois qu'ils se font signe l'un à l'autre de me voler ma bourse. (*haut.*) Que veulent dire ces gestes-là ?

ÉLISE.

Nous marchandons, mon frère et moi, à qui parlera

ACTE I, SCÈNE V.

le premier ; et nous avons tous deux quelque chose à vous dire.

HARPAGON.

Et moi, j'ai quelque chose aussi à vous dire à tous deux.

CLÉANTE.

C'est de mariage, mon père, que nous désirons vous parler.

HARPAGON.

Et c'est de mariage aussi que je veux vous entretenir.

ÉLISE.

Ah ! mon père !

HARPAGON.

Pourquoi ce cri ? Est-ce le mot, ma fille, ou la chose, qui vous a fait peur ?

CLÉANTE.

Le mariage peut nous faire peur à tous deux de la façon que vous pouvez l'entendre ; et nous craignons que nos sentimens ne soient pas d'accord avec votre choix.

HARPAGON.

Ue peu de patience. Ne vous alarmez point. Je sais ce qu'il faut à tous deux, et vous n'aurez ni l'un ni l'autre aucun lieu de vous plaindre de tout ce que je prétends faire, et pour commencer par un bout, *(à Cléante.)* avez-vous vu, dites-moi, une jeune personne appelée Mariane, qui ne loge pas loin d'ici ?

CLÉANTE.

Oui, mon père.

HARPAGON.

Et vous ?

ÉLISE.

J'en ai ouï parler.

HARPAGON.

Comment, mon fils, trouvez-vous cette fille ?

CLÉANTE.

Une fort charmante personne.

HARPAGON.

Sa phisionomie ?

CLÉANTE.

Tout honnête et pleine d'esprit.

HARPAGON.

Son air et sa manière ?

CLÉANTE.

Admirables, sans doute.

HARPAGON.

Ne croyez-vous pas qu'une fille comme cela mériterait assez que l'on songeât à elle ?

CLÉANTE.

Oui, mon père.

HARPAGON.

Que ce serait un parti souhaitable ?

CLÉANTE.

Très-souhaitable.

HARPAGON.

Qu'elle a toute la mine de faire un bon ménage ?

CLÉANTE.

Sans doute.

HARPAGON.

Et qu'un mari aurait satisfaction avec elle !

CLÉANTE.

Assurément.

HARPAGON.

Il y a une petite difficulté; c'est que j'ai peur qu'il n'y ait pas, avec elle, tout le bien qu'on pourrait prétendre.

CLÉANTE.

Ah ! mon père, le bien n'est pas considérable lorsqu'il est question d'épouser une honnête personne.

HARPAGON.

Pardonnez-moi, pardonnez-moi. Mais ce qu'il y a à dire, c'est que, si l'on n'y trouve pas tout le bien qu'on souhaite, on peut tâcher de regagner cela sur autre chose.

ACTE I, SCÈNE VI.

CLÉANTE.

Cela s'entend.

HARPAGON.

Enfin je suis bien aise de vous voir dans mes sentimens, car son maintien honnête et sa douceur m'ont gagné l'ame ; et je suis résolu de l'épouser, pourvu que j'y trouve quelque bien.

CLÉANTE.

Hé !

HARPAGON.

Comment ?

CLÉANTE.

Vous êtes résolu, dites-vous...

HARPAGON.

D'épouser Mariane.

CLÉANTE.

Qui ? vous ? vous ?

HARPAGON.

Oui, moi, moi, moi. Que veut dire cela ?

CLÉANTE.

Il m'a pris tout à coup un éblouissement, et je me retire d'ici.

HARPAGON.

Cela ne sera rien Allez vite boire dans la cuisine un grand verre d'eau claire.

SCÈNE VI.

HARPAGON, ÉLISE.

HARPAGON.

Voilà de mes damoiseaux fluets qui n'ont non plus de vigueur que de poules. C'est là, ma fille, ce que j'ai résolu pour moi. Quant à ton frère, je lui destine une certaine veuve dont ce matin on m'est venu parler ; et, pour toi, je te donne au seigneur Anselme.

ÉLISE.

Au seigneur Anselme?

HARPAGON.

Oui, un homme mûr, prudent et sage, qui n'a pas plus de cinquante ans, et dont on vante les grands biens.

ÉLISE, *faisant la révérence.*

Je ne veux point me marier, mon père, s'il vous plaît.

HARPAGON, *contrefaisant Élise.*

Et moi, ma petite fille, ma mie, je veux que vous vous mariez, s'il vous plaît.

ÉLISE, *faisant encore la révérence.*

Je vous demande pardon, mon père.

HARPAGON, *contrefaisant Élise.*

Je vous demande pardon, ma fille.

ÉLISE.

Je suis très-humble servante au seigneur Anselme, mais, (*faisant encore la révérence.*) avec votre permission, je ne l'épouserai point.

HARPAGON.

Je suis votre très-humble valet; mais, (*contrefaisant encore Élise.*) avec votre permission, vous l'épouserez dès ce soir.

ÉLISE.

Dès ce soir?

HARPAGON.

Dès ce soir.

ÉLISE, *faisant encore la révérence.*

Cela ne sera pas, mon père.

HARPAGON, *contrefaisant encore Élise.*

Cela sera, ma fille.

ÉLISE.

Non.

HARPAGON.

Si.

ACTE I, SCÈNE VI.

ÉLISE.

Non, vous dis-je.

HARPAGON.

Si, vous dis-je.

ÉLISE.

C'est une chose où vous ne me réduirez point.

HARPAGON.

C'est une chose où je te réduirai.

ÉLISE.

Je me tuerai plutôt que d'épouser un tel mari.

HARPAGON.

Tu ne te tueras point, et tu l'épouseras. Mais voyez quelle audace ! a-t-on jamais vu une fille parler de la sorte à son père ?

ÉLISE.

Mais a-t-on jamais vu un père marier sa fille de la sorte ?

HARPAGON.

C'est un parti où il n'y a rien à redire ; et je gage que tout le monde approuvera mon choix.

ÉLISE.

Et moi, je gage qu'il ne saurait être approuvé d'aucune personne raisonnable.

HARPAGON, *apercevant Valère de loin.*

Voilà Valère. Veux-tu qu'entre nous deux nous le fassions juge de cette affaire ?

ÉLISE.

J'y consens.

HARPAGON.

Te rendras-tu à son jugement ?

ÉLISE.

Oui ; j'en passerai par ce qu'il dira.

HARPAGON.

Voilà qui est fait.

SCÈNE VII.

VALÈRE, HARPAGON, ÉLISE.

HARPAGON.

Ici, Valère. Nous t'avons élu pour nous dire qui a raison, de moi ou de ma fille.

VALÈRE.

C'est vous, monsieur, sans contredit.

HARPAGON.

Sais-tu bien de quoi nous parlons?

VALÈRE.

Non; mais vous ne sauriez avoir tort, et vous êtes toute raison.

HARPAGON.

Je veux ce soir lui donner pour époux un homme aussi riche que sage; et la coquine me dit au nez qu'elle se moque de le prendre. Que dis-tu de cela?

VALÈRE.

Ce que j'en dis?

HARPAGON.

Oui.

VALÈRE.

Hé! hé!

HARPAGON.

Quoi?

VALÈRE.

Je dis que, dans le fond, je suis de votre sentiment; et vous ne pouvez pas que vous n'ayez raison : mais aussi n'a-t-elle pas tort tout-à-fait; et...

HARPAGON.

Comment! le seigneur Anselme est un parti considérable; c'est un gentilhomme qui est noble, doux, posé, sage et fort accommodé, et auquel il ne reste aucun enfant de son premier mariage. Saurait-elle mieux rencontrer?

ACTE I, SCÈNE VII.

VALÈRE.

Cela est vrai; mais elle pourrait vous dire que c'est un peu précipiter les choses, et qu'il faudrait au moins quelque temps pour voir si son inclination pourrait s'accorder avec...

HARPAGON.

C'est une occasion qu'il faut prendre vite aux cheveux. Je trouve ici un avantage qu'ailleurs je ne trouverais pas, et il s'engage à la prendre sans dot.

VALÈRE.

Sans dot?

HARPAGON.

Oui.

VALÈRE.

Ah! je ne dis plus rien Voyez-vous? voilà une raison tout-à-fait convaincante; il se faut rendre à cela.

HARPAGON.

C'est pour moi une épargne considérable.

VALÈRE.

Assurément, cela ne reçoit point de contradiction. Il est vrai que votre fille vous peut représenter que le mariage est une plus grande affaire qu'on ne peut croire; qu'il y va d'être heureux ou malheureux toute sa vie; et qu'un engagement qui doit durer jusqu'à la mort ne se doit jamais faire qu'avec de grandes précautions.

HARPAGON.

Sans dot!

VALÈRE.

Vous avez raison. Voilà qui décide tout, cela s'entend. Il y a des gens qui pourraient vous dire qu'en de telles occasions l'inclination d'une fille est une chose, sans doute, où l'on doit avoir de l'égard, et que cette grande inégalité d'âge, d'humeur et de sentimens, rend un mariage sujet à des accidens très-fâcheux.

HARPAGON.

Sans dot!

VALÈRE.

Ah! il n'y a pas de réplique à cela, on le sait bien. Qui diantre peut aller là contre? Ce n'est pas qu'il n'y ait quantité de pères qui aimeraient mieux ménager la satisfaction de leurs filles que l'argent qu'ils pourraient donner; qui ne les voudraient point sacrifier à l'intérêt; et chercheraient, plus que toute autre chose, à mettre dans un mariage cette douce conformité qui sans cesse y maintient l'honneur, la tranquillité e la joie; et que...

HARPAGON.

Sans dot!

VALÈRE.

Il est vrai, cela ferme la bouche à tout. Sans dot! Le moyen de résister à une raison comme celle-là!

HARPAGON, *à part, regardant du côté du jardin.*

Ouais! il me semble que j'entends un chien qui aboie. N'est-ce point qu'on en voudrait à mon argent? (*à Valère.*) Ne bougez, je reviens tout à l'heure.

SCÈNE VIII.
ÉLISE, VALÈRE.

ÉLISE.

Vous moquez-vous, Valère, de lui parler comme vous faites?

VALÈRE.

C'est pour ne point l'aigrir, et pour en venir mieux à bout. Heurter de front ses sentimens est le moyen de tout gâter; et il y a de certains esprits qu'il ne faut prendre qu'en biaisant, des tempéramens ennemis de toute résistance, des naturels rétifs que la vérité fait cabrer, qui toujours se roidissent contre le droit chemin de la raison, et qu'on ne mène qu'en tournant où l'on veut les conduire. Faites semblant de consentir à ce qu'il veut, vous en viendrez mieux à vos fins, et...

ÉLISE.

Mais ce mariage, Valère?

VALÈRE.

On cherchera des biais pour le rompre.

ÉLISE.

Mais quelle invention trouver, s'il se doit conclure ce soir ?

VALÈRE.

Il faut demander un délai, et feindre quelque maladie.

ÉLISE.

Mais on découvrira la feinte, si on appelle des médecins.

VALÈRE.

Vous moquez-vous ? Y connaissent-ils quelque chose ? Allez, allez, vous pourrez avec eux avoir quel mal il vous plaira ; ils vous trouveront des raisons pour vous dire d'où cela vient.

SCÈNE IX.

HARPAGON, ÉLISE, VALÈRE.

HARPAGON, *à part, dans le fond du théâtre.*

Ce n'est rien, dieu merci.

VALÈRE, *sans voir Harpagon.*

Enfin notre dernier recours, c'est que la fuite nous peut mettre à couvert de tout ; et si votre amour, belle Élise, est capable d'une fermeté... (*apercevant Harpagon.*) Oui, il faut qu'une fille obéisse à son père. Il ne faut point qu'elle regarde comme un mari est fait ; et lorsque la grande raison de, sans dot, s'y rencontre, elle doit être prête à prendre tout ce qu'on lui donne.

HARPAGON.

Bon ! Voilà bien parler cela !

VALÈRE.

Monsieur, je vous damande pardon si je m'emporte un peu, et prends la hardiesse de lui parler comme je fais.

HARPAGON.

Comment ! j'en suis ravi, et je veux que tu prennes sur elle un pouvoir absolu. (*à Elise.*) Oui, tu as beau fuir, je lui donne l'autorité que le ciel me donne sur toi, et j'entends que tu fasses tout ce qu'il te dira.

VALÈRE, *à Elise.*

Après cela, résistez à mes remontrances.

SCÈNE X.

HARPAGON, VALÈRE.

VALÈRE.

Monsieur, je vais la suivre, pour lui continuer les leçons que je lui faisais.

HARPAGON.

Oui ; tu m'obligeras, certes.

VALÈRE.

Il est bon de lui tenir un peu la bride haute.

HARPAGON.

Cela est vrai. Il faut.

VALÈRE.

Ne vous mettez pas en peine. Je crois que j'en viendrai à bout.

HARPAGON.

Fais, fais. Je m'en vais faire un petit tour en ville, et reviens tout à l'heure.

VALÈRE, *adressant la parole à Élise, en s'en allant du côté par où elle est sortie.*

Oui ; l'argent est plus précieux que toutes les choses du monde, et vous devez rendre grace au ciel de l'honnête homme de père qu'il vous a donné. Il sait ce que c'est que de vivre. Lorsqu'on s'offre de prendre une fille sans dot, on ne doit point regarder plus avant. Tout est renfermé là-dedans ; et sans dot, tient lieu de beauté, de jeunesse, de naissance, d'honneur, de sagesse et de probité.

HARPAGON, *seul*.

Ah! le brave garçon! voilà parler comme un oracle! Heureux qui peut avoir un domestique de la sorte!

FIN DU PREMIER ACTE.

ACTE SECOND.

SCÈNE I.
CLÉANTE, LA FLÈCHE.

CLÉANTE.

Ah! traître que tu es, où t'es-tu donc allé fourrer? Ne t'avais-je pas donné ordre…?

LA FLÈCHE.

Oui, monsieur, je m'étais rendu ici pour vous attendre de pied ferme; mais monsieur votre père, le plus mal gracieux des hommes, m'a chassé dehors malgré moi, et j'ai couru risque d'être battu.

CLÉANTE.

Comment va notre affaire? Les choses pressent plus que jamais. Depuis que je t'ai vu, j'ai découvert que mon père est mon rival.

LA FLÈCHE.

Votre père amoureux?

CLÉANTE.

Oui; et j'ai eu toutes les peines du monde à lui cacher le trouble où cette nouvelle m'a mis.

LA FLÈCHE.

Lui, se mêler d'aimer! De quoi diable s'avise-t-il? Se moque-t-il du monde? et l'amour a-t-il été fait pour des gens bâtis comme lui?

CLÉANTE.

Il a fallu pour mes péchés que cette passion lui soit venue en tête.

LA FLÈCHE.

Mais par quelle raison lui faire un mystère de votre amour?

ACTE II, SCÈNE I.

CLÉANTE.

Pour lui donner moins de soupçon, et me conserver, au besoin, des ouvertures plus aisées pour détourner ce mariage. Quelle réponse t'a-t-on faite ?

LA FLÈCHE.

Ma foi, monsieur, ceux qui empruntent sont bien malheureux ; et il faut essuyer d'étranges choses lorsqu'on est réduit à passer, comme vous, par les mains des fesse-Mathieu.

CLÉANTE.

L'affaire ne se fera point ?

LA FLÈCHE.

Pardonnez-moi. Notre maître Simon, le courtier qu'on nous a donné, homme agissant et plein de zèle, dit qu'il a fait rage pour vous, et il assure que votre seule physionomie lui a gagné le cœur.

CLÉANTE.

J'aurai les quinze mille francs que je demande ?

LA FLÈCHE.

Oui ; mais à quelques petites conditions qu'il faudra que vous acceptiez, si vous avez dessein que les choses se fassent.

CLÉANTE.

T'a-t-il fait parler à celui qui doit prêter l'argent ?

LA FLÈCHE.

Ah ! vraiment, cela ne va pas de la sorte. Il apporte encore plus de soin à se cacher que vous ; et ce sont des mystères bien plus grands que vous ne pensez. On ne veut point du tout dire son nom, et l'on doit aujourd'hui l'aboucher avec vous dans une maison empruntée, pour être instruit par votre bouche de votre bien et de votre famille ; et je ne doute point que le seul nom de votre père ne me rende les choses faciles.

CLÉANTE.

Et principalement ma mère étant morte, dont on ne peut m'ôter le bien.

LA FLÈCHE.

Voici quelques articles qu'il a dictés lui-même à notre entremetteur, pour vous être montrés avant que de rien faire.

« Supposé que le prêteur voie toutes ses sûretés, et
» que l'emprunteur soit majeur, et d'une famille où le
» bien soit ample, solide, assuré, clair, et net de
» tout embarras, on fera une bonne et exacte obligation
» pardevant un notaire, le plus honnête homme qu'il se
» pourra, et qui, pour cet effet, sera choisi par
» le prêteur, auquel il importe le plus que l'acte soit
» dûment dressé. »

CLÉANTE.

Il n'y a rien à dire à cela.

LA FLÈCHE.

« Le prêteur, pour ne charger sa conscience d'au-
» cun scrupule, prétend ne donner son argent qu'au
» denier dix-huit. »

CLÉANTE.

Au denier dix-huit? Parbleu! voilà qui est honnête. Il n'y a pas lieu de se plaindre.

LA FLÈCHE.

Cela est vrai.

« Mais comme ledit prêteur n'a pas chez lui la somme
» dont il est question, et que, pour faire plaisir à l'em-
» prunteur, il est contraint lui-même de l'emprunter
» d'un autre sur le pied du denier cinq, il conviendra
» que ledit premier emprunteur paie cet intérêt, sans
» préjudice du reste, attendu que ce n'est que pour
» l'obliger que ledit prêteur s'engage à cet emprunt. »

CLÉANTE.

Comment diable! quel juif! quel arabe est-ce là! C'est plus qu'au denier quatre.

LA FLÈCHE.

Il est vrai, c'est ce que j'ai dit. Vous avez à voir là-dessus.

CLÉANTE.

Que veux-tu que je voie ? j'ai besoin d'argent, et il faut bien que je consente à tout.

LA FLÈCHE.

C'est la réponse que j'ai faite.

CLÉANTE.

Il y a encore quelque chose ?

LA FLÈCHE.

Ce n'est plus qu'un petit article.

» Des quinze mille francs qu'on demande, le prê-
» teur ne pourra compter en argent que douze mille
» livres ; et, pour les mille écus restans, il faudra que
» l'emprunteur prenne les hardes, nippes et bijoux
» dont s'ensuit le mémoire ; et que ledit prêteur a
» mis de bonne foi au plus modique prix qu'il lui a
» été possible. »

CLÉANTE.

Que veut dire cela ?

LA FLÈCHE.

Écoutez le mémoire.

« Premièrement un lit de quatre pieds, à bandes de
» point de Hongrie appliquées fort proprement sur un
» drap de couleur d'olive, avec six chaises et la courte-
» pointe de même ; le tout bien conditionné, et
» doublé d'un petit taffetas changeant rouge et bleu.

» Plus, un pavillon à queue, d'une bonne serge
» d'Aumale rose sèche, avec le mollet et les franges de
» soie. »

CLÉANTE.

Que veut-il que je fasse de cela ?

LA FLÈCHE.

Attendez.

» Plus, une tenture de tapisserie des amours de
» Gombaud et de Macé.

» Plus, une grande table de bois de noyer à douze
» colonnes ou piliers tournés, qui se tire par les deux
» bouts, et garnie par le dessous de ses six escabelles. »

CLÉANTE.

Qu'ai-je à faire, morbleu!...

LA FLÈCHE.

Donnez-vous patience.

« Plus, trois gros mousquets tout garnis de nacre de perle, avec les trois fourchettes assortissantes.

» Plus, un fourneau de brique avec deux cornues et trois récipiens fort utiles à ceux qui sont curieux de distiller. »

CLÉANTE.

J'enrage.

LA FLÈCHE.

Doucement.

» Plus, un luth de Bologne, garni de toutes ses cordes, ou peu s'en faut.

» Plus, un trou-madame, et un damier, avec un jeu de l'oie renouvelé des Grecs, fort propre à passer le temps lorsque l'on n'a que faire.

» Plus, une peau de lézard de trois pieds et demi, rempli de foin; curiosité agréable pour pendre au plancher d'une chambre.

» Le tout ci-dessus mentionné valant loyalement plus de quatre mille cinq cents livres et rabaissé à la valeur de mille écus, par la discrétion du prêteur. »

CLÉANTE.

Que la peste l'étouffe avec sa discrétion, le traître, le bourreau qu'il est. A-t-on jamais parlé d'une usure semblable? et n'est-il pas content du furieux intérêt qu'il exige, sans vouloir encore m'obliger à prendre pour trois mille livres les vieux rogatons qu'il ramasse? Je n'aurai pas deux cents écus de tout cela. Et cependant il faut bien me résoudre à consentir à ce qu'il veut; car il est en état de me faire tout accepter, et il me tient, le scélérat, le poignard sur la gorge.

LA FLÈCHE.

Je vous vois, monsieur, ne vous en déplaise, dans

le grand chemin justement que tenait Panurge pour se ruiner, prenant argent d'avance, achetant cher, vendant à bon marché, et mangeant son blé en herbe.

CLÉANTE.

Que veux-tu que j'y fasse ? voilà où les jeunes gens sont réduits par la maudite avarice des pères : et on s'étonne après cela que les fils souhaitent qu'ils meurent !

LA FLÈCHE.

Il faut avouer que le vôtre animerait contre sa vilenie le plus posé homme du monde. Je n'ai pas, dieu merci, les inclinations fort patibulaires ; et, parmi mes confrères que je vois se mêler de beaucoup de petits commerces, je sais tirer adroitement mon épingle du jeu, et me démêler prudemment de toutes les galanteries qui sentent tant soit peu l'échelle : mais, à vous dire vrai, il me donnerait, par ses procédés, des tentations de le voler ; et je croirais, en le volant, faire une action méritoire.

CLÉANTE.

Donne-moi un peu ce mémoire, que je le voie encore.

SCÈNE II.

HARPAGON, maître SIMON, CLÉANTE et LA FLÈCHE, *dans le fond du théâtre.*

Me SIMON.

Oui, monsieur, c'est un jeune homme qui a besoin d'argent : ses affaires le pressent d'en trouver, et il en passera par tout ce que vous prescrirez.

HARPAGON.

Mais, croyez-vous, maître Simon, qu'il n'y ait rien à péricliter ? et savez-vous le nom, les biens et la famille de celui pour qui vous parlez ?

Me SIMON.

Non. Je ne puis pas bien vous en instruire à fond ; et ce n'est que par aventure que l'on m'a adressé à lui : mais vous serez de toutes choses éclairci par lui-même, et son homme m'a assuré que vous serez content quand vous le connaîtrez. Tout ce que je saurais vous dire, c'est que sa famille est fort riche, qu'il n'a plus de mère déjà, et qu'il s'obligera, si vous voulez, que son père mourra avant qu'il soit huit mois.

HARPAGON.

C'est quelque chose que cela. La charité, maître Simon, nous oblige à faire plaisir aux personnes lorsque nous le pouvons.

Me SIMON.

Cela s'entend.

LA FLÈCHE, *bas à Cléante, reconnaissant maître Simon.*

Que veut dire ceci ? Notre maître Simon qui parle à votre père !

CLÉANTE, *bas à La Flèche*

Lui aurait-on appris qui je suis ? et serais-tu pour me trahir ?

Me SIMON, *à Cléante et à La Flèche.*

Ah ! ah ! vous êtes bien pressés ! Qui vous a dit que c'était céans ? (*à Harpagon.*) Ce n'est pas moi, monsieur, au moins, qui leur ai découvert votre nom et votre logis. Mais, à mon avis, il n'y a pas grand mal à cela; ce sont des personnes discrètes, et vous pouvez ici vous expliquer ensemble.

HARPAGON.

Comment !

Me SIMON, *montrant Cléante.*

Monsieur est la personne qui veut vous emprunter les quinze mille livres dont je vous ai parlé.

HARPAGON.

Comment, pendard ! c'est toi qui t'abandonnes à ces coupables extrémités !

CLÉANTE.

Comment, mon père ! c'est vous qui vous portez à ces honteuses actions !

(*Maître Simon s'enfuit, et La Flèche va se cacher.*)

SCÈNE III.

HARPAGON, CLÉANTE.

HARPAGON.

C'est toi qui te veux ruiner par des emprunts si condamnables !

CLÉANTE.

C'est vous qui cherchez à vous enrichir par des usures si criminelles !

HARPAGON.

Oses-tu bien, après cela, paraître devant moi ?

CLÉANTE.

Osez-vous bien, après cela, vous présenter aux yeux du monde ?

HARPAGON.

N'as-tu point de honte, dis-moi, d'en venir à ces débauches-là, de te précipiter dans des dépenses effroyables, et de faire une honteuse dissipation du bien que tes parens t'ont amassé avec tant de sueurs ?

CLÉANTE.

Ne rougissez-vous point de déshonorer votre condition par les commerces que vous faites, de sacrifier gloire et réputation au désir insatiable d'entasser écu sur écu, et de renchérir, en fait d'intérêts, sur les plus infâmes subtilités qu'aient jamais inventées les plus célèbres usuriers ?

HARPAGON.

Ote-toi de mes yeux, coquin; ôte-toi de mes yeux.

CLÉANTE.

Qui est plus criminel, à votre avis, ou celui qui achète un argent dont il a besoin, ou bien celui qui vole un argent dont il n'a que faire ?

HARPAGON.

Retire-toi, te dis-je, et ne m'échauffe pas les oreilles. (*seul.*) Je ne suis pas fâché de cette aventure; et ce m'est un avis de tenir l'œil plus que jamais sur toutes ses actions.

SCÈNE IV.
FROSINE, HARPAGON.

FROSINE.
Monsieur.

HARPAGON.
Attendez un moment, je vais revenir vous parler. (*à part.*) Il est à propos que je fasse un petit tour à mon argent.

SCÈNE V.
LA FLÈCHE, FROSINE.

LA FLÈCHE, *sans voir Frosine.*
L'aventure est tout-à-fait drôle. Il faut bien qu'il ait quelque part un ample magasin de hardes ; car nous n'avons rien reconnu au mémoire que nous avons.

FROSINE.
Hé ! c'est toi, mon pauvre La Flèche ! D'où vient cette rencontre ?

LA FLÈCHE.
Ah ! ah ! c'est toi, Frosine ! Que viens-tu faire ici ?

FROSINE.
Ce que je fais partout ailleurs ; m'entremettre d'affaires ; me rendre serviable aux gens, et profiter, du mieux qu'il m'est possible, des petits talens que je puis avoir. Tu sais que, dans ce monde, il faut vivre d'adresse et qu'aux personnes comme moi le ciel n'a donné d'autres rentes que l'intrigue et que l'industrie.

LA FLÈCHE.
As-tu quelque négoce avec le patron du logis ?

FROSINE.
Oui; je traite pour lui quelque petite affaire dont j'espère une récompense.

ACTE II, SCÈNE V.

LA FLÈCHE.

De lui? Ah! ma foi, tu seras bien fine, si tu en tires quelque chose; et je te donne avis que l'argent céans est fort cher.

FROSINE.

Il y a de certains services qui touchent merveilleusement.

LA FLÈCHE.

Je suis votre valet, et tu ne connais pas encore le seigneur Harpagon. Le seigneur Harpagon est de tous les humains l'humain le moins humain, le mortel de tous les mortels le plus dur et le plus serré. Il n'est point de service qui pousse sa reconnaissance jusqu'à lui faire ouvrir les mains. De la louange, de l'estime, de la bienveillance en paroles, et de l'amitié, tant qu'il vous plaira; mais de l'argent, point d'affaires. Il n'est rien de plus sec et de plus aride que ses bonnes graces et ses caresses; et *donner* est un mot pour qui il a tant d'aversion, qu'il ne dit jamais, *Je vous donne*, mais, *Je vous prête le bon jour*.

FROSINE.

Mon dieu! je sais l'art de traire les hommes; j'ai le secret de m'ouvrir leur tendresse, de chatouiller leurs cœurs, de trouver les endroits par où ils sont sensibles.

LA FLÈCHE.

Bagatelles ici. Je te défie d'attendrir, du côté de l'argent, l'homme dont il est question. Il est turc là-dessus, mais d'une turquerie à désespérer tout le monde; et l'on pourrait crever, qu'il n'en branlerait pas. En un mot, il aime l'argent plus que réputation, qu'honneur et que vertu; et la vue d'un demandeur lui donne des convulsions : c'est le frapper par son endroit mortel, c'est lui percer le cœur, c'est lui arracher les entrailles; et si... Mais il revient, je me retire.

SCÈNE VI.

HARPAGON, FROSINE.

HARPAGON, *bas.*

Tout va comme il faut. (*haut.*) Hé bien ? qu'est-ce, Frosine ?

FROSINE.

Ah ! mon dieu ! que vous vous portez bien ! et que vous avez là un vrai visage de santé !

HARPAGON.

Qui moi ?

FROSINE.

Jamais je ne vous vis un teint si frais et si gaillard.

HARPAGON.

Tout de bon ?

FROSINE.

Comment ! vous n'avez de votre vie été si jeune que vous êtes, et je vois des gens de vingt-cinq ans qui sont plus vieux que vous.

HARPAGON.

Cependant, Frosine, j'en ai soixante bien comptés.

FROSINE.

Hé bien ! qu'est-ce que cela ? soixante ans ! voilà bien de quoi ! C'est la fleur de l'âge, cela ; et vous entrez maintenant dans la belle saison de l'homme.

HARPAGON.

Il est vrai ; mais vingt années de moins pourtant ne me feraient point de mal, que je crois.

FROSINE.

Vous moquez-vous ? Vous n'avez pas besoin de cela, et vous êtes d'une pâte à vivre jusqu'à cent ans.

HARPAGON.

Tu le crois ?

FROSINE.

Assurément ; vous en avez toutes les marques. Tenez-

ACTE II, SCÈNE VI.

vous un peu. Oh ! que voilà bien, entre vos deux yeux, un signe de longue vie !

HARPAGON.

Tu te connais à cela ?

FROSINE.

Sans doute. Montrez-moi votre main. Ah ! mon dieu ! quelle ligne de vie !

HARPAGON.

Comment ?

FROSINE.

Ne voyez-vous pas jusqu'où va cette ligne-là ?

HARPAGON.

Hé bien ? qu'est-ce que cela veut dire ?

FROSINE.

Par ma foi, je disais cent ans ; mais vous passerez les six vingts.

HARPAGON.

Est-il possible ?

FROSINE.

Il faudra vous assommer, vous dis-je ; et vous mettrez en terre et vos enfans et les enfans de vos enfans.

HARPAGON.

Tant mieux. Comment va notre affaire.

FROSINE.

Faut-il le demander ? et me voit-on mêler de rien dont je ne vienne à bout ? J'ai, sur-tout pour les mariages, un talent merveilleux. Il n'est point de partis au monde que je ne trouve en peu de temps le moyen d'accoupler ; et je crois, si je me l'étais mis en tête, que je marierais le grand Turc avec la république de Venise. Il n'y avait pas, sans doute, de si grandes difficultés à cette affaire-ci. Comme j'ai commerce chez elles, je les ai à fond l'une et l'autre entretenues de vous ; et j'ai dit à la mère le dessein que vous aviez conçu pour Mariane, à la voir passer dans la rue et prendre l'air à sa fenêtre.

HARPAGON.

Qui a fait réponse... ?

FROSINE.

Elle a reçu la proposition avec joie ; et, quand je lui ai témoigné que vous souhaitiez fort que sa fille assistât ce soir au contrat de mariage qui doit se faire de la vôtre, elle y a consenti sans peine, et me l'a confiée pour cela.

HARPAGON.

C'est que je suis obligé, Frosine, de donner à souper au seigneur Anselme ; et je serai bien aise qu'elle soit du régal.

FROSINE.

Vous avez raison. Elle doit après dîner rendre visite à votre fille, d'où elle fait son compte d'aller faire un tour à la foire, pour venir ensuite au souper.

HARPAGON.

Hé bien ! elles iront ensemble dans mon carrosse, que je leur prêterai.

FROSINE.

Voilà justement son affaire.

HARPAGON.

Mais, Frosine, as-tu entretenu la mère touchant le bien qu'elle peut donner à sa fille ? Lui as-tu dit qu'il fallait qu'elle s'aidât un peu, qu'elle fît quelque effort, qu'elle se saignât pour une occasion comme celle-ci ? car encore n'épouse-t-on point une fille sans qu'elle apporte quelque chose.

FROSINE.

Comment ! c'est une fille qui vous apportera douze mille livres de rente.

HARPAGON.

Douze mille livres de rente ?

FROSINE.

Oui. Premièrement, elle est nourrie et élevée dans une grande épargne de bouche : c'est une fille accoutumée à vivre de salade, de lait, de fromage et de pommes, et à laquelle ; par conséquent, il ne faudra ni table bien servie, ni consommés exquis, ni orges mondés perpétuels, ni les autres délicatesses qu'il faudrait pour une autre femme ; et cela ne va pas à si peu de chose, qu'il ne monte bien tous les ans à trois mille francs pour le moins. Outre cela, elle n'est curieuse que d'une propreté fort simple, et n'aime point les superbes habits, ni les riches bijoux, ni les meubles somptueux, où donnent ses pareilles avec tant de chaleur ; et cet article-là vaut plus de quatre mille livres par an. De plus, elle a une aversion horrible pour le jeu ; ce qui n'est pas commun aux femmes d'aujourd'hui ; et j'en sais une de nos quartiers, qui a perdu, à trente et quarante, vingt mille francs cette année. Mais n'en prenons rien que le quart. Cinq mille francs au jeu par an, quatre mille francs en habits et bijoux, cela fait neuf mille livres ; et mille écus que nous mettons pour la nourriture : ne voila-t-il pas par année vos douze mille francs bien comptés ?

HARPAGON.

Oui, cela n'est pas mal ; mais ce compte-là n'est rien de réel.

FROSINE.

Pardonnez-moi. N'est-ce pas quelque chose de réel que de vous apporter en mariage une grande sobriété, l'héritage d'un grand amour de simplicité de parure, et l'acquisition d'un grand fonds de haine pour le jeu ?

HARPAGON.

C'est une raillerie que de vouloir me constituer sa dot de toutes les dépenses qu'elle ne fera point. Je n'irai pas donner quittance de ce que je ne reçois pas ; et il faut que je touche quelque chose.

FROSINE.

Mon dieu ! vous toucherez assez ; et elles m'ont parlé d'un certain pays où elles ont du bien dont vous serez le maître.

HARPAGON.

Il faudra voir cela. Mais, Frosine, il y a encore une

chose qui m'inquiète. La fille est jeune, comme tu vois ; et les jeunes gens d'ordinaire n'aiment que leurs semblables, ne cherchent que leur compagnie. J'ai peur qu'un homme de mon âge ne soit pas de son goût, et que cela ne vienne à produire chez moi certains petits désordres qui ne m'accommoderaient pas.

FROSINE.

Ah ! que vous la connaissez mal ! C'est encore une particularité que j'avais à vous dire. Elle a une aversion épouvantable pour tous les jeunes gens, et n'a de l'amour que pour les vieillards.

HARPAGON.

Elle ?

FROSINE.

Oui, elle. Je voudrais que vous l'eussiez entendue parler là-dessus. Elle ne peut souffrir du tout la vue d'un jeune homme ; mais elle n'est point plus ravie, dit-elle, que lorsqu'elle peut voir un beau vieillard avec une barbe majestueuse. Les plus vieux sont pour elle les plus charmans ; et je vous avertis de n'aller pas vous faire plus jeune que vous êtes. Elle veut tout au moins qu'on soit sexagénaire ; et il n'y a pas quatre mois encore qu'étant près d'être mariée elle rompit tout net le mariage, sur ce que son amant fit voir qu'il n'avait que cinquante-six ans, et qu'il ne prit point de lunettes pour signer le contrat.

HARPAGON.

Sur cela seulement ?

FROSINE.

Oui. Elle dit que ce n'est pas contentement pour elle que cinquante-six ans ; et sur-tout elle est pour les nez qui portent des lunettes.

HARPAGON.

Certes, tu me dis là une chose toute nouvelle.

FROSINE.

Cela va plus loin qu'on ne vous peut dire. On lui voit dans sa chambre quelques tableaux et quelques estampes.

Mais que pensez-vous que ce soit ? des Adonis ? des Céphales ? des Pâris et des Apollons ? Non : de beaux portraits de Saturne, du roi Priam, du vieux Nestor, et du bon père Anchise sur les épaules de son fils.

HARPAGON.

Cela est admirable ! voilà ce que je n'aurais jamais pensé ; et je suis bien aise d'apprendre qu'elle est de cette humeur. En effet, si j'avais été femme, je n'aurais point aimé les jeunes hommes.

FROSINE.

Je le crois bien. Voilà de belles drogues que des jeunes gens, pour les aimer ! ce sont de beaux morveux, de beaux godelureaux, pour donner envie de leur peau ! et je voudrais bien savoir quel ragoût il y a à eux.

HARPAGON.

Pour moi, je n'y en comprends point, et je ne sais pas comment il y a des femmes qui les aiment tant.

FROSINE.

Il faut être folle fieffée. Trouver la jeunesse aimable, est-ce avoir le sens commun ? sont-ce des hommes que de jeunes blondins ? et peut-on s'attacher à ces animaux-là ?

HARPAGON.

C'est ce que je dis tous les jours. Avec leur ton de poule laitée, leurs trois petits brins de barbe relevés en barbe de chat, leurs perruques d'étoupes, leurs hauts-de-chausses tout tombans, et leurs estomacs débraillés..!

FROSINE.

Hé ! cela est bien bâti auprès d'une personne comme vous ! Voilà un homme cela. Il y a de quoi satisfaire à la vue ; et c'est ainsi qu'il faut être fait et vêtu pour donner de l'amour.

HARPAGON.

Tu me trouves bien ?

FROSINE.

Comment ! vous êtes à ravir, et votre figure est à peindre. Tournez-vous un peu, s'il vous plaît. Il ne se peut pas mieux. Que je vous voie marcher. Voilà un corps taillé, libre et dégagé comme il faut, et qui ne marque aucune incommodité.

HARPAGON.

Je n'en ai pas de grandes, dieu merci ; il n'y a que ma fluxion qui me prend de temps en temps.

FROSINE.

Cela n'est rien ; votre fluxion ne vous sied point mal, et vous avez grace à tousser.

HARPAGON.

Dis-moi un peu : Mariane m'a-t-elle point encore vu ? N'a-t-elle point pris garde à moi en passant ?

FROSINE.

Non ; mais nous nous sommes fort entretenues de vous : je lui ai fait un portrait de votre personne ; et je n'ai pas manqué de lui vanter votre mérite, et l'avantage que ce lui serait d'avoir un mari tel que vous.

HARPAGON.

Tu as bien fait, et je t'en remercie.

FROSINE.

J'aurais, monsieur, une petite prière à vous faire. J'ai un procès que je suis sur le point de perdre, faute d'un peu d'argent ; (*Harpagon prend un air serieux.*) et vous pourriez facilement me procurer le gain de ce procès, si vous aviez quelques bontés pour moi... Vous ne sauriez croire le plaisir qu'elle aura de vous voir. (*Harpagon reprend un air gai.*) Ah ! que vous lui plairez ! et que votre fraise à l'antique fera sur son esprit un effet admirable ! Mais sur-tout elle sera charmée de votre haut-de-chausses attaché au pourpoint avec des aiguillettes : c'est pour la rendre folle de vous ; et un amant aiguilleté sera pour elle un ragoût merveilleux.

HARPAGON.

Certes, tu me ravis de me dire cela.

ACTE II, SCÈNE VI.

FROSINE.

En vérité, monsieur, ce procès m'est d'une conséquence tout-à fait grande. (*Harpagon reprend son air sérieux.*) Je suis ruinée si je le perds ; et quelque petite assistance me rétablirait mes affaires... Je voudrais que vous eussiez vu le ravissement où elle était à m'entendre parler de vous. (*Harpagon reprend un air gai.*) La joie éclatait dans ses yeux au récit de vos qualités ; et je l'ai mise enfin dans une impatience extrême de voir ce mariage entièrement conclu.

HARPAGON.

Tu m'as fait grand plaisir, Frosine ; et je t'en ai, je te l'avoue, toutes les obligations du monde.

FROSINE.

Je vous prie, monsieur, de me donner le petit secours que je vous demande. (*Harpagon reprend eucore son air serieux.*) Cela me remettra sur pied, et je vous en serai éternellement obligée.

HARPAGON.

Adieu. Je vais achever mes dépêches.

FROSINE.

Je vous assure, monsieur, que vous ne sauriez jamais me soulager dans un plus grand besoin.

HARPAGON.

Je mettrai ordre que mon carrosse soit tout prêt pour vous mener à la foire.

FROSINE.

Je ne vous importunerais pas si je ne m'y voyais forcée par la nécessité.

HARPAGON.

Et j'aurai soin qu'on soupe de bonne heure, pour ne vous point faire malades.

FROSINE.

Ne me refusez point la grace dont je vous sollicite. Vous ne sauriez, croire, monsieur, le plaisir que...

HARPAGON.

Je m'en vais. Voilà qu'on m'appelle. Jusqu'à tantôt.

FROSINE, *seule*.

Que la fièvre te serre, chien de vilain, à tous les diables ! Le ladre a été ferme à toutes mes attaques. Mais il ne me faut pas pourtant quitter la négociation; et j'ai l'autre côté, en tout cas, d'où je suis assurée de tirer bonne récompense.

FIN DU SECOND ACTE.

ACTE TROISIÈME.

SCÈNE I.

HARPAGON, CLÉANTE, ÉLISE, VALÈRE, dame CLAUDE, *tenant un balai;* maître JACQUES, LA MERLUCHE, BRINDAVOINE.

HARPAGON.

Allons, venez çà tous, que je vous distribue mes ordres pour tantôt, et règle à chacun son emploi. Approchez, dame Claude; commençons par vous. Bon, vous voilà les armes à la main. Je vous commets au soin de nettoyer partout; et surtout, prenez garde de frotter les meubles trop fort, de peur de les user. Outre cela, je vous constitue pendant le souper au gouvernement des bouteilles; et, s'il s'en écarte quelqu'une, et qu'il se casse quelque chose, je m'en prendrai à vous, et le rabattrai sur vos gages.

M^c JACQUES, *à part.*

Châtiment politique !

HARPAGON, *à dame Claude.*

Allez.

SCÈNE II.

HARPAGON, CLÉANTE, ÉLISE, VALÈRE, maître JACQUES, BRINDAVOINE, LA MERLUCHE.

HARPAGON.

Vous, Brindavoine, et vous, La Merluche, je vous établis dans la charge de rincer les verres, et de donner à boire, mais seulement lorsque l'on aura soif, et non pas selon la coutume de certains impertinens de laquais qui viennent provoquer les gens, et les faire aviser de boire lorsqu'on n'y songe pas. Attendez qu'on vous en demande plus d'une fois, et vous ressouvenez de porter toujours beaucoup d'eau.

Me JACQUES, *à part.*

Oui, le vin pur monte à la tête.

LA MERLUCHE.

Quitterons-nous nos souquenilles, monsieur?

HARPAGON.

Oui, quand vous verrez venir les personnes ; et gardez bien de gâter vos habits.

BRINDAVOINE.

Vous savez bien, monsieur, qu'un des devans de mon pourpoint est couvert d'une grande tache de l'huile de la lampe.

LA MERLUCHE.

Et moi, monsieur, que j'ai mon haut-de-chausses tout troué par derrière, et qu'on me voit, révérence parler...

HARPAGON, *à La Merluche.*

Paix ; rangez cela adroitement du côté de la muraille, et présentez toujours le devant au monde.

(à Brindavoine, en lui montrant comme il doit mettre son chapeau au devant de son pourpoint pour cacher la tache d'huile.

Et vous, tenez toujours votre chapeau ainsi, lorsque vous servirez.

SCÈNE III.

HARPAGON, CLÉANTE, ÉLISE, VALÈRE, MAÎTRE JACQUES.

HARPAGON.

Pour vous, ma fille, vous aurez l'œil sur ce que l'on desservira, et prenez garde qu'il ne s'en fasse aucun dégât. Cela sied bien aux filles. Mais cependant préparez-vous à bien recevoir ma maîtresse, qui vous doit venir visiter, et vous mener avec elle à la foire. Entendez-vous ce que je vous dis ?

ÉLISE.

Oui, mon père.

SCÈNE IV.

HARPAGON, CLÉANTE, VALÈRE, MAÎTRE JACQUES.

HARPAGON.

Et vous, mon fils le damoiseau, à qui j'ai la bonté de pardonner l'histoire de tantôt, ne vous allez pas aviser non plus de lui faire mauvais visage.

CLÉANTE.

Moi, mon père? mauvais visage? Et par quelle raison?

HARPAGON.

Mon dieu! nous savons le train des enfans dont les pères se remarient, et de quel œil ils ont coutume de regarder ce qu'on appelle belle-mère. Mais si vous souhaitez que je perde le souvenir de votre dernière fredaine, je vous recommande surtout de régaler d'un bon visage cette personne-là, et de lui faire enfin tout le meilleur accueil qu'il vous sera possible.

CLÉANTE.

A vous dire le vrai, mon père, je ne puis pas vous promettre d'être bien aise qu'elle devienne ma belle-mère ; je mentirais si je vous le disais ; mais pour ce qui est de la bien recevoir, et de lui faire bon visage, je vous promets de vous obéir ponctuellement sur ce chapitre.

HARPAGON.

Prenez-y garde, au moins.

CLÉANTE.

Vous verrez que vous n'aurez pas sujet de vous en plaindre.

HARPAGON.

Vous ferez sagement.

SCÈNE V.

HARPAGON, VALÈRE, MAÎTRE JAQUES.

HARPAGON.

Valère, aide-moi à ceci. Oh çà ! maître Jacques, approchez-vous ; je vous ai gardé pour le dernier.

Me JACQUES.

Est-ce à votre cocher, monsieur, ou bien à votre cuisinier, que vous voulez parler, car je suis l'un et l'autre.

HARPAGON.

C'est à tous les deux.

Me JACQUES.

Mais à qui des deux le premier ?

HARPAGON.

Au cuisinier.

Me JACQUES.

Attendez donc, s'il vous plaît.

(Maître Jacques ôte sa casaque de cocher, et paraît vêtu en cuisinier.)

HARPAGON.

Quelle diantre de cérémonie est-ce là ?

Me JACQUES.

Vous n'avez qu'à parler.

HARPAGON.

Je me suis engagé, maître Jacques, à donner ce soir à souper.

Me JACQUES, *à part*.

Grande merveille !

HARPAGON.

Dis-moi un peu, nous feras-tu bonne chère ?

Me JACQUES.

Oui, si vous me donnez bien de l'argent.

HARPAGON.

Que diable ! toujours de l'argent ! Il semble qu'ils

ACTE III, SCÈNE V.

n'aient rien autre chose à dire ; de l'argent ! de l'argent ! de l'argent ! Ah ! ils n'ont que ce mot à la bouche, de l'argent ! Toujours parler d'argent ! Voilà leur épée de chevet, de l'argent !

VALÈRE.

Je n'ai jamais vu de réponse plus impertinente que celle-là. Voilà une belle merveille que de faire bonne chère avec bien de l'argent ! c'est une chose la plus aisée du monde, et il n'y a si pauvre esprit qui n'en fît bien autant. Mais pour agir en habile homme, il faut parler de faire bonne chère avec peu d'argent.

M.ᶜ JACQUES.

Bonne chère avec peu d'argent !

VALÈRE.

Oui.

M.ᶜ JACQUES, *à Valère*.

Par ma foi, monsieur l'intendant, vous nous obligerez de nous faire voir ce secret, et de prendre mon office de cuisinier : aussi-bien vous mêlez vous céans d'être le factotum.

HARPAGON.

Taisez-vous. Qu'est-ce qu'il nous faudra ?

M.ᶜ JACQUES.

Voilà monsieur votre intendant qui vous fera bonne chère pour peu d'argent.

HARPAGON.

Ah ! je veux que tu me répondes.

M.ᶜ JACQUES.

Combien serez-vous de gens à table ?

HARPAGON.

Nous serons huit ou dix ; mais il ne faut prendre que huit. Quand il y a à manger pour huit, il y en a bien pour dix.

VALÈRE.

Cela s'entend.

M.ᵉ JACQUES.

Hé bien ! il faudra quatre grands potages et cinq assiettes... Potages... Entrées...

HARPAGON.

Que diable ! voilà pour traiter une ville tout entière.

M.ᵉ JACQUES.

Rôt...

HARPAGON, *mettant la main sur la bouche de maître Jacques.*

Ah ! traître, tu manges tout mon bien.

M.ᵉ JACQUES.

Entremets...

HARPAGON, *mettant encore la main sur la bouche de maître Jacques.*

Encore !

VALÈRE, *à maître Jacques.*

Est-ce que vous avez envie de faire crever tout le monde ? et monsieur a-t-il invité des gens pour les assassiner à force de mangeaille ? allez-vous-en lire un peu les préceptes de la santé, et demander aux médecins s'il y a rien de plus préjudiciable à l'homme que de manger avec excès.

HARPAGON.

Il a raison.

VALÈRE.

Apprenez, maître Jacques, vous et vos pareils, que c'est un coupe-gorge qu'une table remplie de trop de viandes ; que, pour se bien montrer ami de ceux que l'on invite, il faut que la frugalité règne dans les repas qu'on donne, et que, suivant le dire d'un ancien, *il faut manger pour vivre, et non pas vivre pour manger.*

HARPAGON.

Ah ! que cela est bien dit ! approche, que je t'embrasse pour ce mot. Voilà la plus belle sentence que j'aie entendue de ma vie : *il faut vivre pour manger*

ACTE III, SCÈNE V.

et non pas manger pour vi... Non, ce n'est pas cela. Comment est-ce que tu dis ?

VALÈRE.

Qu'il faut manger pour vivre, et non pas vivre pour manger.

HARPAGON.

(*à maître Jacques*) Oui. Entends-tu ? (*à Valère.*) Qui est le grand homme qui a dit cela ?

VALÈRE.

Je ne me souviens pas maintenant de son nom.

HARPAGON.

Souviens-toi de m'écrire ces mots : je les veux faire graver en lettres d'or sur la cheminée de ma salle.

VALÈRE.

Je n'y manquerai pas : et pour votre souper, vous n'avez qu'à me laisser faire, je règlerai tout cela comme il faut.

HARPAGON.

Fais donc.

M.º JACQUES.

Tant mieux ; j'en aurai moins de peine.

HARPAGON, *à Valère.*

Il faudra de ces choses dont on ne mange guère, et qui rassasient d'abord ; quelque bon haricot bien gras, avec quelque pâté en peu bien garni de marrons.

VALÈRE.

Reposez-vous sur moi.

HARPAGON.

Maintenant, maître Jacques, il faut nettoyer mon carrosse.

M.ᶜ JACQUES.

Attendez. Ceci s'adresse au cocher.

(*Maître Jacques remet sa casaque.*)

Vous dites... ?

HARPAGON.

Qu'il faut nettoyer mon carrosse, et tenir mes chevaux tout prêts pour conduire à la foire...

M.ᵉ JACQUES.

Vos chevaux, monsieur! Ma foi, ils ne sont point du tout en état de marcher. Je ne vous dirai point qu'ils sont sur la litière, les pauvres bêtes n'en ont point; et ce serait mal parler : mais vous leur faites observer des jeûnes si austères, que ce ne sont plus rien que des idées ou des fantômes, des façons de chevaux.

HARPAGON.

Les voilà bien malades ! ils ne font rien.

M.ᵉ JACQUES.

Et pour ne faire rien, monsieur, est-ce qu'il ne faut rien manger ? Il leur vaudrait bien mieux, les pauvres animaux, de travailler beaucoup, de manger de même. Cela me fend le cœur, de les voir ainsi exténués; car enfin j'ai une tendresse pour mes chevaux, qu'il me semble que c'est moi-même, quand je les vois pâtir; je m'ôte tous les jours pour eux les choses de la bouche; et c'est être, monsieur, d'un naturel trop dur, que de n'avoir nulle pitié de son prochain.

HARPAGON.

Le travail ne sera pas grand d'aller jusqu'à la foire.

M.ᵉ JACQUES.

Non, monsieur, je n'ai point le courage de les mener, et je ferais conscience de leur donner des coups de fouet en l'état où ils sont. Comment voudriez-vous qu'ils traînassent un carrosse ? ils ne peuvent pas se traîner eux-mêmes.

VALÈRE.

Monsieur, j'obligerai le voisin le Picard à se charger de les conduire; aussi-bien nous fera-t-il ici besoin pour apprêter le souper.

Mᵉ JACQUES.

Soit. J'aime mieux encore qu'ils meurent sous la main d'un autre que sous la mienne.

VALÈRE.

Maître Jacques fait bien le raisonnable.

ACTE III, SCÈNE V.

Me JACQUES.

Monsieur l'intendant fait bien le nécessaire.

HARPAGON.

Paix.

Me JACQUES.

Monsieur, je ne saurais souffrir les flatteurs ; et je vois que ce qu'il en fait, que ses contrôles perpétuels sur le pain et le vin, le bois, le sel et la chandelle ne sont rien que pour vous gratter, et vous faire sa cour. J'enrage de cela, et je suis fâché tous les jours d'entendre ce qu'on dit de vous : car enfin je me sens pour vous de la tendresse; en dépit que j'en aie ; et, après mes chevaux, vous êtes la personne que j'aime le plus.

HARPAGON.

Pourrais-je savoir de vous, maître Jacques, ce que l'on dit de moi ?

Me JACQUES.

Oui, monsieur, si j'étais assuré que cela ne vous fâchât point.

HARPAGON.

Non, en aucune façon.

Me JACQUES.

Pardonnez-moi; je sais fort bien que je vous mettrais en colère.

HARPAGON.

Point du tout; au contraire, c'est me faire plaisir ; et je suis bien aise d'apprendre comme on parle de moi.

Me JACQUES.

Monsieur, puisque vous le voulez, je vous dirai franchement qu'on se moque partout de vous, qu'on nous jette de tous côtés cent brocards à votre sujet, et que l'on n'est point plus ravi que de vous tenir au cul et aux chausses, et de faire sans cesse des contes de votre lésine. L'un dit que vous faites imprimer des almanachs particuliers, où vous faites doubler les quatre-temps et les vigiles, afin de profiter des jeûnes où vous obligez votre monde; l'autre, que vous avez toujours une querelle toute prête à faire à vos valets dans le temps des étrennes, ou de leur sortie d'avec vous, pour vous trouver une raison de ne leur donner rien : celui-là conte qu'une fois vous fîtes assigner le chat d'un de nos voisins, pour vous avoir mangé un reste de gigot de mouton; celui-ci, que l'on vous surprit une nuit en venant dérober vous-même l'avoine de vos chevaux, et que votre cocher, qui était celui d'avant moi, vous donna dans l'obscurité je ne sais combien de coups de bâton, dont vous ne voulûtes rien dire. Enfin, voulez-vous que je vous dise? on ne saurait aller nulle part où l'on ne vous entende accommoder de toutes pièces : vous êtes la fable et la risée de tout le monde; et jamais on ne parle de vous que sous les noms d'avare, de ladre, de vilain, et de fesse-Mathieu.

HARPAGON, *en battant maître Jacques.*

Vous êtes un sot, un maraud, un coquin et un impudent.

Me JACQUES.

Hé bien! ne l'avais-je pas deviné? Vous ne m'avez pas voulu croire. Je vous avais bien dit que je vous fâcherais de vous dire la vérité.

HARPAGON.

Apprenez à parler.

SCÈNE VI.
VALÈRE, maître JACQUES.

VALÈRE, *riant.*

A ce que je puis voir, maître Jacques, on paie mal votre franchise.

Me JACQUES.

Morbleu! monsieur le nouveau venu, qui faites l'homme d'importance, ce n'est pas votre affaire. Riez de vos coups de bâton quand on vous en donnera, et ne venez point rire des miens.

ACTE III, SCÈNE VI.

VALÈRE.

Ah ! monsieur maître Jacques, ne vous fâchez pas, je vous prie.

Me JACQUES, *à part*.

Il file doux. Je veux faire le brave, et, s'il est assez sot pour me craindre, le frotter quelque peu. (*haut.*) Savez vous bien, monsieur le rieur, que je ne ris pas, moi, et que, si vous m'échauffez la tête, je vous ferai rire d'une autre sorte ?

(*Maître Jacques pousse Valère jusqu'au bout du théâtre en le menaçant.*)

VALÈRE.

Hé ! doucement.

Me JACQUES.

Comment, doucement ? Il ne me plaît pas, moi.

VALÈRE.

De grace.

Me JACQUES.

Vous êtes un impertinent.

VALÈRE.

Monsieur maître Jacques.

Me JACQUES.

Il n'y a point de monsieur maître Jacques pour un double. Si je prends un bâton, je vous rosserai d'importance.

VALÈRE

Comment un bâton !

(*Valère fait reculer maître Jacques à son tour.*)

Me JACQUES.

Hé ! je ne parle pas de cela.

VALÈRE.

Savez-vous bien, monsieur le fat, que je suis homme à vous rosser vous-même ?

Me JACQUES.

Je n'en doute pas.

VALÈRE.

Que vous n'êtes, pour tout potage, qu'un faquin de cuisinier.

M^c JACQUES.

Je le sais bien.

VALÈRE.

Et que vous ne me connaissez pas encore ?

M^c JACQUES.

Pardonnnez-moi.

VALÈRE.

Vous me rosserez, dites-vous ?

M^c JACQUES.

Je le disais en raillant.

VALÈRE.

Et moi je ne prends point de goût à votre raillerie. (*Donnant des coups de bâton à maître Jacques.*) Apprenez que vous êtes un mauvais railleur.

M^c JACQUES, *seul.*

Peste soit la sincérité ! c'est un mauvais métier : désormais j'y renonce, et je ne veux plus dire vrai. Passe encore pour mon maître, il a quelque droit de me battre; mais pour ce monsieur l'intendant, je m'en vengerai si je puis.

SCÈNE VII.

MARIANE, FROSINE, maître JACQUES.

FROSINE.

Savez-vous, maître Jacques, si votre maître est au logis ?

M^c JACQUES.

Oui vraiment, il y est; je ne le sais que trop.

FROSINE.

Dites-lui, je vous prie, que nous sommes ici.

SCÈNE VIII.

MARRIANE, FROSINE.

MARIANE.

Ah! que je suis, Frosine, dans un étrange état! et, s'il faut dire ce je que sens, que j'appréhende cette vue!

FROSINE.

Mais pourquoi? et quelle est votre inquiétude?

MARIANE.

Hélas! me le demandez-vous? et ne vous figurez-vous point les alarmes d'une personne toute prête à voir le supplice où l'on veut l'attacher?

FROSINE.

Je vois bien que, pour mourir agréablement, Harpagon n'est pas le supplice que vous voudriez embrasser; et je connais, à votre mine, que le jeune blondin dont vous m'avez parlé vous revient un peu dans l'esprit.

MARIANE.

Oui: c'est une chose, Frosine, dont je ne veux pas me défendre; et les visites respectueuses qu'il a rendues chez nous ont fait, je vous l'avoue, quelque effet dans mon ame.

FROSINE.

Mais avez-vous su quel il est?

MARIANE.

Non, je ne sais point quel il est: mais je sais qu'il est fait d'un air à se faire aimer; que, si l'on pouvait mettre les choses à mon choix, je le prendrais plutôt qu'un autre; et qu'il ne contribue pas peu à me faire trouver un tourment effroyable dans l'époux qu'on veut me donner.

FROSINE.

Mon dieu! tous ces blondins sont agréables, et débitent fort bien leur fait: mais la plupart sont gueux comme des rats; et il vaut mieux pour vous de prendre un vieux mari qui vous donne beaucoup de bien. Je vous avoue que les sens ne trouvent pas si bien leur compte du côté que je dis, et qu'il y a quelques petits dégoûts à essuyer avec un tel époux : mais cela n'est pas pour durer ; et sa mort, croyez-moi, vous mettra bientôt en état d'en prendre un plus aimable, qui réparera toutes choses.

MARIANE.

Mon dieu ! Frosine, c'est une étrange affaire, lorsque, pour être heureuse, il faut souhaiter ou attendre le trépas de quelqu'un ! et la mort ne suit pas tous les projets que nous faisons.

FROSINE.

Vous moquez-vous ? Vous ne l'épouserez qu'aux conditions de vous laisser veuve bientôt ; et ce doit être là un des articles du contrat. Il serait bien impertinent de de ne pas mourir dans trois mois. Le voici en propre personne.

MARIANE.

Ah ! Frosine, quelle figure !

SCÈNE IX.

HARPAGON, MARIANE, FROSINE.

HARPAGON, *à Mariane.*

NE vous offensez pas, ma belle, si je viens à vous avec des lunettes. Je sais que vos appas frappent assez les yeux, sont assez vivibles d'eux-mêmes, et qu'il n'est pas besoin de lunettes pour les apercevoir : mais enfin c'est avec des lunettes qu'on observe les astres ; et je maintiens et garantis que vous êtes un astre, mais un astre, le plus bel astre qui soit dans le pays des astres... Frosine, elle ne répond mot, et ne témoigne ce me semble aucune joie de me voir.

FROSINE.

C'est qu'elle est encore toute surprise : et puis les

filles ont toujours honte à témoigner d'abord ce qu'elles ont dans l'ame.

HARPAGON, *à Frosine.*

Tu as raison. (*à Mariane.*) Voilà, belle mignoane, ma fille qui vient vous saluer.

SCÈNE X.

HARPAGON, ÉLISE, MARIANE, FROSINE.

MARIANE.

Je m'acquitte bien tard, madame, d'une telle visite.

ÉLISE.

Vous avez fait, madame, ce que je devais faire, et c'était à moi de vous prévenir.

HARPAGON.

Vous voyez qu'elle est grande; mais mauvaise herbe croît toujours.

MARIANE, *bas, à Frosine..*

O l'homme déplaisant!

HARPAGON, *à Frosine.*

Que dit la belle?

FROSINE.

Qu'elle vous trouve admirable.

HARPAGON.

C'est trop d'honneur que vous me faites, adorable mignonne.

MARIANE, *à part.*

Quel animal!

HARPAGON.

Je vous suis trop obligé de ces sentimens.

MARIANE, *à part.*

Je n'y puis plus tenir.

SCÈNE XI.

HARPAGON, MARIANE, ÉLISE, CLÉANTE, VALÈRE, FROSINE, BRINDAVOINE.

HARPAGON.

Voici mon fils aussi qui vous vient faire la révérence.

MARIANE, *bas*, *à Frosine.*

Ah ! Frosine, quelle rencontre ! C'est justement celui dont je t'ai parlé.

FROSINE, *à Mariane.*

L'aventure est merveileuse.

HARPAGON.

Je vois que vous vous étonnez de me voir de si grands enfans ; mais je serai bientôt défait et de l'un et de l'autre.

CLÉANTE, *à Mariane.*

Madame, à vous dire le vrai, c'est ici une aventure où, sans doute, je ne m'attendais pas ; et mon père ne m'a pas peu surpris, lorsqu'il m'a dit tantôt le dessein qu'il avait formé.

MARIANE.

Je puis dire la même chose : c'est une rencontre imprévue qui m'a surprise autant que vous ; et je n'étais point préparée à une telle aventure.

CLÉANTE.

Il est vrai que mon père, madame, ne peut pas faire un plus beau choix, et que ce m'est une sensible joie que l'honneur de vous voir ; mais, avec tout cela, je ne vous assurerai point que je me réjouis du dessein où vous pourriez être de devenir ma belle-mère. Le compliment, je vous j'avoue, est trop difficile pour moi ; et c'est un titre, s'il vous plaît, que je ne vous souhaite point. Ce discours paraîtra brutal aux yeux de quelques-uns : mais je suis assuré que vous serez personne à le prendre comme il faudra ; que c'est un mariage, madame, où vous vous

ACTE III, SCÈNE XI.

imaginez bien que je dois avoir de la répugnance ; que vous n'ignorez pas, sachant ce que je suis, comme il choque mes intérêts, et que vous voulez bien enfin que je vous dise, avec la permission de mon père, que, si les choses dépendaient de moi, cet hymen ne se ferait point.

HARPAGON.

Voilà un compliment bien impertinent ! Quelle belle confession à lui faire !

MARIANE.

Et moi, pour vous répondre, j'ai à vous dire que les choses sont fort égales ; et que, si vous auriez de la répugnance à me voir votre belle-mère, je n'en aurais pas moins, sans doute, à vous voir mon beau-fils. Ne croyez pas, je vous prie, que ce soit moi qui cherche à vous donner cette inquiétude. Je serais fort fâchée de vous causer du déplaisir ; et, si je ne m'y vois forcée par une puissance absolue, je vous donne ma parole que je ne consentirai point au mariage qui vous chagrine.

HARPAGON.

Elle a raison : à sot compliment il faut une réponse de même. Je vous demande pardon, ma belle, de l'impertinence de mon fils ; c'est un jeune sot qui ne sait pas encore la conséquence des paroles qu'il dit.

MARIANE.

Je vous promets que ce qu'il m'a dit ne m'a point du tout offensée ; au contraire, il m'a fait plaisir de m'expliquer ainsi ses véritables sentimens. J'aime de lui un aveu de la sorte ; et s'il avait parlé d'autre façon, je l'en estimerais bien moins.

HARPAGON.

C'est beaucoup de bonté à vous de vouloir ainsi excuser ses fautes. Le temps le rendra plus sage, et vous verrez qu'il changera de sentimens.

CLÉANTE.

Non, mon père, je ne suis point capable d'en changer, et je prie instamment madame de le croire.

HARPAGON.

Mais voyez quelle extravagance ? il continue encore plus fort.

CLÉANTE.

Voulez-vous que je trahisse mon cœur ?

HARPAGON.

Encore ! Avez-vous envie de changer de discours ?

CLÉANTE.

Hé bien ! puisque vous voulez que je parle d'autre façon : Souffrez, madame, que je me mette ici à la place de mon père, et que je vous avoue que je n'ai rien vu dans le monde de si charmant que vous ; que je ne conçois rien d'égal au bonheur de vous plaire, et que le titre de votre époux est une gloire, une félicité que je préférerais aux destinées des plus grands princes de la terre. Oui, madame, le bonheur de vous posséder est, à mes regards, la plus belle de toutes les fortunes ; c'est où j'attache toute mon ambition. Il n'y a rien que je ne sois capable de faire pour une conquête si précieuse ; et les obstacles les plus puissans...

HARPAGON.

Doucement, mon fils, s'il vous plaît.

CLÉANTE.

C'est un compliment que je fais pour vous à madame.

HARPAGON.

Mon dieu ! j'ai une langue pour m'expliquer moi-même, et je n'ai pas besoin d'un interprète comme vous. Allons, donnez des sièges.

FROSINE.

Non, il vaut mieux que de ce pas nous allions à la foire, afin d'en revenir plus tôt, et d'avoir tout le temps ensuite de nous entretenir.

HARPAGON, *à Brindavoine.*

Qu'on mette donc les chevaux au carrosse.

SCÈNE XII.

HARPAGON, MARIANE, ÉLISE, CLÉANTE, VALÈRE, FROSINE.

HARPAGON, *à Mariane.*

Je vous prie de m'excuser, ma belle, si je n'ai pas songé à vous donner un peu de collation avant que de partir.

CLÉANTE.

J'y ai pourvu, mon père; et j'ai fait apporter ici quelques bassins d'oranges de la Chine, de citrons doux, et de confitures, que j'ai envoyé quérir de votre part.

HARPAGON, *bas, à Valère.*

Valère.

VALÈRE, *à Harpagon.*

Il a perdu le sens.

CLÉANTE.

Est-ce que vous trouvez, mon père, que ce ne soit pas assez? Madame aura la bonté d'excuser cela, s'il lui plaît.

MARIANE.

C'est une chose qui n'était pas nécessaire.

CLÉANTE.

Avez-vous jamais vu, madame, un diamant plus vif que celui que vous voyez que mon père a au doigt?

MARIANE.

Il est vrai qu'il brille beaucoup.

CLÉANTE, *ôtant du doigt de son père le diamant, et le donnant à Mariane.*

Il faut que vous le voyiez de près.

MARIANE.

Il est fort beau, sans doute, et jette quantité de feux.

CLÉANTE, *se mettant au devant de Mariane, qui veut rendre le diamant.*

Non, madame, il est en de trop belles mains; c'est un présent que mon père vous fait.

HARPAGON.

Moi ?

CLÉANTE.

N'est-il pas vrai, mon père, que vous voulez que madame le garde pour l'amour de vous ?

HARPAGON, *bas, à son fils.*

Comment !

CLÉANTE, *à Mariane.*

Belle demande ? Il me fait signe de vous le faire accepter.

MARIANE.

Je ne veux point...

CLÉANTE, *à Mariane.*

Vous moquez-vous ? il n'a garde de le reprendre.

HARPAGON, *à part.*

J'enrage.

MARIANE.

Ce serait...

CLÉANTE, *empêchant toujours Mariane de rendre le diamant.*

Non, vous dis-je ; c'est l'offenser.

MARIANE.

De grace.

CLÉANTE.

Point du tout.

HARPAGON, *à part.*

Peste soit... !

CLÉANTE.

Le voilà qui se scandalise de votre refus.

HARPAGON, *bas, à son fils.*

Ah ! traître !

CLÉANTE, *à Mariane.*

Vous voyez qu'il se désespère.

HARPAGON, *bas, à son fils en le menaçant.*

Bourreau que tu es !

ACTE III, SCÈNE XIII.

CLÉANTE.

Mon père, ce n'est pas ma faute : je fais ce que je puis pour l'obliger à le garder ; mais elle est obstinée.

HARPAGON, *bas, à son fils avec emportement.*

Pendard !

CLÉANTE.

Vous êtes cause, madame, que mon père me querelle.

HARPAGON, *bas, à son fils, avec les mêmes gestes.*

Le coquin !

CLÉANTE, *à Mariane.*

Vous le ferez tomber malade. De grace, madame, ne résistez pas davantage.

FROSINE, *à Mariane.*

Mon dieu ! que de façons ! Gardez la bague, puisque monsieur le veut.

MARIANE, *à Harpagon.*

Pour ne vous point mettre en colère, je la garde maintenant ; et je prendrai un autre temps pour vous la rendre.

SCÈNE XIII.

HARPAGON, MARIANE, ÉLISE, CLÉANTE, VALÈRE, FROSINE, BRINDAVOINE.

BRINDAVOINE.

Monsieur, il y a là un homme qui veut vous parler.

HARPAGON.

Dis-lui que je suis empêché, et qu'il revienne une autre fois.

BRINDAVOINE.

Il dit qu'il vous apporte de l'argent.

HARPAGON, *à Mariane.*

Je vous demande pardon, je reviens tout à l'heure.

SCÈNE XIV.

HARPAGON, MARIANE, ÉLISE, CLÉANTE, VALÈRE, FROSINE, LA MERLUCHE.

LA MERLUCHE, *courant, et faisant tomber Harpagon.*

HARPAGON.

Ah ! je suis mort.

CLÉANTE.

Qu'est-ce, mon père? Vous êtes-vous fait mal?

HARPAGON.

Le traître assurément a reçu de l'argent de mes débiteurs pour me faire rompre le cou?

VALÈRE, *à Harpagon.*

Cela ne sera rien.

LA MERLUCHE, *à Harpagon.*

Monsieur, je vous demande pardon; je croyais bien faire d'accourir vite.

HARPAGON.

Que viens-tu faire ici, bourreau?

LA MERLUCHE.

Vous dire que vos deux chevaux sont déferrés.

HARPAGON.

Qu'on les mène promptement chez le maréchal.

CLÉANTE.

En attendant qu'ils soient ferrés, je vais faire pour vous, mon père, les honneurs de votre logis, et conduire madame dans le jardin, où je ferai porter la collation.

SCÈNE XV.

HARPAGON, VALÈRE.

HARPAGON.

Valère, aie un peu l'œil à tout cela; et prends

soin, je te prie, de m'en sauver le plus que tu pourras pour le renvoyer au marchand.

VALÈRE.

C'est assez.

HARPAGON, *seul.*

O fils impertinent! as-tu envie de me ruiner?

FIN DU TROISIÈME ACTE.

ACTE QUATRIÈME.

SCÈNE I.
CLÉANTE, MARIANE, ÉLISE, FROSINE.

CLÉANTE.

Rentrons ici, nous serons beaucoup mieux ; il n'y a plus autour de nous personne de suspect, et nous pouvons parler librement.

ÉLISE.

Oui, madame, mon frère m'a fait confidence de la passion qu'il a pour vous. Je sais les chagrins et les déplaisirs que sont capables de causer de pareilles traverses ; et c'est, je vous assure, avec une tendresse extrême que je m'intéresse à votre aventure.

MARIANE.

C'est une douce consolation que de voir dans ses intérêts une personne comme vous ; et je vous conjure, madame, de me garder toujours cette généreuse amitié, si capable de m'adoucir les cruautés de la fortune.

FROSINE.

Vous êtes, par ma foi, de malheureuses gens, l'un et l'autre, de ne m'avoir point, avant tout ceci, avertie de votre affaire. Je vous aurais sans doute détourné cette inquiétude, et n'aurais point amené les choses où l'on voit qu'elles sont.

CLÉANTE.

Que veux-tu ? c'est ma mauvaise destinée qui l'a voulu ainsi. Mais, belle Mariane, quelles résolutions sont les vôtres ?

MARIANE.

Hélas ! suis-je en pouvoir de faire des résolutions ? et, dans la dépendance où je me vois, puis-je former que des souhaits ?

CLÉANTE.

Point d'autre appui pour moi dans votre cœur que de simples souhaits ? point de pitié officieuse ? point de secourable bonté ? point d'affection agissante ?

MARIANE.

Que saurais-je vous dire ? mettez-vous en ma place, et voyez ce que je puis faire. Avisez, ordonnez vous-même, je m'en remets à vous ; et je vous crois trop raisonnable pour vouloir exiger de moi que ce qui peut m'être permis par l'honneur et la bienséance.

CLÉANTE.

Hélas ! où me réduisez-vous, que de me renvoyer à ce que voudront me permettre les fâcheux sentimens d'un rigoureux honneur et d'une scrupuleuse bienséance.

MARIANE.

Mais que voulez-vous que je fasse ? Quand je pourrais passer sur quantité d'égards où notre sexe est obligé, j'ai de la considération pour ma mère : elle m'a toujours élevée avec une tendresse extrême ; et je ne saurais me résoudre à lui donner du déplaisir. Faites, agissez auprès d'elle ; employez tous vos soins à gagner son esprit ; vous pouvez faire et dire tout ce que vous voudrez, je vous en donne la licence ; et, s'il ne tient qu'à me déclarer en votre faveur, je veux bien consentir à lui faire un aveu moi-même de tout ce que je sens pour vous.

CLÉANTE.

Frosine, ma pauvre Frosine, voudrais-tu nous servir.

FROSINE.

Par ma foi, faut-il le demander ? je le voudrais de tout mon cœur. Vous savez que de mon naturel je suis assez humaine. Le ciel ne m'a point fait l'ame de bronze ; et je n'ai que trop de tendresse à rendre de petits services, quand je vois des gens qui s'entr'aiment en tout bien et en tout honneur. Que pourrions-nous faire à ceci ?

CLÉANTE.

Songe un peu, je te prie.

MARIANE.

Ouvre-nous des lumières.

ÉLISE.

Trouve quelque invention pour rompre ce que tu as fait.

FROSINE.

Ceci est assez difficile. (*à Mariane*.) Pour votre mère, elle n'est pas tout-à-fait déraisonnable ; et peut-être pourrait-on la gagner et la résoudre à transporter au fils le don qu'elle veut faire au père. (*à Cléante*.) Mais le mal que j'y trouve, c'est que votre père est votre père.

CLÉANTE.

Cela s'entend.

FROSINE.

Je veux dire qu'il conservera du dépit si l'on montre qu'on le refuse, et qu'il ne sera point d'humeur ensuite à donner son consentement à votre mariage. Il faudrait, pour bien faire, que le refus vînt de lui-même ; et de tâcher par quelque moyen de le dégoûter de votre personne.

CLÉANTE.

Tu as raison.

FROSINE.

Oui, j'ai raison, je le sais bien. C'est là ce qu'il faudrait ; mais le diantre est d'en pouvoir trouver les moyens.. Attendez. Si nous avions quelque femme un peu sur l'âge, qui fût de mon talent, et jouât assez bien pour contrefaire une dame de qualité, par le moyen d'un train fait à la hâte, et d'un bizarre nom de marquise ou de vicomtesse, que nous supposerions de la basse Bretagne, j'aurais assez d'adresse pour faire croire à votre père que ce serait une personne riche, outre ses maisons, de cent mille écus en argent comptant ; qu'elle serait éperduement amoureuse de lui, et souhaiterait de se voir sa femme, jusqu'à lui donner tout son bien par contrat de mariage : et je ne doute point qu'il ne prêtât l'oreille à la proposition. Car enfin il vous aime fort, je le sais ; mais il aime encore un peu plus l'argent : et quand, ébloui de ce leurre, il aurait une fois consenti à ce qui vous touche, il importerait peu ensuite qu'il se désabusât, en venant à vouloir voir clair aux affaires de de notre marquise.

CLÉANTE.

Tout cela est fort bien pensé.

FROSINE.

Laissez-moi faire. Je viens de me ressouvenir d'une de mes amies qui sera notre fait.

CLÉANTE.

Sois assurée, Frosine, de ma reconnaissance, si tu viens à bout de la chose. Mais, charmante, Mariane, commençons, je vous prie, par gagner votre mère; c'est toujours beaucoup faire que de rompre ce mariage. Faites-y de votre part, je vous conjure, tous les efforts qu'il vous sera possible. Servez-vous de tout le pouvoir que vous donne sur elle cette amitié qu'elle a pour vous: déployez sans réserve les graces éloquentes, les charmes tout-puissans que le ciel a placés dans vos yeux et dans votre bouche; et n'oubliez rien, s'il vous plaît, de ces tendres paroles, de ces douces prières, et de ces caresses touchantes à qui je suis persuadé qu'on ne saurait rien refuser.

MARIANE.

J'y ferai tout ce que je puis; et n'oublierai aucune chose.

SCÈNE II.

HARPAGON, CLÉANTE, MARIANE, ÉLISE, FROSINE.

HARPAGON, *à part, sans être aperçu.*

Ouais! mon fils baise la main de sa prétendue belle-mère, et sa prétendue belle-mère ne s'en défend pas fort. Y aurait-il quelque mystère là-dessous.

ÉLISE.

Voilà mon père.

HARPAGON.

Le carosse est tout prêt, vous pouvez partir quand il vous plaira.

CLÉANTE.

Puisque vous n'y allez pas, mon père, je m'en vais les conduire.

HARPAGON.

Non, demeurez; elles iront bien toutes seules, et j'ai besoin de vous.

SCÈNE III.
HARPAGON, CLÉANTE.

HARPAGON.

Or çà, intérêt de belle mère à part, que te semble, à toi, de cette personne?

CLÉANTE.

Ce qu'il m'en semble?

HARPAGON.

Oui, de son air, de sa taille, de sa beauté, de son esprit.

CLÉANTE.

Là, là.

HARPAGON.

Mais encore?

CLÉANTE.

A vous en parler franchement, je ne l'ai pas trouvée ici ce que je l'avais crue. Son air est de franche coquette, sa taille est assez gauche, sa beauté très médiocre, et son esprit des plus communs. Ne croyez pas que ce soit pour vous en dégoûter; car, belle mère, pour belle-mère, j'aime autant celle-là qu'une autre.

HARPAGON.

Tu lui disais tantôt pourtant...

CLÉANTE.

Je lui ai dit quelques douceurs en votre nom; mais c'était pour vous plaire.

HARPAGON.

Si bien donc que tu n'aurais pas d'inclination pour elle?

CLÉANTE.

Moi? point du tout.

HARPAGON.

J'en suis fâché, car cela rompt une pensée qui m'était venue dans l'esprit. J'ai fait, en la voyant ici, réflexion sur mon âge; et j'ai songé qu'on pourra trouver à redire de me voir marier à une si jeune personne. Cette considération m'en faisait quitter le dessein; et comme je l'ai fait demander, et que je suis pour elle engagé de parole, je te l'aurais donnée, sans l'aversion que tu témoignes.

CLÉANTE.

A moi?

HARPAGON.

A toi.

CLÉANTE.

En mariage?

HARPAGON.

En mariage.

CLÉANTE.

Écoutez. Il est vrai qu'elle n'est pas fort à mon goût : mais, pour vous faire plaisir, mon père, je me résoudrai à l'épouser, si vous voulez.

HARPAGON.

Moi? Je suis plus raisonnable que tu ne penses; je ne veux point forcer ton inclination.

CLÉANTE.

Pardonnez-moi, je me ferai cet effort pour l'amour de vous.

HARPAGON.

Non, non; un mariage ne saurait être heureux où l'inclination n'est pas.

CLÉANTE.

C'est une chose, mon père, qui peut-être viendra

ensuite ; et l'on dit que l'amour est souvent un fruit du mariage.

HARPAGON.

Non : du côté de l'homme on ne doit point risquer l'affaire ; et ce sont des suites fâcheuses où je n'ai garde de me commettre. Si tu avais senti quelque inclination pour elle, à la bonne heure : je te l'aurais fait épouser, au lieu de moi : mais, cela n'étant pas, je suivrai mon premier dessein, je l'épouserai moi-même.

CLÉANTE.

Hé bien, mon père, puisque les choses sont ainsi, il faut vous découvrir mon cœur, il faut vous révéler notre secret. La vérité est que je l'aime depuis un jour que je la vis dans une promenade ; que mon dessein était tantôt de vous la demander pour femme ; et que rien ne m'a retenu que la déclaration de vos sentimens, et la crainte de vous déplaire.

HARPAGON.

Lui avez-vous rendu visite ?

CLÉANTE.

Oui, mon père.

HARPAGON.

Beaucoup de fois ?

CLÉANTE.

Assez, pour le temps qu'il y a.

HARPAGON.

Vous a-t-on bien reçu ?

CLÉANTE.

Fort bien, mais sans savoir qui j'étais ; et c'est ce qui a fait tantôt la surprise de Mariane.

HARPAGON.

Lui avez-vous déclaré votre passion, et le dessein où vous étiez de l'épouser ?

CLÉANTE.

Sans doute ; et même j'en avais fait à sa mère quelque peu d'ouverture.

ACTE IV, SCÈNE III.

HARPAGON.

A-t-elle écouté pour sa fille votre proposition ?

CLÉANTE.

Oui, fort civilement.

HARPAGON.

Et la fille correspond-elle fort à votre amour ?

CLÉANTE.

Si j'en dois croire les apparences, je me persuade, mon père, qu'elle a quelque bonté pour moi.

HARPAGON, *bas, à part.*

Je suis bien aise d'avoir appris un tel secret ; et voilà justement ce que je demandais. (*haut.*) Or sus, mon fils, savez-vous ce qu'il y a ? C'est qu'il faut songer, s'il vous plaît, à vous défaire de votre amour, à cesser toutes vos poursuites auprès d'une personne que je prétends pour moi, et à vous marier dans peu avec celle qu'on vous destine.

CLÉANTE.

Oui, mon père, c'est ainsi que vous me jouez ! Hé bien ! puisque les choses en sont venues là, je vous déclare, moi, que je ne quitterai point la passion que j'ai pour Mariane ; qu'il n'y a point d'extrémité où je ne m'abandonne pour vous disputer sa conquête ; et que, si vous avez pour vous le consentement d'une mère, j'aurai d'autres secours, peut-être, qui combattront pour moi.

HARPAGON.

Comment ! pendard ! tu as l'audace d'aller sur mes brisées !

CLÉANTE.

C'est vous qui allez sur les miennes, et je suis le premier en date.

HARPAGON.

Ne suis-je pas ton père ? et ne me dois-tu pas respect ?

CLÉANTE.

Ce ne sont point ici des choses où les enfans soient obligés de déférer aux pères, et l'amour ne connaît personne.

HARPAGON.

Je te ferai bien me connaitre avec de bons coups de bâton.

CLÉANTE.

Toutes vos menaces ne feront rien.

HARPAGON.

Tu renonceras à Mariane.

CLÉANTE.

Point du tout.

HARPAGON.

Donnez-moi un bâton tout à l'heure.

SCÈNE IV.

HARPAGON, CLÉANTE, MAÎTRE JACQUES.

M.ᶜ JACQUES.

Hé! hé! hé! messieurs, qu'est-ce ci? à quoi songez-vous?

CLÉANTE.

Je me moque de cela.

M.ᵉ JACQUES, *à Cléante*.

Ah! monsieur, doucement.

HARPAGON.

Me parler avec cette impudence!

M.ᵉ JACQUES, *à Harpagon*.

Ah! monsieur, de grace.

CLÉANTE.

Je n'en dormirai point.

M.ᶜ JACQUES, *à Cléante*.

Hé! quoi! à votre père!

HARPAGON.

Laisse-moi faire.

M.ᶜ JACQUES, *à Harpagon*.

Hé quoi! à votre fils! Encore passe pour moi.

HARPAGON.

Je te veux faire toi-même, maître Jacques, juge de cette affaire, pour montrer comme j'ai raison.

ACTE IV, SCÈNE IV.

M.ᵉ JACQUES.

J'y consens. (*à Cléante*) Eloignez-vous un peu.

HARPAGON.

J'aime une fille que je veux épouser, et le pendard a l'insolence de l'aimer avec moi, et d'y prétendre malgré mes ordres.

M.ᵉ JACQUES.

Ah! il a tort.

HARPAGON.

N'est-ce pas une chose épouvantable, qu'un fils qui veut entrer en concurrence avec son père; et ne doit-il pas, par respect, s'abstenir de toucher à mes inclinations?

M.ᵉ JACQUES.

Vous avez raison. Laissez-moi lui parler, et demeurez là.

CLÉANTE, *à maître Jacques qui s'approche de lui.*

Hé bien, oui, puisqu'il veut te choisir pour juge, je n'y recule point; il ne m'importe qui que ce soit : et je veux bien aussi me rapporter à toi, maître Jacques, de notre différent.

M.ᵉ JACQUES.

C'est beaucoup d'honneur que vous me faites.

CLÉANTE.

Je suis épris d'une jeune personne qui répond à mes vœux, et reçoit tendrement les offres de ma foi; et mon père s'avise de venir troubler notre amour par la demande qu'il en a fait faire.

M.ᵉ JACQUES.

Il a tort assurément.

CLÉANTE.

N'a-t-il point de honte à son âge de songer à se marier? Lui sied-il bien d'être encore amoureux? et ne devrait-il pas laisser cette occupation aux jeunes gens?

M.ᵉ JACQUES.

Vous avez raison, il se moque; laissez-moi lui dire

deux mots. (*à Harpagon.*) Hé bien! votre fils n'est pas si étrange que vous le dites, et il se met à la raison : il dit qu'il sait le respect qu'il vous doit, qu'il ne s'est emporté que dans la première chaleur, et qu'il ne fera point refus de se soumettre à ce qu'il vous plaira, pourvu que vous vouliez le traiter mieux que vous ne faites, et lui donner quelque personne en mariage dont il ait lieu d'être content.

HARPAGON.

Ah! dis-lui, maître Jacques, que moyennant cela, il pourra espérer toutes choses de moi, et que, hors Mariane, je lui laisse la liberté de choisir celle qu'il voudra.

M.ᶜ JACQUES.

Laissez-moi faire. (*à Cléante*) Hé bien! votre père n'est pas si déraisonnable que vous le faites ; et il m'a témoigné que ce sont vos emportemens qui l'ont mis en colère, et qu'il n'en veut seulement qu'à votre manière d'agir ; et qu'il sera fort diposé à vous accorder ce que vous souhaitez, pourvu que vous vouliez vous y prendre par la douceur, et lui rendre les déférences, les respects et les soumissions qu'un fils doit à son père.

CLÉANTE.

Ah! maître Jacques, tu lui peux assurer que, s'il m'accorde Mariane, il me verra toujours le plus soumis de tous les hommes, et que jamais je ne ferai aucune chose que par ses volontés.

M.ᶜ JACQUES, *à Harpagon.*

Cela est fait; il consent à ce que vous dites.

HARPAGON.

Voilà qui va le mieux du monde.

M.ᶜ JACQUES, *à Cléante..*

Tout est conclu ; il est content de vos promesses.

CLÉANTE.

Le ciel en soit loué.

M.ᶜ JACQUES.

Messieurs, vous n'avez qu'à parler ensemble, vous

voilà d'accord maintenant ; et vous alliez vous quereller faute de vous entendre.

CLÉANTE.

Mon pauvre maître Jacques, je te serai obligé toute ma vie.

M.ᶜ JACQUES.

Il n'y a pas de quoi, monsieur.

HARPAGON.

Tu m'as fait plaisir, maître Jacques, et cela mérite une récompense.
(Harpagon fouille dans sa poche, maître Jacques tend la main ; mais Harpagon ne tire que son mouchoir en disant :)
Va, je m'en souviendrai, je t'assure.

M.ᶜ JACQUES.

Je vous baise les mains.

SCÈNE V.

HARPAGON, CLÉANTE.

CLÉANTE.

Je vous demande pardon, mon père, de l'emportement que j'ai fait paraître.

HARPAGON.

Cela n'est rien.

CLÉANTE.

Je vous assure que j'en ai tous les regrets du monde.

HARPAGON.

Et moi j'ai toutes les joies du monde de te voir raisonnable.

CLÉANTE.

Quelle bonté à vous d'oublier si vite ma faute !

HARPAGON.

On oublie aisément les fautes des enfans lorsqu'ils rentrent dans leur devoir.

CLÉANTE.

Quoi! ne garder aucun ressentiment de toutes mes extravagances!

HARPAGON.

C'est une chose où tu m'obliges par la soumission et le respect où tu te ranges.

CLÉANTE.

Je vous promets, mon père, que, jusqu'au tombeau, je conserverai dans mon cœur le souvenir de vos bontés.

HARPAGON.

Et moi je te promets qu'il n'y aura aucune chose que tu n'obtiennes de moi.

CLÉANTE.

Ah! mon père, je ne vous demande plus rien, et c'est m'avoir assez donné que de me donner Mariane.

HARPAGON.

Comment?

CLÉANTE.

Je dis, mon père, que je suis trop content de vous, et que je trouve toutes choses dans la bonté que vous avez de m'accorder Mariane.

HARPAGON.

Qui est-ce qui parle de t'accorder Mariane?

CLÉANTE.

Vous, mon père.

HARPAGON.

Moi?

CLÉANTE.

Sans doute.

HARPAGON.

Comment? c'est toi qui as promis d'y renoncer.

CLÉANTE.

Moi, y renoncer?

HARPAGON.

Oui.

ACTE IV, SCÈNE V.

CLÉANTE.

Point du tout.

HARPAGON.

Tu ne t'es pas départi d'y prétendre ?

CLÉANTE.

Au contraire, j'y suis porté plus que jamais.

HARPAGON.

Quoi, pendard ! derechef ?

CLÉANTE.

Rien ne me peut changer.

HARPAGON.

Laisse-moi faire, traître.

CLÉANTE.

Faites tout ce qu'il vous plaira.

HARPAGON.

Je te défends de me jamais voir.

CLÉANTE.

A la bonne heure.

HARPAGON.

Je t'abandonne.

CLÉANTE.

Abandonnez.

HARPAGON.

Je te renonce pour mon fils.

CLÉANTE.

Soit.

HARPAGON.

Je te déshérite.

CLÉANTE.

Tout ce que vous voudrez.

HARPAGON.

Et je te donne ma malédiction.

CLÉANTE.

Je n'ai que faire de vos dons.

SCÈNE VI.
CLÉANTE, LA FLÈCHE.

LA FLÈCHE, *sortant du jardin avec une cassette.*

Ah! monsieur, que je vous trouve à propos! suivez-moi vite.

CLÉANTE.

Qu'y a-t-il?

LA FLÈCHE.

Suivez-moi, vous dis-je; nous sommes bien.

CLÉANTE.

Comment?

LA FLÈCHE.

Voici votre affaire.

CLÉANTE.

Quoi?

LA FLÈCHE.

J'ai gagné ceci tout le jour.

CLÉANTE.

Qu'est-ce que c'est?

LA FLÈCHE.

Le trésor de votre père, que j'ai attrapé.

CLÉANTE.

Comment as-tu fait?

LA FLÈCHE.

Vous saurez tout. Sauvons-nous, je l'entends crier.

SCÈNE VII.

HARPAGON, *criant au voleur dès le jardin.*

Au voleur! au voleur! à l'assassin! au meurtrier! Justice, juste ciel! Je suis perdu, je suis assassiné; on m'a coupé la gorge, on m'a dérobé mon argent. Qui peut-ce être? Qu'est-il devenu? Où est-il? Où se cache-t-il? Que ferai-je pour le trouver? Où courir? Où ne pas courir? N'est-il point là? N'est-il point ici?

ACTE IV, SCÈNE VII.

Qui est-ce? Arrête. (*à lui-même se prenant par le bras.*) Rends-moi mon argent, coquin... Ah! c'est moi... Mon esprit est troublé, et j'ignore où je suis, qui je suis, et ce que je fais. Hélas! mon pauvre argent, mon pauvre argent, mon cher ami, on m'a privé de toi! et, puisque tu m'es enlevé, j'ai perdu mon support, ma consolation, ma joie, tout est fini pour moi, et je n'ai plus que faire au monde! Sans toi il m'est impossible de vivre. C'en est fait; je n'en puis plus, je me meurs, je suis mort, je suis enterré. N'y a-t-il personne qui veuille me ressusciter en me rendant mon cher argent, ou en m'apprenant qui l'a pris? Hé! que dites-vous? Ce n'est personne. Il faut, qui que ce soit qui ait fait le coup, qu'avec beaucoup de soin on ait épié l'heure; et l'on a choisi justement le moment que je parlais à mon traître de fils. Sortons. Je veux aller querir la justice, et faire donner la question à toute ma maison, à servantes, à valets, à fils, à fille, et à moi aussi. Que de gens assemblés! Je ne jette mes regards sur personne qui ne me donne des soupçons, et tout me semble mon voleur. Hé! de quoi est-ce qu'on parle là? de celui qui m'a dérobé? Quel bruit fait-on là-haut? est-ce mon voleur qui y est? de grace si l'on sait des nouvelles de mon voleur, je supplie que l'on m'en dise. N'est-il point caché là parmi vous? Ils me regardent tous, et se mettent à rire. Vous verrez qu'ils ont part, sans doute, au vol que l'on m'a fait. Allons vite, des commissaires, des archers, des prévôts, des juges, des gênes, des potences et des bourreaux. Je veux faire pendre tout le monde; et, si je ne retrouve mon argent, je me pendrai moi-même après.

FIN DU QUATRIÈME ACTE.

ACTE CINQUIEME.

SCÈNE I.
HARPAGON, UN COMMISSAIRE.

LE COMMISSAIRE.

Laissez-moi faire, je sais mon métier, dieu merci. Ce n'est pas d'aujourd'hui que je me mêle de découvrir des vols ; et je voudrais avoir autant de sacs de mille francs que j'ai fait pendre de personnes.

HARPAGON.

Tous les magistrats son intéressés à prendre cette affaire en main ; et, si l'on ne me fait retrouver mon argent, je demanderai justice de la justice.

LE COMMISSAIRE.

Il faut faire toutes les poursuites requises. Vous dites qu'il y avait dans cette cassette...

HARPAGON.

Dix mille écus bien comptés.

LE COMMISSAIRE.

Dix mille écus!

HARPAGON.

Dix mille écus !

LE COMMISSAIRE.

Le vol est considérable.

HARPAGON.

Il n'y a point de supplice assez grand pour l'énormité de ce crime ; et, s'il demeure impuni, les choses les plus sacrées ne sont plus en sûreté.

LE COMMISSAIRE.

En quelles espèces était cette somme ?

HARPAGON.

En bons louis d'or et pistoles bien trébuchantes.

LE COMMISSAIRE.

Qui soupçonnez-vous de ce vol ?

HARPAGON.

Tout le monde ; et je veux que vous arrêtiez prisonniers la ville et les faubourgs.

LE COMMISSAIRE.

Il faut, si vous m'en croyez, n'effaroucher personne et tâcher doucement d'attraper quelques preuves, afin de procéder après, par la rigueur, au recouvrement des deniers qui vous ont été pris.

SCÈNE II.

HARPAGON, LE COMMISSAIRE, MAÎTRE JACQUES.

Me JACQUES, *dans le fond du théâtre, en se retournant du côté par lequel il est entré.*

Je m'en vais revenir : qu'on me l'égorge tout à l'heure ; qu'on me lui fasse griller les pieds ; qu'on me le mette dans l'eau bouillante ; et qu'on me le pende au plancher.

HARPAGON, *à maître Jacques.*

Qui ? celui qui m'a dérobé ?

Me JACQUES.

Je parle d'un cochon de lait que votre intendant me vient d'envoyer ; et je veux vous l'accommoder à ma fantaisie.

HARPAGON.

Il n'est pas question de cela, et voilà monsieur à qui il faut parler d'autre chose.

LE COMMISSAIRE, *à maître Jacques.*

Ne vous épouvantez point : je suis homme à ne vous point scandaliser, et les choses iront dans la douceur.

Me JACQUES.

Monsieur est de votre souper ?

LE COMMISSAIRE.

Il faut ici, mon cher ami, ne rien cacher à votre maître.

Me JACQUES.

Ma foi, monsieur, je montrerai tout ce que je sais faire, et je vous traiterai du mieux qu'il me sera possible.

HARPAGON.

Ce n'est pas là l'affaire.

Me JACQUES.

Si je ne vous fais pas aussi bonne chère que je voudrais, c'est la faute de monsieur notre intendant, qui m'a rogné les ailes avec les ciseaux de son économie.

HARPAGON.

Traître ! il s'agit d'autre chose que de souper ; et je veux que tu me dises des nouvelles de l'argent qu'on m'a pris.

Me JACQUES.

On vous a pris de l'argent ?

HARPAGON.

Oui, coquin ; et je m'en vais te faire pendre si tu ne me le rends.

LE COMMISSAIRE, *à Harpagon.*

Mon dieu ! ne le maltraitez point. Je vois à sa mine qu'il est honnête homme, et que, sans se faire mettre en prison, il vous découvrira ce que vous voulez savoir. Oui, mon ami, si vous nous confessez la chose, il ne vous sera fait aucun mal ; et vous serez récompensé comme il faut par votre maître. On lui a pris aujourd'hui son argent, et il n'est pas que vous ne sachiez quelque nouvelle de cette affaire.

Me JACQUES, *bas, à part.*

Voici justement ce qu'il me faut pour me venger de notre intendant. Depuis qu'il est entré céans, il est le favori ; on n'écoute que ses conseils ; et j'ai aussi sur le cœur les coups de bâton de tantôt.

HARPAGON.

Qu'as-tu à ruminer ?

LE COMMISSAIRE, *à Harpagon.*

Laissez-le faire, il se prépare à vous contenter ; et je vous ai bien dit qu'il était honnête homme.

ACTE V, SCÈNE II.

Me JACQUES.

Monsieur, si vous voulez que je vous dise les choses, je crois que c'est monsieur votre cher intendant qui a fait le coup.

HARPAGON.

Valère !

Me JACQUES.

Oui.

HARPAGON.

Lui, qui me paraît si fidèle ?

Me JACQUES.

Lui-même. Je crois que c'est lui qui vous a dérobé.

HARPAGON.

Et sur quoi le crois-tu ?

Me JACQUES.

Sur quoi ?

HARPAGON.

Oui.

Me JACQUES.

Je le crois... sur ce que je le crois.

LE COMMISSAIRE.

Mais il est nécessaire de dire les indices que vous avez.

HARPAGON.

L'as-tu vu rôder autour du lieu où j'avais mis mon argent ?

Me JACQUES.

Oui, vraiment. Où était-il, votre argent ?

HARPAGON.

Dans le jardin.

Me JACQUES.

Justement. Je l'ai vu rôder dans le jardin. Et dans quoi est-ce que cet argent était ?

HARPAGON.

Dnas une cassette.

Mᵉ JACQUES.

Voilà l'affaire. Je lui ai vu une cassette.

HARPAGON.

Et cette cassette, comment est-elle faite ? Je verrai bien si c'est la mienne.

Mᵉ JACQUES.

Comment elle est faite ?

HARPAGON.

Oui.

Mᵉ JACQUES.

Elle est faite... Elle est faite comme une cassette.

LE COMMISSAIRE.

Cela s'entend. Mais dépeignez-la un peu, pour voir.

Mᵉ JACQUES.

C'est une grande cassette...

HARPAGON.

Celle qu'on m'a volée est petite.

Mᵉ JACQUES.

Hé oui, elle est petite, si on le veut prendre par-là; mais je l'appelle grande pour ce qu'elle contient.

LE COMMISSAIRE.

Et de quelle couleur est-elle ?

Mᵉ JACQUES.

De quelle couleur ?

LE COMMISSAIRE.

Oui.

Mᵉ JACQUES.

Elle est de couleur... là, d'une certaine couleur... Ne sauriez-vous m'aider à dire ?

HARPAGON.

Hé ?

Mᵉ JACQUES.

N'est-elle pas rouge ?

HARPAGON.

Non, grise.

ACTE V, SCÈNE III.

Mᵉ JACQUES.

Hé, oui, gris-rouge, c'est ce que je voulais dire.

HARPAGON.

Il n'y a point de doute, c'est elle assurément. Écrivez, monsieur, écrivez sa déposition. Ciel! à qui désormais se fier? il ne faut plus jurer de rien; et je crois après cela, que je suis homme à me voler moi-même.

Mᶜ JACQUES, *à Harpagon*.

Monsieur, le voici qui revient. Ne lui allez pas dire au moins que c'est moi qui vous ai découvert cela.

SCÈNE III.

HARPAGON, LE COMMISSAIRE, VALÈRE, MAÎTRE JACQUES.

HARPAGON.

Approche, viens confesser l'action la plus noire, l'attentat le plus horrible qui jamais ait été commis.

VALÈRE.

Que voulez-vous, monsieur?

HARPAGON.

Comment, traître! tu ne rougis pas de ton crime!

VALÈRE.

De quel crime voulez-vous donc parler?

HARPAGON.

De quel crime je veux parler, infâme! comme si tu ne savais pas ce que je veux dire! C'est en vain que tu prétendrais de le déguiser : l'affaire est découverte, et l'on vient de m'apprendre tout. Comment! abuser ainsi de ma bonté, et s'introduire exprès chez moi pour me trahir, pour me jouer un tour de cette nature!

VALÈRE.

Monsieur, puisqu'on vous a découvert tout, je ne veux point chercher de détours, et vous nier la chose.

Mᵉ JACQUES, *à part.*

Oh ! aurais-je deviné sans y penser ?

VALÈRE.

C'était mon dessein de vous en parler, et je voulais attendre pour cela des conjonctures favorables ; mais puisqu'il est ainsi, je vous conjure de ne vous point fâcher, et de vouloir entendre mes raisons.

HARPAGON.

Et quelles belles raisons peux-tu me donner, voleur, infâme ?

VALÈRE.

Ah ! monsieur, je n'ai pas mérité ces noms. Il est vrai que j'ai commis une offense envers vous ; mais, après tout, ma faute est pardonnable.

HARPAGON.

Comment, pardonnable ! un guet-à-pens, un assassinat de la sorte !

VALÈRE.

De grace, ne vous mettez point en colère. Quand vous m'aurez ouï, vous verrez que le mal n'est pas si grand que vous le faites.

HARPAGON.

Le mal n'est pas si grand que je le fais ! Quoi ! mon sang, mes entrailles, pendard !

VALÈRE.

Votre sang, monsieur, n'est pas tombé dans de mauvaises mains. Je suis d'une condition à ne lui point faire de tort ; et il n'y a rien en tout ceci que je ne puisse bien réparer.

HARPAGON.

C'est bien mon intention, et que tu me restitues ce que tu m'as ravi.

VALÈRE.

Votre honneur, monsieur, sera pleinement satisfait.

HARPAGON.

Il n'est pas question d'honneur là-dedans. Mais, dis-moi, qui t'a porté à cette action ?

ACTE V, SCÈNE III.

VALÈRE.

Hélas ! me le demandez-vous ?

HARPAGON.

Oui, vraiment, je te le demande.

VALÈRE.

Un dieu qui porte les excuses de tout ce qu'il fait faire : l'Amour.

HARPAGON.

L'Amour !

VALÈRE.

Oui.

HARPAGON.

Bel amour ! bel amour, ma foi ! l'amour de mes louis d'or.

VALÈRE.

Non, monsieur, ce ne sont point vos richesses qui m'ont tenté, ce n'est pas cela qui m'a ébloui ; et je proteste de ne prétendre rien à tous vos biens, pourvu que vous me laissiez celui que j'ai.

HARPAGON.

Non ferai, de par tous les diables ; je ne te laisserai pas. Mais voyez quelle insolence, de vouloir retenir le vol qu'il m'a fait !

VALÈRE.

Appelez-vous cela un vol ?

HARPAGON.

Si je l'appelle un vol ! un trésor comme celui-là !

VALÈRE.

C'est un trésor, il est vrai, et le plus précieux que vous ayez sans doute ; mais ce ne sera pas le perdre que de me le laisser. Je vous le demande à genoux ; ce trésor plein de charmes ; et pour bien faire il faut que vous me l'accordiez.

HARPAGON.

Je n'en ferai rien. Qu'est-ce à dire, cela ?

VALÈRE.

Nous nous sommes promis une foi mutuelle, et avons fait serment de ne nous point abandonner.

HARPAGON.

Le serment est admirable, et la personne plaisante!

VALÈRE.

Oui, nous nous sommes engagés d'être l'un à l'autre à jamais.

HARPAGON.

Je vous en empêcherai bien, je vous assure.

VALÈRE.

Rien que la mort ne nous peut séparer.

HARPAGON.

C'est être bien endiablé après mon argent!

VALÈRE.

Je vous ai déjà dit, monsieur, que ce n'était point l'intérêt qui m'avait poussé à faire ce que j'ai fait. Mon cœur n'a point agi par les ressorts que vous pensez, et un motif plus noble m'a inspiré cette résolution.

HARPAGON.

Vous verrez que c'est par charité chrétienne qu'il veut avoir mon bien. Mais j'y donnerai bon ordre; et la justice, pendard effronté, me va faire raison de tout.

VALÈRE.

Vous en userez comme vous voudrez, et me voilà prêt à souffrir toutes les violences qu'il vous plaira : mais je vous prie de croire au moins que, s'il y a du mal, ce n'est que moi qu'il en faut accuser, et que votre fille, en tout ceci, n'est aucunement coupable.

HARPAGON.

Je le crois bien, vraiment : il serait fort étrange que ma fille eût trempé dans ce crime. Mais je veux ravoir mon affaire, et que tu me confesses en quel endroit tu me l'as enlevée.

ACTE V, SCÈNE III.

VALÈRE.

Moi ? je ne l'ai point enlevée ; elle est encore chez vous.

HARPAGON, *à part.*

O ma chère cassette ! (*haut.*) Elle n'est point sortie de ma maison ?

VALÈRE.

Non, monsieur.

HARPAGON.

Hé ! dis-moi un peu ; tu n'y as point touché ?

VALÈRE.

Moi, y toucher ! Ah ! vous lui faites tort, aussi-bien qu'à moi ; et c'est d'une ardeur toute pure et respectueuse que j'ai brûlé pour elle.

HARPAGON, *à part.*

Brûlé pour ma cassette !

VALÈRE.

J'aimerais mieux mourir que de lui avoir fait paraître aucune pensée offensante ; elle est trop sage et trop honnête pour cela.

HARPAGON, *à part.*

Ma cassette trop honnête !

VALÈRE.

Tous mes désirs se sont bornés à jouir de sa vue ; et rien de criminel n'a profané la passion que ses beaux yeux m'ont inspirée.

HARPAGON, *à part.*

Les beaux yeux de ma cassette ! Il parle d'elle comme un amant d'une maîtresse.

VALÈRE.

Dame Claude, monsieur, sait la vérité de cette aventure ; et elle vous peut rendre témoignage...

HARPAGON.

Quoi ! ma servante est complice de l'affaire ?

VALÈRE.

Oui, monsieur, elle a été témoin de notre engagement ; et c'est après avoir connu l'honnêteté de ma flamme, qu'elle m'a aidé à persuader votre fille de me donner sa foi, et de recevoir la mienne.

HARPAGON.

Hé ! (*à part.*) Est-ce que la peur de la justice le fait extravaguer ? (*à Valère.*) Que nous brouilles-tu ici de ma fille ?

VALÈRE.

Je dis, monsieur, que j'ai eu toutes les peines du monde à faire consentir sa pudeur à ce que voulait mon amour.

HARPAGON.

La pudeur de qui ?

VALÈRE.

De votre fille ; et c'est seulement depuis hier qu'elle a pu se résoudre à nous signer mutuellement une promesse de mariage.

HARPAGON.

Ma fille t'a signé une promesse de mariage ?

VALÈRE.

Oui, monsieur, comme de ma part je lui en ai signé une.

HARPAGON.

O ciel ! autre disgrace !

Mᵉ JACQUES, *au commissaire.*

Écrivez, monsieur, écrivez.

HARPAGON.

Rengrègement de mal ! surcroit de désespoir ! (*au commissaire.*) Allons, monsieur, faites le dû de

ACTE V, SCÈNE IV.

votre charge, et dressez-lui-moi son procès comme larron et comme suborneur.

M° JACQUES.

Comme larron et comme suborneur.

VALÈRE.

Ce sont des noms qui ne me sont point dus, et quand on saura qui je suis...

SCÈNE IV.

HARPAGON, ÉLISE, MARIANE, VALÈRE, FROSINE, M° JACQUES, LE COMMISSAIRE.

HARPAGON.

Ah! fille scélérate, fille indigne d'un père comme moi! c'est ainsi que tu pratiques les leçons que je t'ai données! tu te laisses prendre d'amour pour un voleur infâme, et tu lui engages ta foi sans mon consentement! Mais vous serez trompés l'un et l'autre. (*à Élise.*) Quatre bonnes murailles me répondront de ta conduite; (*à Valère.*) et une bonne potence, pendard effronté, me fera raison de ton audace.

VALÈRE.

Ce ne sera point votre passion qui jugera l'affaire; et l'on m'écoutera au moins avant que de me condamner.

HARPAGON.

Je me suis abusé de dire une potence; et tu seras roué tout vif.

ÉLISE, *aux genoux d'Harpagon.*

Ah! mon père, prenez des sentimens un peu plus humains, je vous prie, et n'allez point pousser les choses dans les dernières violences du pouvoir paternel. Ne vous laissez point entraîner aux premiers mouvemens de votre passion, et donnez-vous le temps de considérer ce que vous voulez faire. Prenez la peine de mieux voir celui dont vous vous offensez. Il est tout autre que vos yeux ne le jugent; et vous trouverez moins étrange que je me sois donnée à lui, lorsque vous saurez que sans lui vous ne m'auriez plus il y a long-temps. Oui, mon père, c'est lui qui me sauva de ce grand péril que vous savez que je courus dans l'eau, et à qui vous devez la vie de cette même fille dont...

HARPAGON.

Tout cela n'est rien; et il valait bien mieux pour moi qu'il te laissât noyer, que de faire ce qu'il a fait.

ÉLISE.

Mon père, je vous conjure par l'amour paternel de me...

HARPAGON.

Non, non, je ne veux rien entendre; et il faut que la justice fasse son devoir.

Me JACQUES, *à part.*

Tu me paieras mes coups de bâton.

FROSINE, *à part.*

Voici un étrange embarras.

SCÈNE V.

ANSELME, HARPAGON, ÉLISE, MARIANE, FROSINE, VALÈRE, LE COMMISSAIRE, MAÎTRE JACQUES.

ANSELME.

Qu'est-ce, seigneur Harpagon? je vous vois tout ému.

HARPAGON.

Ah! seigneur Anselme, vous me voyez le plus infortuné de tous les hommes; et voici bien du trouble et du désordre au contrat que vous venez de faire. On m'assassine dans le bien, on m'assassine dans l'honneur; et voilà un traître, un scélérat qui a violé tous les droits les plus saints, qui s'est coulé chez moi, sous le titre de domestique, pour me dérober mon argent, et pour me suborner ma fille.

ACTE V, SCÈNE V.

VALÈRE.

Qui songe à votre argent, dont vous me faites un galimatias ?

HARPAGON.

Oui, ils se sont donné l'un à l'autre une promesse de mariage. Cet affront vous regarde, seigneur Anselme ; et c'est vous qui devez vous rendre partie contre lui, et faire à vos dépens toutes les poursuites de la justice, pour vous venger de son insolence.

ANSELME.

Ce n'est pas mon dessein de me faire épouser par force, et de rien prétendre à un cœur qui se serait donné ; mais pour vos intérêts, je suis prêt à les embrasser ainsi que les miens propres.

HARPAGON.

Voilà monsieur, qui est un honnête commissaire, qui n'oubliera rien, à ce qu'il m'a dit, de la fonction de son office. (*au commissaire, montrant Valère.*) Chargez-le comme il faut, monsieur, et rendez les choses bien criminelles.

VALÈRE.

Je ne vois pas quel crime on me peut faire de la passion que j'ai pour votre fille, et le supplice où vous croyez que je puisse être condamné pour notre engagement, lorsqu'on saura ce que je suis.

HARPAGON.

Je me moque de tous ces contes ; et le monde aujourd'hui n'est plein que de ces larrons de noblesse, que de ces imposteurs qui tirent avantage de leur obscurité, et s'habillent insolemment du premier nom illustre qu'ils s'avisent de prendre.

VALÈRE.

Sachez que j'ai le cœur trop bon pour me parer de

quelque chose qui ne soit point à moi, et que tout Naples peut rendre témoignage de ma naissance.

ANSELME.

Tout beau ! prenez garde à ce que vous allez dire. Vous risquez ici plus que vous ne pensez ; et vous parlez devant un homme à qui tout Naples est connu, et qui peut aisément voir clair dans l'histoire que vous ferez.

VALÈRE.

Je ne suis point homme à rien craindre; et si Naples vous est connu, vous savez qui était don Thomas d'Alburci.

ANSELME.

Sans doute, je le sais ; et peu de gens l'ont connu mieux que moi.

HARPAGON.

Je ne me soucie ni de don Thomas, ni de don Martin.

(*Harpagon voyant deux chandelles allumées en souffle une.*)

ANSELME.

De grace, laissez-le parler ; nous verrons ce qu'il en veut dire.

VALÈRE.

Je veux dire que c'est lui qui m'a donné le jour.

ANSELME.

Lui ?

VALÈRE.

Oui.

ANSELME.

Allez, vous vous moquez. Cherchez quelque autre histoire qui vous puisse mieux réussir; et ne prétendez pas vous sauver sous cette imposture.

VALÈRE.

Songez à mieux parler. Ce n est point une impos-

ACTE V, SCÈNE V.

ture, et je n'avance rien qu'il ne me soit aisé de justifier.

ANSELME.

Quoi ? vous osez vous dire fils de don Thomas d'Alburci ?

VALÈRE.

Oui ! je l'ose, et je suis prêt de soutenir cette vérité contre qui que ce soit.

ANSELME.

L'audace est merveilleuse ! Apprenez, pour vous confondre, qu'il y a seize ans pour le moins que l'homme dont vous nous parlez périt sur mer avec ses enfans et sa femme, en voulant dérober leur vie aux cruelles persécutions qui ont accompagné les désordres de Naples, et qui en firent exiler plusieurs nobles familles.

VALÈRE.

Oui. Mais apprenez, pour vous confondre, vous, que son fils, agé de sept ans, avec un domestique, fut sauvé de ce naufrage par un vaisseau espagnol, et que ce fils sauvé est celui qui vous parle. Apprenez que le capitaine de ce vaisseau, touché de ma fortune, prit amitié pour moi, qu'il me fit élever comme son propre fils, et que les armes furent mon emploi dès que je m'en trouvai capable ; que j'ai su depuis peu que mon père n'était point mort, comme je l'avais toujours cru ; que, passant ici pour l'aller chercher, une aventure par le ciel concertée me fit voir la charmante Elise ; que cette vue me rendit esclave de ses beautés, et que la violence de mon amour et les sévérités de son père me firent prendre la résolution de m'introduire dans son logis, et d'envoyer un autre à la quête de mes parens.

ANSELME.

Mais quels témoignages encore, autres que vos

paroles nous peuvent assurer que ce ne soit point une fable que vous ayez bâtie sur une vérité ?

VALÈRE.

Le capitaine espagnol, un cachet de rubis qui était à mon père, un bracelet d'agate que ma mère m'avait mis au bras, le vieux Pédro, ce domestique qui se sauva avec moi du naufrage.

MARIANE.

Hélas ! à vos paroles je puis ici répondre, moi, que vous n'imposez point; et tout ce que vous dites me fait connaître clairement que vous êtes mon frère.

VALÈRE.

Vous ma sœur !

MARIANE.

Oui : mon cœur s'est ému dès le moment que vous avez ouvert la bouche; et notre mère, que vous allez ravir, m'a mille fois entretenue des disgraces de notre famille. Le ciel ne nous fit point aussi périr dans ce triste naufrage : mais il ne nous sauva la vie que par la perte de notre liberté; et ce furent des corsaires qui nous recueillirent, ma mère et moi, sur un débris de notre vaisseau. Après dix ans d'esclavage, une heureuse fortune nous rendit notre liberté, et nous retournâmes dans Naples, où nous trouvâmes tout notre bien vendu, sans y pouvoir trouver des nouvelles de notre père. Nous passâmes à Gênes, où ma mère alla ramasser quelques malheureux restes d'une succession qu'on avait déchirée; et de là, fuyant la barbare injustice de ses parens, elle vint en ces lieux, où elle n'a presque vécu que d'une vie languissante.

ANSELME.

O ciel, quels sont les trais de ta puissance ! et que tu fais bien voir qu'il n'appartient qu'à toi de faire des miracles ! Embrassez-moi, mes enfans, et mêlez tous deux vos transports à ceux de votre père.

ACTE V, SCÈNE V.

VALÈRE.

Vous êtes notre père !

MARIANE.

C'est vous que ma mère a tant pleuré ?

ANSELME.

Oui, ma fille, oui, mon fils, je suis don Thomas d'Alburci, que le ciel garantit des ondes avec tout l'argent qu'il portait, et qui, vous ayant tous crus morts durant plus de seize ans, se préparait, après de longs voyages, à chercher dans l'hymen d'une douce et sage personne la consolation de quelque nouvelle famille. Le peu de sûreté que j'ai vu pour ma vie à retourner à Naples m'a fait y renoncer pour toujours ; et ayant su trouver moyen d'y faire vendre ce que j'avais, je me suis habitué ici, où, sous le nom d'Anselme, j'ai voulu m'éloigner les chagrins de cet autre nom qui m'a causé tant de traverses.

HARPAGON, *à Anselme.*

C'est là votre fils ?

ANSELME.

Oui.

HARPAGON.

Je vous prends à partie pour me payer dix mille écus qu'il m'a volés ?

ANSELME.

Lui, vous avoir volé ?

HARPAGON.

Lui-même.

VALÈRE.

Qui vous dit cela ?

HARPAGON.

Maître Jacques.

VALÈRE, *à maître Jacques.*

C'est toi qui le dis ?

Mᵉ JACQUES.

Vous voyez que je ne dis rien.

HARPAGON.

Oui, voilà monsieur le commissaire qui a reçu sa déposition.

VALÈRE.

Pouvez-vous me croire capable d'une action si lâche ?

HARPAGON.

Capable ou non capable, je veux ravoir mon argent.

SCÈNE VI.

HARPAGON, ANSELME, ÉLISE, MARIANE, CLÉANTE, VALÈRE, FROSINE, LE COMMISSAIRE, maître JACQUES, LA FLÈCHE.

CLÉANTE.

NE vous tourmentez point, mon père, et n'accusez personne. J'ai découvert des nouvelles de votre affaire, et je viens ici pour vous dire que, si vous voulez vous résoudre à me laisser épouser Mariane, votre argent vous sera rendu.

HARPAGON.

Où est-il ?

CLÉANTE.

Ne vous en mettez point en peine, il est en lieu dont je réponds, et tout ne dépend que de moi : c'est à vous de me dire à quoi vous vous déterminez ; et vous pouvez choisir, ou de me donner Mariane, ou de perdre votre cassette.

ACTE V, SCÈNE VI.

HARPAGON.
N'en a-t-on rien ôté ?

CLÉANTE.
Rien du tout. Voyez si c'est votre dessein de souscrire à ce mariage, et de joindre votre consentement à celui de sa mère, qui lui laisse la liberté de faire un choix entre nous deux.

MARIANE, *à Cléante.*
Mais vous ne savez pas que ce n'est pas assez que ce consentement, et que le ciel, (*montrant Valère.*) avec un frère que vous voyez, vient de me rendre un père (*montrant Anselme.*) dont vous avez à m'obtenir.

ANSELME.
Le ciel, mes enfans, ne me redonne point à vous pour être contraire à vos vœux. Seigneur Harpagon, vous jugez bien que le choix d'une jeune personne tombera sur le fils plutôt que sur le père. Allons, ne vous faites point dire ce qu'il n'est pas nécessaire d'entendre ; et consentez, ainsi que moi, à ce double hyménée.

HARPAGON.
Il faut pour me donner conseil que je voie ma cassette.

CLÉANTE.
Vous la verrez saine et entière.

HARPAGON.
Je n'ai point d'argent à donner en mariage à mes enfans.

ANSELME.
Hé bien, j'en ai pour eux ; que cela ne vous inquiète point.

HARPAGON.

Vous obligerez-vous à faire tous les frais de ces deux mariages?

ANSELME.

Oui, je m'y oblige. Etes-vous satisfait?

HARPAGON.

Oui, pourvu que pour les noces vous me fassiez faire un habit.

ANSELME.

D'accord. Allons jouir de l'allégresse que cet heureux jour nous présente.

LE COMMISSAIRE.

Holà, messieurs, holà. Tout doucement, s'il vous plaît. Qui me paiera de mes écritures?

HARPAGON.

Nous n'avons que faire de vos écritures.

LE COMMISSAIRE.

Oui; mais je ne prétends pas, moi, les avoir faites pour rien.

HARPAGON, *montrant maître Jacques.*

Pour votre paiement, voilà un homme que je vous donne à pendre.

Me JACQUES.

Hélas! comment faut-il donc faire? On me donne des coups de bâton pour dire vrai, et on me veut pendre pour mentir.

ANSELME.

Seigneur Harpagon, il faut lui pardonner cette imposture.

HARPAGON.

Vous paierez donc le commissaire?

ACTE V, SCÈNE VI.

ANSELME.

Soit. Allons vite faire part de notre joie à votre mère.

HARPAGON.

Et moi, voir ma chère cassette.

FIN DU TOME QUATRIÈME.

TABLE

DES PIÈCES CONTENUES DANS CE VOLUME.

                                              Pages.

LE TARTUFFE, ... 5
AMPHITRYON, ... 109
GEORGE DANDIN 193
INTERMÈDES DE GEORGE DANDIN 255
L'AVARE 269

Fin de la Table du tome quatrième.

www.ingramcontent.com/pod-product-compliance
Lightning Source LLC
Chambersburg PA
CBHW070432170426
43201CB00010B/1064